HAN D'ISLANDE

II

TYPOGRAPHIE DE CH. LAHURE
Imprimeur du Sénat et de la Cour de Cassation
rue de Vaugirard, 9

VICTOR HUGO

HAN D'ISLANDE

II

COLLECTION HETZEL

PARIS
LIBRAIRIE DE L. HACHETTE ET Cie
RUE PIERRE-SARRAZIN, N° 14

1858

Droit de traduction réservé

HAN D'ISLANDE

XXIV

> Le comte don Sancho Diaz, seigneur de Saldana, répandait d'amères larmes dans sa prison.
> Plein de désespoir, il exhalait ses plaintes dans la solitude contre le roi Alphonse...
> « O tristes moments ! où mes cheveux blancs me
> « rappellent combien d'années j'ai déjà passées
> « dans cette horrible prison. »
>
> *Romances espagnoles.*

Le soleil se couchait : ses rayons horizontaux dessinaient sur la simarre de laine de Schumacker et sur la robe de crêpe d'Ethel l'ombre noire des barreaux de leur fenêtre. Tous deux étaient assis près de la haute croisée en ogive, le vieillard sur un grand fauteuil gothique, la jeune fille sur un tabouret, à ses pieds. Le prisonnier paraissait rêver dans sa position favorite et mélancolique. Son front chauve et ridé était appuyé sur ses mains, et l'on ne voyait de son visage que sa barbe blanche qui pendait en désordre sur sa poitrine.

— Mon père, dit Ethel, qui cherchait tous les moyens de le distraire, mon seigneur et père, j'ai fait cette nuit un songe d'heureux avenir... — Voyez, levez les yeux, mon noble père, regardez ce beau ciel.

— Je ne vois le ciel, répondit le vieillard, qu'à travers

les barreaux de ma prison, comme je ne vois votre avenir, Ethel, qu'à travers mes malheurs.

Puis sa tête, un moment soulevée, retomba sur ses mains, et tous deux se turent.

— Mon seigneur et père, reprit la jeune fille un moment après et d'une voix timide, est-ce au seigneur Ordener que vous pensez?

— Ordener, dit le vieillard, comme cherchant à se rappeler de qui on lui parlait... — Ah! je sais qui vous voulez dire. Eh bien?

— Pensez-vous qu'il revienne bientôt, mon père? Il y a longtemps déjà qu'il est parti, voici le quatrième jour... —

Le vieillard secoua tristement la tête.

— Je crois que, lorsque nous aurons compté la quatrième année depuis son départ, nous serons aussi près de son retour qu'aujourd'hui.

Ethel pâlit.

— Dieu! croyez-vous donc qu'il ne reviendra pas?

Schumacker ne répondit point. La jeune fille répéta sa question avec un accent suppliant et inquiet.

— N'a-t-il donc pas promis qu'il reviendrait? dit brusquement le prisonnier.

— Oui, sans doute, seigneur! reprit Ethel empressée...

— Eh bien! comment pouvez-vous compter sur son retour, n'est-ce pas un homme? Je crois que le vautour pourra retourner au cadavre, mais je ne crois pas au retour du printemps dans l'année qui décline.

Ethel, voyant son père retomber dans ses mélancolies, se rassura; il y avait dans son cœur de vierge et d'enfant une voix qui démentait impérieusement la philosophie chagrine du vieillard.

— Mon père, dit-elle avec fermeté, le seigneur Ordener reviendra : ce n'est pas un homme comme les autres hommes.

— Qu'en savez-vous, jeune fille?

— Ce que vous en savez vous-même, mon seigneur et père.

— Je ne sais rien, dit le vieillard. J'ai entendu des paroles d'un homme qui annonçaient des actions d'un Dieu. — Puis il ajouta avec un rire amer : — J'ai réfléchi sur cela, et j'ai vu que c'était trop beau pour y croire.

— Et moi, seigneur, j'y ai cru, précisément parce que c'était trop beau.

— Oh! jeune fille, si vous étiez ce que vous deviez être, comtesse de Tongsberg et princesse de Wollin, entourée, comme vous le seriez, d'une cour de beaux traîtres et d'adorateurs intéressés, cette crédulité serait d'un grand danger pour vous.

— Mon père et seigneur, ce n'est pas crédulité, c'est confiance.

— On s'aperçoit aisément, Ethel, qu'il y a du sang français dans vos veines. — Cette idée ramena le vieillard, par une transition imperceptible, à des souvenirs, et il continua avec une sorte de complaisance: — Car ceux qui ont dégradé votre père plus qu'il n'avait été élevé ne pourront empêcher que vous ne soyez fille de Charlotte, princesse de Tarente, et que l'une de vos aïeules ne soit Adèle ou Edèle, comtesse de Flandre, dont vous portez le nom.

Ethel pensait à tout autre chose.

— Mon père, vous jugez mal le noble Ordener.

— Noble, ma fille! quel sens donnez-vous à ce mot? J'ai fait des nobles qui ont été bien vils.

— Je ne veux point dire, seigneur, qu'il soit noble de la noblesse qui se donne.

— Est-ce donc que vous savez s'il descend d'un *jarl* ou d'un *hersa* (1) ?

— Je l'ignore comme vous, mon père. Il est peut-être, poursuivit-elle en baissant les yeux, le fils d'un serf ou d'un vassal. Hélas! on peint des couronnes et des lyres sur le velours d'un marchepied. Je veux dire seulement d'après vous, mon vénéré seigneur, qu'il est noble de cœur.

De tous les hommes qu'elle avait vus, Ordener était celui qu'Ethel connaissait le plus et le moins tout ensemble. Il était apparu dans sa destinée, pour ainsi dire, comme ces anges qui visitaient les premiers hommes en s'enveloppant à la fois de clartés et de mystères. Leur seule présence révélait leur nature, et l'on adorait. Ainsi Ordener avait laissé voir à Ethel ce que les hommes cachent le plus, son cœur; il avait gardé le silence sur ce dont ils se vantent assez volontiers, sa patrie et sa famille; son regard avait suffi à Ethel, et elle avait eu foi en ses paroles. Elle l'aimait, elle lui avait donné sa vie, elle n'ignorait rien de son âme et ne savait pas son nom.

— Noble de cœur! répéta le vieillard; noble de cœur! Cette noblesse est au-dessus de celle que donnent les rois: c'est Dieu qui la donne. Il la prodigue moins qu'eux... — Ici le prisonnier leva les yeux vers ses armoiries brisées en ajoutant : — Et il ne la reprend jamais.

— Aussi, mon père, dit la jeune fille, celui qui garde l'une se console-t-il aisément d'avoir perdu l'autre.

Cette parole fit tressaillir le père et lui rendit son courage. Il reprit d'une voix ferme :

---

(1) Les anciens seigneurs en Norwége, avant que Griffenfeld fondât une noblesse régulière, portaient les titres de *hersa* (baron), ou *jarl* (comte). C'est de ce dernier mot qu'est formé le mot anglais *earl* (comte).

— Vous avez raison, jeune fille, mais vous ne savez pas que la disgrâce jugée injuste par le monde est quelquefois justifiée par notre intime conscience. Telle est notre misérable nature : une fois malheureux, il s'élève en nous-mêmes, pour nous reprocher des fautes et des erreurs, une foule de voix qui dormaient dans la prospérité.

— Ne parlez pas ainsi, mon illustre père, dit Ethel profondément émue; car, à la voix altérée du vieillard, elle sentait qu'il avait laissé échapper le secret de l'une de ses douleurs. Elle leva ses yeux vers lui, et, baisant sa main froide et ridée, elle reprit doucement : — Vous jugez bien sévèrement deux hommes nobles, le seigneur Ordener et vous, mon vénéré père.

— Vous décidez légèrement, Ethel ! On dirait que vous ne savez pas que la vie est une chose grave.

— Ai-je donc mal fait, seigneur, de rendre justice au généreux Ordener?

Schumacker fronça le sourcil d'un air mécontent.

— Je ne puis vous approuver, ma fille, d'attacher ainsi votre admiration à un inconnu que vous ne reverrez jamais sans doute.

— Oh ! dit la jeune fille, sur laquelle ces paroles glacées tombaient comme un poids, ne croyez pas cela. Nous le reverrons. N'est-ce pas pour vous qu'il a entrepris son voyage? n'est-ce pas pour vous qu'il va affronter ce danger?

— Je me suis comme vous, je l'avoue, laissé prendre d'abord à ces promesses. Mais non, il n'ira pas, et alors il ne reviendra pas vers nous.

— Il ira, seigneur, il ira.

Le ton dont la jeune fille prononça ces mots était presque celui de l'offense. Elle se sentait outragée dans son Ordener. Hélas! elle était trop sûre dans son âme de ce qu'elle affirmait.

Le prisonnier reprit sans paraître ému :

— Eh bien ! s'il va combattre ce brigand, s'il se dévoue à ce danger, il en sera de même, il ne reviendra pas.

Pauvre Ethel !... combien une parole dite avec indifférence peut quelquefois froisser douloureusement la plaie secrète d'un cœur inquiet et déchiré ! Elle baissa son visage pâle pour dérober au regard froid de son père les deux larmes qui s'échappaient malgré elle de ses paupières gonflées.

— O mon père ! murmura-t-elle, au moment où vous parlez ainsi, peut-être ce noble infortuné meurt-il pour vous !

Le vieux ministre secoua la tête en signe de doute.

— Je ne le crois pas plus que je ne le désire ; et d'ailleurs où serait mon crime ? J'aurais été ingrat envers ce jeune homme comme tant d'autres l'ont été envers moi.

Un soupir profond fut la seule réponse d'Ethel; et Schumacker, se penchant vers son bureau, continua de déchirer d'un air distrait quelques feuillets des *Vies des Hommes illustres* de Plutarque, dont le volume, déjà lacéré en vingt endroits et surchargé de notes, était devant lui.

Un moment après, le bruit de la porte qui s'ouvrait se fit entendre, et Schumacker, sans se détourner, cria sa défense habituelle : — Qu'on n'entre pas ! laissez-moi ; je ne veux pas qu'on entre.

— C'est Son Excellence le gouverneur, répondit la voix de l'huissier.

En effet, un vieillard revêtu d'un grand habit de général, portant à son cou les colliers de l'Eléphant, de Dannebrog et de la Toison d'Or, s'avança vers Schumacker, qui se leva à demi en répétant entre ses dents : Le gouverneur ! le gouverneur ! — Celui-ci salua avec respect Ethel, qui, debout près de son père, le considérait d'un air inquiet et craintif.

Peut-être, avant d'aller plus loin, n'est-il pas inutile de rappeler en quelques mots les motifs de cette visite du général Levin à Munckholm. Le lecteur n'a pas oublié les fâcheuses nouvelles qui tourmentaient le vieux gouverneur, au chapitre XX de cette véritable histoire. En les recevant, la nécessité d'interroger Schumacker s'était d'abord présentée à l'esprit du général; mais il n'avait pu s'y décider sans une extrême répugnance. L'idée d'aller tourmenter un infortuné prisonnier, déjà livré à tant de tourments, et qu'il avait vu si puissant; de scruter sévèrement les secrets du malheur, même coupable, déplaisait à son âme bonne et généreuse. Cependant le service du roi l'exigeait, il ne devait pas quitter Drontheim sans emporter les nouvelles lueurs qui pouvaient jaillir de l'interrogatoire de l'auteur apparent de l'insurrection des mineurs. C'était donc le soir qui devait précéder son départ, qu'après un entretien long et confidentiel avec la comtesse d'Ahlefeld, le gouverneur s'était résigné à voir le captif. En se rendant au château, l'idée des intérêts de l'Etat, du parti que ses nombreux ennemis personnels pourraient tirer de ce qu'on nommerait sa négligence, et peut-être aussi d'astucieuses paroles de la grande chancelière, avaient fermenté dans sa tête et l'avaient ramené à la fermeté. Il était donc monté au donjon du Lion de Slesvig avec des projets de sévérité; il se promettait d'être avec le conspirateur Schumacker comme s'il n'avait jamais connu le chancelier Griffenfeld, de dépouiller tous ses souvenirs et jusqu'à son caractère, et de parler en juge inflexible à cet ancien confrère de faveur et de puissance.

Cependant, à peine entré dans l'appartement de l'ex-chancelier, le visage vénérable, quoique morose, du vieillard, l'avait frappé; la figure douce, quoique fière, d'Ethel l'avait attendri; et le premier aspect des deux prisonniers avait déjà dissipé la moitié de sa sévérité.

Il s'avança vers le ministre tombé et lui tendit involontairement la main en disant, sans s'apercevoir que l'autre ne répondait pas à sa politesse :

— Salut, comte de Griffenf... — C'était la surprise d'une vieille habitude. Il se reprit précipitamment : — Seigneur Schumacker !... — Puis il s'arrêta, tout satisfait et tout épuisé d'un tel effort. Il se fit une pause. Le général cherchait dans sa tête quelles paroles assez sévères pourraient dignement répondre à la dureté de ce début.

— Eh bien ! dit enfin Schumacker, vous êtes le gouverneur du Drontheimhus ?

Le général, un peu surpris de se voir questionné par celui qu'il venait interroger, fit un signe affirmatif.

— En ce cas, reprit le prisonnier, j'ai une plainte à vous faire.

— Une plainte! laquelle? laquelle? Et le visage du noble Levin prenait une expression d'intérêt. Schumacker continua d'un air d'humeur :

— Un ordre du vice-roi prescrit qu'on me laisse libre et tranquille dans ce donjon !

— Je connais cet ordre.

— Seigneur gouverneur, on se permet pourtant de m'importuner et de pénétrer dans ma prison.

— Qui donc? s'écria le général; nommez-moi celui qui ose...

— Vous, seigneur gouverneur.

Ces paroles, prononcées d'un ton hautain, blessèrent le général. Il répondit d'une voix presque irritée :

— Vous oubliez que mon pouvoir, lorsqu'il s'agit de servir le roi, ne connaît point de limites.

— Si ce n'est, dit Schumacker, celles du respect qu'on doit au malheur. Mais les hommes ne savent pas cela.

L'ex-grand chancelier parlait ainsi, comme s'il se fût parlé à lui-même. Il fut entendu du gouverneur.

— Si vraiment, si vraiment! J'ai eu tort, comte de Griff... seigneur Schumacker, veux-je dire, je devais vous laisser la colère, puisque j'ai la puissance.

Schumacker se tut un instant.

— Il y a, reprit-il pensif, dans votre visage et dans votre voix, seigneur gouverneur, quelque chose d'un homme que j'ai connu jadis. Il y a bien longtemps; il n'y a que moi qui me souvienne de ce temps-là : c'était dans ma prospérité. — C'était un certain Levin de Knud, du Mecklenbourg. Avez-vous connu ce fou?

— Je l'ai connu, répliqua le général sans s'émouvoir.

— Ah! vous me le rappelez. Je croyais qu'on ne se souvenait des hommes que dans l'adversité.

— N'était-ce pas un capitaine de la milice royale? poursuivit le gouverneur.

— Oui, un simple capitaine, bien que le roi l'aimât beaucoup. Mais il ne songeait qu'aux plaisirs et ne montrait pas d'ambition. C'était une tête singulièrement extravagante. Conçoit-on une pareille modération de désirs dans un favori?

— Mais cela peut se concevoir.

— Je l'aimais assez, ce Levin de Knud, parce qu'il ne m'inquiétait pas. Il était l'ami du roi comme d'un autre homme. On eût dit qu'il ne l'aimait que pour son plaisir particulier, et nullement pour sa fortune.

Le général voulut interrompre Schumacker; mais celui-ci continua avec quelque opiniâtreté, soit par esprit de contrariété, soit que le souvenir réveillé en lui lui plût en effet.

— Puisque vous avez connu ce capitaine Levin, seigneur gouverneur, vous savez sans doute qu'il eut un fils, lequel même est mort tout jeune. Mais vous souvenez-vous de ce qui se passa à la naissance de ce fils?

— Je me souviens bien plus encore de ce qui se passa

à sa mort, dit le général en cachant ses yeux de sa main et d'une voix altérée.

— Mais, poursuivit l'indifférent Schumacker, c'est un fait connu de peu de personnes, et qui vous peindra toute la bizarrerie de ce Levin. Le roi voulait tenir l'enfant sur les fonts de baptême; croiriez-vous que Levin refusa? Il fit bien plus encore : il choisit pour le parrain de son fils un vieux mendiant qui se traînait aux portes du palais. Je n'ai jamais pu comprendre le motif d'un pareil acte de démence.

— Je vais vous le dire, répondit le général. En choisissant un protecteur à l'âme de son fils, ce capitaine Levin pensait sans doute qu'un pauvre est plus puissant auprès de Dieu qu'un roi.

Schumacker réfléchit un instant et dit :

— Vous avez raison.

Le gouverneur voulut encore ramener la conversation au but de sa visite. Mais Schumacker l'arrêta.

— De grâce, s'il est vrai que ce Levin du Mecklenbourg ne vous soit pas inconnu, laissez-moi parler de lui. De tous les hommes que j'ai vus dans mes temps de grandeur, c'est le seul dont le souvenir ne m'apporte ni dégoût ni horreur. S'il poussait la singularité jusqu'à la folie, il n'en était pas moins, par ses nobles qualités, un homme tel qu'il y en a bien peu.

— Je ne pense pas de même. Ce Levin n'avait rien de plus que les autres hommes. Il y en a beaucoup même qui valent mieux que lui.

Schumacker croisa les bras, en levant les yeux au ciel

— Oui, voilà bien comme ils sont tous! on ne peut louer devant eux un homme digne de louange qu'ils ne cherchent aussitôt à le noircir. Ils empoisonnent jusqu'au plaisir de louer justement. Il est cependant assez rare.

— Si vous me connaissiez, vous ne m'accuseriez pas de noirceur envers le gén...., c'est-à-dire le capitaine Levin.

— Laissez-moi, laissez-moi, dit le prisonnier; pour la loyauté et la générosité, il n'y a jamais eu deux hommes comme ce Levin de Knud, et dire le contraire, c'est à la fois le calomnier et louer démesurément cette exécrable race humaine!

— Je vous assure, reprit le gouverneur, cherchant à calmer la colère de Schumacker, que je n'ai eu contre Levin de Knud aucune intention perfide...

— Ne dites pas cela. Bien qu'il fût insensé, tous les hommes sont loin de lui ressembler. Ils sont faux, ingrats, envieux, calomniateurs. Savez-vous que Levin de Knud donnait aux hôpitaux de Copenhague plus de la moitié de son revenu?...

— J'ignorais que vous en fussiez instruit.

— C'est cela! s'écria le vieillard d'un air triomphant. Il espérait pouvoir le flétrir en toute sûreté, dans la confiance que j'ignorais les bonnes actions de ce pauvre Levin!

— Mais non, mais non...

— Pensez-vous que je ne sais pas encore qu'il fit donner le régiment que le roi lui destinait à un officier qui l'avait blessé en duel, lui, Levin de Knud, parce que, disait-il, l'autre était plus ancien que lui?

— Je croyais cependant cette action secrète...

— Dites-moi donc, seigneur gouverneur du Drontheimhus, est-ce que pour cela elle en est moins belle? Parce que Levin cachait ses vertus, est-ce une raison pour les nier? Oh! que les hommes sont bien tous les mêmes! oser confondre avec eux le noble Levin, lui qui, n'ayant pu sauver un soldat convaincu d'avoir voulu l'assassiner, fit une pension à la veuve de son meurtrier!

— Et qui n'en eût pas fait autant?

Ici Schumacker éclata.

— Qui? vous! moi! tous les hommes, seigneur gouverneur! Parce que vous portez le brillant costume de général et des plaques d'honneur sur votre poitrine, croyez-vous donc à votre mérite? Vous êtes général, et le malheureux Levin sera mort capitaine. Il est vrai que c'était un fou, et qu'il ne songeait pas à son avancement.

— S'il n'y a point songé lui-même, la bonté du roi y a songé pour lui.

— La bonté! dites la justice! si pourtant on peut dire la justice d'un roi. Eh bien! quelle insigne récompense lui a-t-on donnée?

— Sa Majesté a payé Levin de Knud bien au delà de son mérite.

— A merveille! s'écria le vieux ministre en frappant des mains. Un loyal capitaine vient peut-être, après trente ans de service, d'être nommé major, et cette haute faveur vous porte ombrage, noble général? Un proverbe persan a raison de dire que le soleil couchant est jaloux de la lune qui se lève.

Schumacker était tellement irrité, que le général put à peine faire entendre ces paroles : — Si vous m'interrompez sans cesse... vous m'empêchez de vous expliquer...

— Non, non, poursuivit l'autre, j'avais cru, seigneur général, saisir, au premier abord, quelques traits de ressemblance entre vous et le bon Levin; mais, allez! il n'en existe aucun.

— Mais, écoutez-moi...

— Vous écouter! pour que vous me disiez que Levin de Knud est indigne de quelque misérable récompense...

— Je vous jure que ce n'est pas...

— Vous en viendriez bientôt, je vous devine, vous autres hommes, à me soutenir qu'il est comme vous tous, fourbe, hypocrite, méchant...

— En vérité, non.

— Que sais-je? peut-être qu'il a trahi un ami, persécuté

un bienfaiteur, comme vous l'avez tous fait?... ou empoisonné son père, ou assassiné sa mère?

— Vous êtes dans une erreur... Je suis loin de vouloir...

— Savez-vous que ce fut lui qui détermina le vice-chancelier Wind, ainsi que Scheel, Vinding et le justicier Lasson, trois de mes juges, à ne point opiner pour la peine de mort? Et vous voulez que je vous entende, de sang-froid, le calomnier! Oui, c'est ainsi qu'il a agi envers moi, et pourtant je lui avais toujours fait plutôt du mal que du bien; car je suis semblable à vous, vil et méchant.

Le noble Levin éprouvait, durant cet étrange entretien, une émotion singulière. Objet à la fois des outrages les plus directs et de la louange la plus sincère, il ne savait quelle contenance faire à d'aussi rudes compliments, à tant de flatteuses injures. Il était choqué et attendri. Tantôt il voulait s'emporter; tantôt remercier Schumacker. Présent et inconnu, il aimait à voir le farouche Schumacker défendre en lui, et contre lui, un ami et un absent; seulement, il eût voulu que son avocat mît un peu moins d'amertume et d'âcreté dans son panégyrique. Mais, au fond de l'âme, les éloges furieux donnés au capitaine Levin le touchaient plus que les injures adressées au gouverneur de Drontheim ne le blessaient. Attachant sur le favori disgracié son regard bienveillant, il prit le parti de lui laisser exhaler son indignation et sa reconnaissance. Celui-ci, enfin, après une longue déclamation contre l'ingratitude humaine, tomba épuisé sur son fauteuil, dans les bras de la tremblante Ethel, en disant d'une voix douloureuse : — O hommes, que vous ai-je donc fait, pour vous être fait connaître à moi?

Le général n'avait pas encore pu arriver au sujet important de sa descente à Munckholm. Toute sa répugnance à tourmenter le captif d'un interrogatoire lui était revenue;

à sa pitié et à son attendrissement se joignaient deux raisons assez fortes : l'état d'agitation où était tombé Schumacker ne laissait pas espérer qu'il pût répondre d'une façon satisfaisante; et, d'ailleurs, en envisageant l'affaire en elle-même, il ne semblait pas au confiant Levin qu'un pareil homme pût être un conspirateur. Néanmoins, comment partir de Drontheim sans avoir interrogé Schumacker? Cette nécessité fâcheuse de sa position de gouverneur vainquit une fois encore toutes ses hésitations, et ce fut ainsi qu'il commença, en adoucissant le plus possible l'accent de sa voix :

— Veuillez calmer un peu votre agitation, comte Schumacker...

C'était d'inspiration que le bon gouverneur avait trouvé cette qualification, comme pour concilier le respect dû au jugement de dégradation avec les égards réclamés par le malheur du dégradé, en unissant son titre nobiliaire à son nom roturier. Il continua.

— C'est un devoir pénible pour moi que de venir...

— Avant tout, interrompit le prisonnier, permettez-moi, seigneur gouverneur, de vous reparler d'une chose qui m'intéresse beaucoup plus que tout ce que Votre Excellence peut avoir à me dire. Vous m'avez assuré tout à l'heure qu'on avait récompensé ce fou de Levin de ses services. Je désirerais vivement savoir comment.

— Sa Majesté, seigneur de Griffenfeld, a élevé Levin au rang de général, et depuis plus de vingt ans ce fou vieillit paisiblement, honoré de cette dignité militaire et de la bienveillance de son roi.

Schumacker baissa la tête :

— Oui, ce fou de Levin, auquel il importait si peu de vieillir capitaine, mourra général, et le sage Schumacker, qui comptait mourir grand chancelier, vieillit prisonnier d'État.

En parlant ainsi, le captif couvrit son visage de ses mains, et de longs soupirs s'échappaient de sa vieille poitrine. Ethel, qui ne comprenait de l'entretien que ce qui attristait son père, chercha sur-le-champ à le distraire.

— Mon père, voyez donc là-bas au nord, on voit briller une lumière que je n'ai pas remarquée les soirées précédentes.

En effet, la nuit, qui était tout à fait tombée, faisait ressortir à l'horizon une lumière faible et lointaine qui semblait partir du sommet de quelque montagne éloignée. Mais l'œil et l'esprit de Schumacker ne se dirigeaient pas incessamment comme ceux d'Ethel vers le nord; aussi ne répondit-il point. Le général seul fut frappé de l'observation de la jeune fille. — C'est peut-être, se dit-il en lui-même, un feu allumé par les révoltés; et, cette idée lui rappelant avec force le but de sa présence, il adressa la parole au prisonnier :

— Seigneur Griffenfeld, je suis fâché de vous tourmenter; mais il faut que vous subissiez...

— J'entends, seigneur gouverneur, ce n'est pas assez de passer mes jours dans ce donjon, de vivre flétri et abandonné, de n'avoir plus à moi que des souvenirs amers de grandeur et de puissance; il faut encore que vous violiez ma solitude pour scruter mes douleurs et jouir de mon infortune. Puisque ce noble Levin de Knud, que plusieurs traits extérieurs de votre personne m'ont rappelé, est général comme vous, il eût été trop heureux pour moi qu'on lui donnât le poste que vous occupez; car ce n'est pas lui, je vous jure, seigneur gouverneur, qui fût venu tourmenter un infortuné dans sa prison.

Durant le cours de cet entretien bizarre, le général avait été plus d'une fois sur le point de se nommer afin de le faire cesser. Ce reproche indirect de Schumacker lui en ôta le pouvoir. Il s'accordait si bien avec ses sentiments intérieurs, qu'il lui inspira comme un sentiment de honte de lui-même. Il essaya néanmoins de répondre à la supposition accablante de Schumacker. Chose étrange! par la seule différence de leur caractère, ces deux hommes avaient changé réciproquement de position. Le juge était en quelque sorte réduit à se justifier devant l'accusé.

— Mais, dit le général, si le devoir l'y eût contraint, ne doutez pas que Levin de Knud...

— J'en doute, noble gouverneur! s'écria Schumacker, ne doutez pas vous-même qu'il n'eût rejeté, avec toute la généreuse indignation de son âme, l'emploi d'épier et d'accroître les tortures d'un malheureux captif! Allez, je le connais mieux que vous; en aucun cas il n'eût accepté des fonctions de bourreau. — Maintenant, seigneur général, je vous écoute. Faites ce que vous appelez votre devoir : que veut de moi Votre Excellence?

Et le vieux ministre attachait son regard fier sur le gouverneur. Toute la résolution de celui-ci était tombée. Ses premières répugnances s'étaient réveillées, et réveillées invincibles.

— Il a raison, se disait-il en lui-même; venir tourmenter un malheureux sur de simples soupçons! Qu'on en charge un autre que moi.

L'effet de ces réflexions fut prompt; il s'avança vers Schumacker étonné, lui serra la main, puis sortant précipitamment :

— Comte Schumacker, dit-il, conservez toujours la même estime à Levin de Knud.

XXV

<small>LE LION</small>
' Hoh !
<small>THÉSÉE.</small>
Bien rugi, lion !
<small>SHAKSPEARE, *le Songe d'été*.</small>

Le voyageur qui parcourt de nos jours les montagnes couvertes de neige dont le lac de Smiasen est entouré comme d'une ceinture blanche, ne trouve plus aucun vestige de ce que les Norwégiens du dix-septième siècle appelaient la *Ruine d'Arbar*. On n'a jamais pu savoir de quelle construction humaine, de quel genre d'édifice, provenait cette *ruine*, si l'on peut lui donner ce nom. En sortant de la forêt qui couvre la partie méridionale du lac, après avoir gravi une pente semée çà et là de pans de murs et de restes de tours, on arrive à une ouverture voûtée qui perce le flanc du mont. Cette ouverture, aujourd'hui entièrement obstruée par les éboulements de terre, était l'entrée d'une espèce de galerie creusée à vif dans le roc, laquelle traversait la montagne de part en part. Cette galerie, éclairée faiblement par des soupiraux coniques pratiqués dans sa voûte de distance en distance, aboutissait à une sorte de salle oblongue et ovale, creusée à moitié dans la roche et terminée en une espèce de maçonnerie cyclopéenne. Autour de cette salle, on observait, dans des niches profondes, des figures de granit grossièrement travaillées. Quelques-uns de ces simulacres mystérieux, tombés de leurs piédestaux, gisaient pêle-mêle sur les dalles, avec d'autres décombres informes couverts d'herbes et de mousses, à travers lesquels serpentaient le lézard, l'araignée, et tous les insectes hideux qui naissent de la terre et des ruines.

Le jour ne pénétrait dans ce lieu que par une porte opposée à la bouche de la galerie. Cette porte avait, vue d'un certain côté, la forme ogive, mais grossière, sans âge et sans date, et évidemment donnée à l'architecte par le hasard. On aurait pu donner à cette porte, bien qu'elle fût de plain-pied, le nom de fenêtre, car elle s'ouvrait sur un précipice immense ; et l'on ne comprenait pas où pouvaient conduire trois ou quatre marches d'escaliers suspendues sur l'abime en dehors et au-dessous de cette singulière issue.

Cette salle était l'intérieur d'une espèce de tourelle gigantesque, qui, de loin, vue du côté du précipice, semblait un des pitons de la montagne. Cette tourelle était isolée, et, comme on l'a déjà dit, nul ne savait à quel édifice elle avait appartenu. On apercevait seulement au-dessus, sur un plateau inaccessible au plus hardi chasseur, une masse qu'on pouvait prendre, à cause de l'éloignement, pour une roche courbée ou pour les débris d'une arcade colossale. — Cette tourelle et cette arcade écroulée étaient connues des paysans sous le nom de *Ruines d'Arbar*. On ne savait pas plus l'origine du nom que l'origine du monument.

C'est sur une pierre située au milieu de cette salle elliptique qu'un petit homme vêtu de peaux de bêtes, et que nous avons déjà eu occasion de rencontrer plusieurs fois dans le cours de cet ouvrage, est assis. Il tourne le dos au jour, ou plutôt au vague crépuscule qui pénètre dans la sombre tourelle pendant le soleil éclatant de midi. Cette lueur, la plus forte qui puisse éclairer naturellement l'intérieur de la tourelle, ne suffit pas pour qu'on puisse distinguer de quelle nature est l'objet vers lequel le petit homme se tient courbé. On entend quelques gémissements sourds, et l'on pourrait juger qu'ils partent de ce corps, aux mouvements faibles qu'il semble faire de temps en temps. Quelquefois le petit homme se redresse, et il porte à ses lèvres une sorte de coupe, dont la forme paraît être celle d'un crâne humain, pleine d'une liqueur fumante dont on ne peut voir la couleur, et qu'il savoure à longs traits.-

Tout à coup il se lève brusquement.

— On marche dans la galerie, je crois; est-ce déjà le chancelier des deux royaumes?

Ces paroles sont suivies d'un éclat de rire horrible, qui se termine en rugissement sauvage, auquel répond soudain un hurlement parti de la galerie.

— Oh! oh! reprend l'hôte de la ruine d'Arbar, ce n'est pas un homme; mais c'est toujours un ennemi : c'est un loup.

En effet, un grand loup sort subitement de dessous la voûte de la galerie, s'arrête un moment, puis s'approche obliquement vers l'homme, le ventre à terre et fixant sur lui des yeux ardents qui étincellent dans l'ombre. Celui-ci, toujours debout et les bras croisés, le regarde.

— Ah! c'est le vieux loup au poil gris! le plus vieux loup des forêts de Smiasen. — Bonjour, loup; tes yeux brillent; tu es affamé, et l'odeur des cadavres t'attire. — Tu attireras aussi bientôt les loups affamés.—Sois le bienvenu, loup de Smiasen; j'ai toujours eu envie de te rencontrer. Tu es si vieux, qu'on dit que tu ne peux mourir. — On ne le dira plus demain. —

L'animal répondit par un hurlement affreux, fit un soubresaut en arrière et s'élança d'un bond sur le petit homme.

Celui-ci ne recula point d'un pas. Aussi prompt que l'éclair, de son bras droit il étreignit le ventre du loup, qui, debout en face de lui, avait jeté ses deux pattes de devant sur ses épaules ; de la main gauche il garantit son visage de la gueule béante de son ennemi, en lui saisissant le gosier avec une telle force, que l'animal, contraint de lever la tête, put à peine articuler un cri de douleur.

— Loup de Smiasen, dit l'homme triomphant, tu déchires ma casaque, mais ta peau la remplacera.

Au moment où il mêlait à ces paroles de victoire quelques mots d'un jargon bizarre, un effort convulsif du loup à l'agonie le fit trébucher contre les pierres qui parsemaient la salle. Ils tombèrent tous deux, et les rugissements de l'homme se confondirent avec les hurlements de la bête.

Obligé dans sa chute de lâcher le gosier du loup, le petit homme sentait déjà les dents tranchantes s'enfoncer dans son épaule, quand, en se roulant l'un sur l'autre, les deux combattants heurtèrent une énorme masse blanche velue qui gisait dans la partie la plus ténébreuse de la salle.

C'était un ours, qui se réveilla de son lourd sommeil en grondant.

A peine les yeux paresseux de ce nouveau personnage se furent-ils assez ouverts pour qu'il pût distinguer la lutte, qu'il se précipita avec fureur, non sur l'homme, mais sur le loup, qui en ce moment triomphait à son tour; le saisit violemment de sa gueule par le milieu du corps, et dégagea ainsi le combattant à face humaine.

Ce dernier, loin de se montrer reconnaissant d'un si grand service, se releva tout ensanglanté, et, s'élançant sur l'ours, lui donna un vigoureux coup de pied dans le ventre, comme un maître à son chien lorsqu'il a commis quelque faute.

— Friend! qui est-ce qui t'appelle? De quoi te mêles-tu?

Ces mots étaient entrecoupés d'interjections furibondes et de grincements de dents.

— Va-t'en ! ajouta-t-il en rugissant.

L'ours, qui avait reçu à la fois un coup de pied de l'homme et un coup de dent du loup, fit entendre une sorte de murmure plaintif; puis, baissant sa lourde tête, il lâcha l'animal affamé, qui se jeta sur l'homme avec une rage nouvelle.

Pendant que la lutte continuait, l'ours rebuté retourna à la place où il dormait, s'assit gravement en laissant errer sur les deux ennemis furieux un regard indifférent, et garda le plus paisible silence, en passant alternativement chacune de ses pattes de devant sur l'extrémité de son museau blanc.

Mais le petit homme, au moment où le doyen des loups du Smiasen était revenu à la charge, avait saisi le mufle sanglant de la bête; puis, par un effort inouï de force et d'adresse, il était parvenu à emprisonner la gueule tout entière dans sa main. Le loup se débattait avec des élancements de rage et de douleur; une écume livide tombait de ses lèvres comprimées, et ses yeux, comme gonflés de colère, semblaient sortir de leur orbite. Des deux adversaires, celui dont les os étaient broyés par des dents aiguës, les chairs déchirées par des ongles brûlants, ce n'était pas l'homme, mais la bête féroce; celui dont le hurlement avait l'accent le plus sauvage, l'expression la plus farouche, ce n'était point la bête fauve, mais l'homme.

Enfin celui-ci, ramassant toutes ses forces épuisées par la longue résistance du vieux loup, serra le museau de ses deux mains avec une telle vigueur, que le sang jaillit des narines et de la gueule de l'animal, ses yeux de flamme s'éteignirent et se fermèrent à demi; il chancela et tomba inanimé aux pieds de son vainqueur. Le mouvement faible et continuel de sa queue et les tremblements convulsifs et intermittents qui couraient par tout son corps annonçaient seuls qu'il n'était pas encore tout à fait mort.

Tout à coup une dernière convulsion ébranla l'animal expirant, et les symptômes de vie cessèrent.

— Te voilà mort! loup-cervier! dit le petit homme en le poussant du pied avec dédain; est-ce que tu croyais vieillir encore après m'avoir rencontré? Tu ne courras plus à pas sourds sur les neiges en suivant l'odeur et les traces de ta proie; te voilà toi-même bon pour les loups ou les vautours; tu as dévoré bien des voyageurs égarés autour du Smiasen durant ta longue vie de meurtre et de carnage; maintenant tu es mort toi-même, tu ne mangeras plus d'hommes; c'est dommage.

Il s'arma d'une pierre tranchante, s'accroupit sur le corps chaud et palpitant du loup, rompit les jointures des membres, sépara la tête des épaules, fendit la peau dans toute sa longueur sur le ventre, la détacha comme on enlève une veste, et en un clin d'œil le formidable loup du Smiasen n'offrit plus qu'une carcasse nue et ensanglantée. Il jeta cette dépouille sur ses épaules meurtries de morsures, en tournant au dehors le côté nu de la peau humide et tachée de longues veines de sang.

— Il faut bien, grommela-t-il entre ses dents, se vêtir de la peau des bêtes, celle de l'homme est trop mince pour préserver du froid.

Pendant qu'il se parlait ainsi à lui-même, plus hideux encore sous son hideux trophée, l'ours, ennuyé sans doute de son inaction, s'était approché comme furtivement de l'autre objet couché dans l'ombre dont nous avons parlé au commencement de ce chapitre, et bientôt il s'éleva de cette partie ténébreuse de la salle un bruit de dents mêlé de soupirs d'agonie faibles et douloureux.—Le petit homme se retourna.

— Friend! cria-t-il d'une voix menaçante; ah! misérable Friend! — Ici, viens ici!

Et, ramassant une grosse pierre, il la jeta à la tête du

monstre, qui, tout étourdi du choc, s'arracha lentement à son festin, et vint, en léchant ses lèvres rouges, tomber pantelant aux pieds du petit homme, vers lequel il élevait sa tête énorme en courbant son dos, comme pour demander grâce de son indiscrétion.

Alors il se fit entre les deux monstres, car on peut bien donner ce nom à l'habitant de la *Ruine d'Arbar*, un échange de grondements significatifs. Ceux de l'homme exprimaient l'empire et la colère, ceux de l'ours la prière et la soumission.

— Tiens, dit enfin l'homme en montrant de son doigt crochu le cadavre écorché du loup, voici ta proie : laisse-moi la mienne.

L'ours, après avoir flairé le corps du loup, secoua la tête d'un air mécontent et tourna son regard vers l'homme qui paraissait son maître.

— J'entends, dit celui-ci, cela est déjà trop mort pour toi, tandis que l'autre palpite encore. — Tu es raffiné dans tes voluptés, Friend, autant qu'un homme ; tu veux que ta nourriture vive encore au moment où tu la déchires ; tu aimes à sentir la chair mourir sous ta dent ; tu ne jouis que de ce qui souffre ; nous nous ressemblons ; — car je ne suis pas homme, Friend, je suis au-dessus de cette espèce misérable, je suis une bête farouche comme toi. — Je voudrais que tu pusses parler, compagnon Friend, pour me dire si elle égale ma joie, la joie dont palpitent tes entrailles d'ours quand tu dévores des entrailles d'homme ; mais non, je ne voudrais pas t'entendre parler, de peur que ta voix me rappelât la voix humaine. — Oui, gronde à mes pieds, de ce grondement qui fait tressaillir dans la montagne le chevrier égaré ; il me plaît comme une voix amie, parce qu'il lui annonce un ennemi. Lève, Friend, lève ta tête vers moi ; lèche mes mains de cette langue qui a bu tant de fois le sang humain. — Tu as, ainsi que moi, les dents blanches; cependant ce n'est point notre faute si elles ne sont pas rouges comme une plaie nouvelle; mais le sang lave le sang. — J'ai vu plus d'une fois, du fond d'une caverne noire, les jeunes filles de Kole ou d'Oëlmœ laver leurs pieds nus dans l'eau des torrents, en chantant d'une voix douce; mais je préfère à ces voix mélodieuses et à ces figures satinées ta gueule velue et tes cris rauques : ils épouvantent l'homme.

En parlant ainsi, il s'était assis, et abandonnait sa main aux caresses du monstre, qui, se roulant sur le dos à ses pieds, les lui prodiguait de mille manières, comme un épagneul qui déploie toutes ses gentillesses sur le sofa de sa maîtresse.

Ce qui était encore plus étrange, c'est l'attention intelligente avec laquelle il paraissait recueillir les paroles de son patron. Les monosyllabes bizarres dont celui-ci les entremêlait semblaient surtout compris de lui, et il manifestait cette compréhension en redressant subitement sa tête, ou en roulant quelques sons confus au fond de son gosier.

— Les hommes disent que je les fuis, reprit le petit homme; mais ce sont eux qui me fuient; ils font par crainte ce que je ferais par haine... Cependant tu sais, Friend, que je suis aise de rencontrer un homme quand j'ai faim ou soif.

Tout à coup il aperçut dans les profondeurs de la galerie une lumière rougeâtre poindre et s'accroître par degrés, en colorant faiblement les vieux murs humides.

— En voici un justement. Quand on parle d'enfer, Satan montre sa corne.

— Holà! Friend, ajouta-t-il en se tournant vers l'ours; holà! lève-toi.

L'animal se dressa sur-le-champ.

— Allons, il faut bien récompenser ton obéissance en satisfaisant ton appétit.

En parlant ainsi, l'homme se courba vers ce qui était couché à terre. On entendit comme un craquement d'os brisés par la hache; mais il ne s'y mêlait plus ni soupirs ni gémissements.

— Il paraît, murmura le petit homme, que nous ne sommes plus que deux qui vivons dans cette salle d'Arbar. — Tiens, ami Friend, achève ton festin commencé.

Il jeta vers la porte extérieure dont nous avons parlé ce qu'il avait détaché de l'objet étendu à ses pieds. L'ours se précipita sur cette proie si avidement, que le coup d'œil le plus rapide n'eût pu distinguer si ce lambeau n'avait pas en effet la forme d'un bras humain, revêtu d'un morceau d'étoffe verte de la nuance de l'uniforme des arquebusiers de Munckholm.

— Voici que l'on approche, dit le petit homme, l'œil fixé sur la lumière qui croissait de plus en plus. Compagnon Friend, laisse-moi seul un instant... — Eh! dehors!

Le monstre obéissant s'élança vers la porte, descendit à reculons les marches extérieures, et disparut, emportant dans sa gueule sa proie dégouttante, avec un hurlement de satisfaction.

Au même instant, un homme assez grand se présenta à l'issue de la galerie, dont les profondeurs sinueuses reflétaient encore une lumière vague. Il était enveloppé d'un long manteau brun, et portait une lanterne sourde, dont il dirigea le foyer lumineux droit au visage du petit homme.

Celui-ci, toujours assis sur sa pierre et les bras croisés, s'écria :

— Sois le mal-venu, toi qui viens ici amené par une pensée et non par un instinct!

Mais l'étranger, sans répondre, paraissait le considérer attentivement.

— Regarde-moi, poursuivit-il en dressant la tête, tu n'auras peut-être pas dans une heure un souffle de voix pour te vanter de m'avoir vu.

Le nouveau venu, en promenant sa lumière sur toute la personne du petit homme, paraissait plus surpris qu'effrayé.

— Eh bien! de quoi t'étonnes-tu? reprit le petit homme avec un rire pareil au bruit d'un crâne qu'on brise; j'ai des bras et des jambes ainsi que toi, seulement mes membres ne seront pas, ainsi que les tiens, la pâture des chatpards et des corbeaux.

L'étranger répondit enfin d'une voix basse, quoique assurée, et comme s'il craignait seulement d'être entendu du dehors :

— Ecoutez, je ne viens pas en ennemi, mais en ami.—
L'autre l'interrompit.

— Pourquoi alors n'as-tu pas dépouillé ta forme d'homme?

— Mon intention est de vous rendre service, si vous êtes celui que je cherche.

— C'est-à-dire, de tirer un service de moi. Homme, tu perds tes pas. Je ne sais rendre de service qu'à ceux qui sont las de la vie.

— A vos paroles, répondit l'étranger, je vous reconnais bien pour l'homme qu'il me faut; mais votre taille... Han d'Islande est un géant : ce ne peut être vous...

— C'est la première fois qu'on en doute devant moi.

— Quoi! ce serait vous? Et l'étranger se rapprochait du petit homme. Mais on dit que Han d'Islande est d'une stature colossale!...

— Ajoute ma renommée à ma taille, et tu me verras plus haut que l'Hécla.

— Vraiment! Répondez-moi, je vous prie; vous êtes bien Han, natif de Klipstadur, en Islande?

— Ce n'est point avec des paroles que je réponds à cette question, dit le petit homme en se levant. Et le regard qu'il lança sur l'imprudent étranger fit reculer celui-ci de trois pas.

— Bornez-vous, de grâce, à la résoudre avec ce regard, répondit-il d'une voix presque suppliante, et en jetant vers le seuil de la galerie un coup d'œil où se peignait le regret de l'avoir franchi. Ce sont vos seuls intérêts qui me conduisent ici... —

En entrant dans la salle, le nouveau venu, n'ayant fait qu'entrevoir celui qu'il abordait, avait pu conserver quelque sang-froid; mais, quand l'hôte d'Arbar se fut levé, avec son visage de tigre, ses membres ramassés, ses épaules sanglantes, à peine couvertes d'une peau encore fraîche, ses grandes mains armées d'ongles, et son regard flamboyant, l'aventureux voyageur avait frémi, comme un voyageur ignorant qui croit caresser une anguille et se sent piquer par une vipère.

— Mes intérêts? reprit le monstre. Viens-tu donc me donner avis qu'il y a quelque source à empoisonner, quelque village à incendier, ou quelque arquebusier de Munckholm à égorger?...

— Peut-être. — Ecoutez. Les mineurs de Norwége se révoltent. Vous savez combien de désastres amène une révolte.

— Oui, le meurtre, le viol, le sacrilége, l'incendie, le pillage...

— Je vous offre tout cela.

Le petit homme se mit à rire.

— Je n'ai pas besoin que tu me l'offres pour le prendre.

Le ricanement féroce qui accompagnait ces paroles fit de nouveau tressaillir l'étranger. Il continua néanmoins:

— Je vous propose, au nom des mineurs, le commandement de l'insurrection.

Le petit homme resta un moment silencieux. Tout à coup sa physionomie sombre prit une expression de malice infernale.

— Est-ce bien en leur nom que tu me le proposes? dit-il.

Cette question sembla déconcerter le nouveau venu; mais, sûr d'être inconnu de son redoutable interlocuteur, il se remit aisément.

— Pourquoi les mineurs se révoltent-ils? demanda celui-ci.

— Pour s'affranchir des charges de la tutelle royale.

— N'est-ce que pour cela? repartit l'autre avec le même ton railleur.

— Ils veulent aussi délivrer le prisonnier de Munckholm.

— Est-ce là le seul but de ce mouvement? répéta le petit homme avec cet accent qui déconcertait l'étranger.

— Je n'en connais point d'autre, balbutia ce dernier.

— Ah! tu n'en connais point d'autre!

Ces paroles étaient prononcées du même ton ironique. L'étranger, pour dissiper l'embarras qu'elles lui causaient, s'empressa de tirer de dessous son manteau une grosse bourse qu'il jeta aux pieds du monstre.

— Voici les honoraires de votre commandement.

Le petit homme repoussa le sac du pied.

— Je n'en veux pas. Crois-tu donc que si j'avais envie de ton or ou de ton sang j'attendrais ta permission pour me satisfaire?

L'étranger fit un geste de surprise et presque d'effroi

— C'était un présent dont les mineurs royaux m'avaient chargé pour vous... —

— Je n'en veux pas, te dis-je. L'or ne me sert à rien.

Les hommes vendent bien leur âme, mais ils ne vendent pas leur vie. On est forcé de la prendre.

— J'annoncerai donc aux chefs des mineurs que le redoutable Han d'Islande se borne à accepter leur commandement?

— Je ne l'accepte pas.

Ces mots, prononcés d'une voix brève, parurent frapper très-désagréablement le prétendu envoyé des mineurs révoltés.

— Comment? dit-il.

— Non! répéta l'autre.

— Vous refusez de prendre part à une expédition qui vous présente tant d'avantages?

— Je puis bien piller les fermes, dévaster les hameaux, massacrer les paysans ou les soldats, tout seul.

— Mais songez qu'en acceptant l'offre des mineurs l'impunité vous est assurée.

— Est-ce encore au nom des mineurs que tu me promets l'impunité? demanda l'autre en riant.

— Je ne vous dissimulerai pas, répondit l'étranger d'un air mystérieux, que c'est au nom d'un puissant personnage qui s'intéresse à l'insurrection.

— Et ce puissant personnage lui-même est-il sûr de n'être pas pendu?

— Si vous le connaissiez, vous ne secoueriez pas ainsi la tête.

— Ah! Eh bien! quel est-il donc?

— C'est ce que je ne puis vous dire.

Le petit homme s'avança et frappa sur l'épaule de l'étranger, toujours avec le même rire sardonique:

— Veux-tu que je te le dise, moi?

Un mouvement échappa à l'homme au manteau; c'était à la fois de l'épouvante et de l'orgueil blessé. Il ne s'attendait pas plus à la brusque interpellation du monstre qu'à sa sauvage familiarité.

— Je me joue de toi, continua ce dernier. Tu ne sais pas que je sais tout. Ce puissant personnage, c'est le grand chancelier de Danemark et de Norwége, et le grand chancelier de Danemark et de Norwége, c'est toi.

C'était lui en effet. Arrivé à la ruine d'Arbar, vers laquelle nous l'avons laissé voyageant avec Musdœmon, il avait voulu ne s'en remettre qu'à lui-même du soin de séduire le brigand, dont il était loin de se croire connu et attendu. Jamais, par la suite, le comte d'Ahlefeld, malgré toute sa finesse et toute sa puissance, ne put découvrir par quel moyen Han d'Islande avait été si bien informé. Etait-ce une trahison de Musdœmon? C'était Musdœmon, il est vrai, qui avait insinué au noble comte l'idée de se présenter en personne au brigand; mais quel intérêt pouvait-il tirer de cette perfidie? — Le brigand avait-il saisi sur quelqu'une de ses victimes des papiers relatifs au projet du grand chancelier? Mais Frédéric d'Ahlefeld était avec Musdœmon le seul être vivant instruit du plan de son père, et, tout frivole qu'il était, il n'était pas assez insensé pour compromettre un pareil secret. D'ailleurs, il était en garnison à Munckholm, du moins le grand chancelier le croyait. — Ceux qui liront la suite de cette scène, sans être, plus que le comte d'Ahlefeld, à même de résoudre le problème, verront quelle probabilité on pouvait asseoir sur cette dernière hypothèse.

Une des qualités les plus éminentes du comte d'Ahlefeld, c'était la présence d'esprit. Quand il s'entendit si rudement nommer par le petit homme, il ne put réprimer un cri de surprise; mais en un clin d'œil sa physionomie pâle et hautaine passa de l'expression de la crainte et de l'étonnement à celle du calme et de l'assurance.

— Eh bien! oui, dit-il; je veux être franc avec vous:

je suis en effet le chancelier. Mais soyez franc aussi... —

Un éclat de rire de l'autre l'interrompit.

— Est-ce que je me suis fait prier pour te dire mon nom et pour te dire le tien?

— Dites-moi avec la même sincérité comment vous avez su qui j'étais.

— Ne t'a-t-on donc point dit que Han d'Islande voit à travers les montagnes?

Le comte voulut insister : — Voyez en moi un ami... —

— Ta main, comte d'Ahlefeld! dit le petit homme brutalement. Puis il regarda le ministre en face et s'écria : — Si nos deux âmes s'envolaient de nos corps en ce moment, je crois que Satan hésiterait avant de décider laquelle des deux est celle du monstre.

Le hautain seigneur se mordit les lèvres; mais, placé entre la crainte du brigand et la nécessité d'en faire son instrument, il ne manifesta pas son mécontentement.

— Ne vous jouez pas de vos intérêts; acceptez la direction de l'insurrection, et confiez-vous à ma reconnaissance.

— Chancelier de Norwége, tu comptes sur le succès de tes entreprises, comme une vieille femme qui songe à la robe qu'elle va se filer avec du chanvre dérobé, tandis que la griffe du chat embrouille sa quenouille.

— Encore une fois, réfléchissez avant de rejeter mes offres.

— Encore une fois, moi, brigand, je te dis, à toi, grand chancelier des deux royaumes, NON.

— J'attendais une autre réponse après l'éminent service que vous m'avez déjà rendu.

— Quel service? demanda le brigand.

— N'est-ce point par vous que le capitaine Dispolsen a été assassiné? répondit le chancelier.

— Cela se peut, comte d'Ahlefeld; je ne le connais pas. Quel est cet homme dont tu me parles?

— Quoi! est-ce que ce ne serait point dans vos mains par hasard que serait tombé le coffret de fer dont il était porteur?

Cette question parut fixer les souvenirs du brigand.

— Attendez, dit-il, je me rappelle en effet cet homme et sa cassette de fer. C'était aux grèves d'Urchtal.

— Du moins, reprit le chancelier, si vous pouviez me remettre cette cassette, ma reconnaissance serait sans bornes. Dites-moi, qu'est devenue cette cassette? car elle est en votre pouvoir.

Le noble ministre insistait si vivement sur cette demande, que le brigand en parut frappé.

— Cette boîte de fer est donc d'une bien haute importance pour Ta Grâce, chancelier de Norwége?

— Oui.

— Quelle sera ma récompense si je te dis où tu la trouveras?

— Tout ce que vous pouvez désirer, mon cher Han d'Islande.

— Eh bien, je ne te le dirai pas!

— Allons, vous riez! Songez au service que vous me rendrez.

— J'y songe précisément.

— Je vous assurerai une fortune immense, je demanderai votre grâce au roi.

—Demande-moi plutôt la tienne, dit le brigand. Ecoute-moi, grand chancelier de Danemark et de Norwége, les tigres ne dévorent pas les hyènes. Je vais te laisser sortir vivant de ma présence, parce que tu es un méchant, et que chaque instant de ta vie, chaque pensée de ton âme, enfante un malheur pour les hommes et un crime pour toi. Mais ne reviens plus, car je t'apprendrais que ma haine n'épargne personne, pas même les scélérats. Quant à ton capitaine, ne te flatte pas que ce soit pour toi que je l'ai assassiné : c'est son uniforme qui l'a condamné, ainsi que cet autre misérable, que je n'ai pas non plus égorgé pour te rendre service, je t'assure.

En parlant ainsi, il avait saisi le bras du noble comte et l'avait entraîné vers le corps couché dans l'ombre. Au moment où il achevait ses protestations, la lumière de la lanterne sourde tomba sur cet objet. C'était un cadavre déchiré et revêtu en effet d'un habit d'officier des arquebusiers de Munckholm. Le chancelier s'approcha avec un sentiment d'horreur. Tout à coup son regard s'arrêta sur le visage blême et sanglant du mort. Cette bouche bleue et entr'ouverte, ces cheveux hérissés, ces joues livides, ces yeux éteints, ne l'empêchèrent pas de le reconnaître. Il poussa un cri effrayant :

— Ciel! Frédéric! mon fils!

Qu'on n'en doute pas, les cœurs en apparence les plus desséchés et les plus endurcis recèlent toujours dans leur dernier repli quelque affection ignorée d'eux-mêmes, qui semble se cacher parmi des passions et des vices, comme un témoin mystérieux et un vengeur futur. On dirait qu'elle est là pour faire un jour connaître au crime la douleur. Elle attend son heure en silence. L'homme pervers la porte dans son sein et ne la sent pas, parce qu'aucune des afflictions ordinaires n'est assez forte pour pénétrer l'écorce épaisse d'égoïsme et de méchanceté dont elle est enveloppée; mais qu'une des rares et véritables douleurs de la vie se présente inattendue, elle plonge dans le gouffre de cette âme comme un glaive et en touche le fond. Alors l'affection inconnue se dévoile à l'infortuné méchant, d'autant plus violente qu'elle était plus ignorée, d'autant plus douloureuse qu'elle était moins sensible, parce que l'aiguillon du malheur a dû remuer le cœur bien plus profondément pour l'atteindre. La nature se réveille et se déchaîne ; elle livre le misérable à des désolations inaccoutumées, à des supplices inouïs ; il éprouve réunies en un instant toutes les souffrances dont il s'était joué durant tant d'années. Les tourments les plus opposés le déchirent à la fois. Son cœur, sur qui pèse une stupeur morne, se soulève en proie à des tortures convulsives. Il semble qu'il vienne d'entrevoir l'enfer dans sa vie, et qu'il se soit révélé à lui quelque chose de plus que le désespoir.

Le comte d'Ahlefeld aimait son fils sans le savoir. Nous disons son fils, parce que, ignorant l'adultère de sa femme, Frédéric, l'héritier direct de son nom, avait ce titre à ses yeux. Le croyant toujours à Munckholm, il était bien loin de s'attendre à le retrouver dans la tourelle d'Arbar et à le retrouver mort ! Cependant il était là, sanglant, décoloré, c'était lui, il n'en pouvait douter. On peut se figurer ce qui se passa en lui quand la certitude de l'aimer pénétra dans son âme inopinément avec la certitude de l'avoir perdu. Tous les sentiments que ces deux pages décrivent à peine fondirent sur son cœur ensemble comme des éclats de tonnerre. Foudroyé, en quelque sorte, par la surprise, l'épouvante et le désespoir, il se jeta en arrière et se tordit les bras en répétant d'un voix lamentable : — Mon fils ! mon fils !

Le brigand se mit à rire ; et ce fut une chose horrible que d'entendre ce rire se mêler aux gémissements d'un père devant le cadavre de son fils.

—Par mon aïeul Ingolphe ! tu peux crier, comte d'Ahlefeld, tu ne le réveilleras pas.

Tout à coup son atroce visage se rembrunit, et il dit d'une voix sombre :

— Pleure ton fils, je venge le mien.

Un bruit de pas précipités dans la galerie l'interrompit ; et au moment où il retournait la tête avec surprise, quatre hommes de haute taille, le sabre nu, s'élancèrent dans la salle; un cinquième, petit et replet, les suivait portant une torche d'une main et une épée de l'autre. Il était enveloppé d'un manteau brun, pareil à celui du grand chancelier.

— Seigneur! cria-t-il, nous vous avons entendu, nous accourons à votre secours. Le lecteur a sans doute déjà reconnu Musdœmon et les quatre domestiques armés qui composaient la suite du comte.

Quand les rayons de la torche jetèrent leur lumière vive dans la salle, les cinq nouveaux venus s'arrêtèrent frappés d'horreur; et c'était en effet un spectacle effrayant. D'un côté, les restes sanglants du loup; de l'autre, le cadavre défiguré du jeune officier; puis ce père aux yeux hagards, aux cris farouches, et près de lui l'épouvantable brigand, tournant vers les assaillants un visage hideux, où se peignait un étonnement intrépide.

En voyant ce renfort inattendu, l'idée de la vengeance s'empara du comte et le jeta du désespoir dans la rage.

— Mort à ce brigand! s'écria-t-il en tirant son épée. Il a assassiné mon fils!... Mort! mort!

— Il a assassiné le seigneur Frédéric? dit Musdœmon. Et la torche qu'il portait n'éclaira point la moindre altération sur son visage.

— Mort! mort! répéta le comte furieux. Et ils s'élancèrent tous six sur le brigand. Celui-ci, surpris de cette brusque attaque, recula vers l'ouverture qui donnait sur le précipice avec un rugissement féroce, qui annonçait plutôt la colère que la crainte.

Six épées étaient dirigées contre lui, et son regard était plus enflammé, et ses traits étaient plus menaçants qu'aucun de ceux des agresseurs. Il avait saisi sa hache de pierre, et, contraint par le nombre des assaillants à se borner à la défensive, il la faisait tourner dans sa main avec une telle rapidité, que le cercle de rotation le couvrait comme un bouclier. Une multitude d'étincelles jaillissaient avec un bruit clair de la pointe des épées, lorsqu'elles étaient heurtées par le tranchant de la hache; mais aucune lame ne touchait son corps. Toutefois, fatigué par son précédent combat avec le loup, il perdait insensiblement du terrain, et il se vit bientôt acculé à la porte ouverte sur l'abîme.

— Mes amis! cria le comte, du courage! jetons le monstre dans ce précipice.

— Avant que j'y tombe, les étoiles y tomberont, répliqua le brigand.

Cependant les agresseurs redoublèrent d'ardeur et d'audace en voyant le petit homme forcé de descendre une marche de l'escalier suspendu au-dessus du gouffre.

— Bien, poussons! reprit le grand chancelier; il faudra bien qu'il tombe; encore un effort! — Misérable! tu as commis ton dernier crime. — Courage, compagnons!

Tandis que de sa main droite il continuait les terribles évolutions de sa hache, le brigand, sans répondre, prit de la gauche une trompe de corne suspendue à sa ceinture, et, la portant à ses lèvres, lui fit rendre à plusieurs reprises un son rauque et prolongé, auquel répondit soudain un rugissement parti de l'abîme.

Quelques instants après, au moment où le comte et ses satellites, serrant toujours le petit homme de près, s'applaudissaient de lui avoir fait descendre la seconde marche, la tête énorme d'un ours blanc parut au bout rompu de l'escalier. Frappés d'un étonnement mêlé d'effroi, les assaillants reculèrent.

L'ours acheva de gravir l'escalier lourdement en leur présentant sa gueule sanglante et ses dents acérées.

— Merci, mon brave Friend! cria le brigand. Et profitant de la surprise des agresseurs, il se jeta sur le dos de son ours, qui se mit à descendre à reculons, montrant toujours sa tête menaçante aux ennemis de son maître.

Bientôt, revenus de leur première stupéfaction, ils purent voir l'ours, emportant le brigand hors de leur atteinte, descendre dans l'abîme, ainsi que sans doute il en était monté, en s'accrochant à de vieux troncs d'arbres et à des saillies de rochers. Ils voulurent faire rouler des quartiers de pierre sur lui ; mais avant qu'ils eussent soulevé du sol une de ces vieilles masses de granit qui y dormaient depuis si longtemps, le brigand et son étrange monture avaient disparu dans une caverne.

XXVI

> Non, non, ne rions plus. Voyez-vous, ce qui me paraissait si plaisant a aussi son côté sérieux, très-sérieux, comme tout dans l'univers !..... Croyez-moi ; ce mot hasard est un blasphème ; rien sous le soleil n'arrive par hasard ; et ne voyez-vous pas ici le but marqué par la Providence?
>
> LESSING, *Emilia Galotti*.

Oui, une raison profonde se dévoile souvent dans ce que les hommes nomment hasard. Il y a dans les événements comme une main mystérieuse qui leur marque, en quelque sorte, la voie et le but. On se récrie sur les caprices de la fortune, sur les bizarreries du sort, et tout à coup il sort de ce chaos des éclairs effrayants, ou des rayons merveilleux ; et la sagesse humaine s'humilie devant les hautes leçons de la destinée.

Si, par exemple, quand Frédéric d'Ahlefeld étalait dans un salon somptueux, aux yeux des femmes de Copenhague, la magnificence de ses vêtements, la fatuité de son rang et la présomption de ses paroles; si quelque homme, instruit des choses de l'avenir, fût venu troubler la frivolité de ses pensées par de graves révélations; s'il lui eût dit qu'un jour ce brillant uniforme qui faisait son orgueil causerait sa perte; qu'un monstre à face humaine boirait son sang comme il buvait, lui, voluptueux insouciant, les vins de France et de Bohême; que ses cheveux, pour lesquels il n'avait pas assez d'essences et de parfums, balayeraient la poussière d'un antre de bêtes fauves; que ce bras, dont il offrait avec tant de grâce l'appui aux belles dames de Charlottenbourg, serait jeté à un ours comme un os de chevreuil à demi rongé; comment Frédéric eût-il répondu à ces lugubres prophéties? par un éclat de rire et une pirouette; et ce qu'il y a de plus effrayant, c'est que toutes les raisons humaines auraient approuvé l'insensé.

Examinons cette destinée de plus haut encore. — N'est-ce pas un mystère étrange que de voir le crime du comte et de la comtesse d'Ahlefeld retomber sur eux en châtiments? Ils ont ourdi une trame infâme contre la fille d'un captif; cette infortunée rencontre par hasard un protecteur qui juge nécessaire d'éloigner leur fils, chargé par eux d'exécuter leur abominable dessein. Ce fils, leur unique espérance, est envoyé loin du théâtre de sa séduction; et à peine arrivé dans son nouveau séjour, un autre hasard vengeur lui fait rencontrer la mort. Ainsi c'est en voulant entraîner une jeune fille innocente et abhorrée dans le déshonneur, qu'ils ont poussé leur fils coupable et chéri dans le tombeau. C'est par leur faute que ces misérables sont devenus des malheureux.

XXVII

> Ah! voilà notre belle comtesse!... Pardon, madame, si je ne puis aujourd'hui profiter de l'honneur de votre visite.. Je suis en affaires : une autre fois, chère comtesse, une autre fois : mais pour aujourd'hui, je ne vous retiens pas plus longtemps ici.
>
> **Le prince à Orsina.**

Le lendemain de sa visite à Munckholm, de grand matin, le gouverneur de Drontheim ordonna qu'on attelât sa voiture de voyage, espérant partir pendant que la comtesse d'Ahlefeld dormirait encore ; mais nous avons déjà dit que le sommeil de celle-ci était léger.

Le général venait de signer les dernières recommandations qu'il adressait à l'évêque, aux mains duquel le gouvernement devait être remis par *interim*. Il se levait, après avoir endossé sa redingote fourrée, pour sortir, quand l'huissier annonça la noble chancelière.

Ce contre-temps déconcerta le vieux soldat, accoutumé à rire devant la mitraille de cent canons, mais non devant les artifices d'une femme. Il fit néanmoins d'assez bonne grâce ses adieux à la méchante comtesse, et ne laissa percer quelque humeur sur son visage que lorsqu'il la vit se pencher vers son oreille avec cet air astucieux qui voulait seulement paraître confidentiel.

— Eh bien! noble général, que vous a-t-il dit?

— Qui? Poël? il m'a dit que la voiture allait être prête...

— Je vous parle du prisonnier de Munckholm, général.

— Ah!...

— A-t-il répondu à votre interrogatoire d'une manière satisfaisante ?

— Mais... oui, vraiment, dame comtesse, dit le gouverneur, dont on devine l'embarras.

— Avez-vous la preuve qu'il ait trempé dans le complot des mineurs ?

Une exclamation échappa à Levin.

— Noble dame, il est innocent !

Il s'arrêta tout court, car il venait d'exprimer une conviction de son cœur, et non de son esprit.

— Il est innocent ! répéta la comtesse d'un air consterné, quoique incrédule ; car elle tremblait qu'en effet Schumacker n'eût démontré au général cette innocence qu'il était si important aux intérêts du grand chancelier de noircir.

Le gouverneur avait eu le temps de réfléchir ; il répondit à l'insistance de la grande chancelière d'un ton de voix qui la rassura, parce qu'il décelait le doute et le trouble :

— Innocent... — Oui, — si vous voulez...

— Si je veux, seigneur général ! Et la méchante femme éclata de rire.

Ce rire blessa le gouverneur.

— Noble comtesse, dit-il, vous permettrez que je ne rende compte de mon entretien avec l'ex-grand chancelier qu'au vice-roi.

Alors il salua profondément, et descendit dans la cour, où l'attendait sa voiture.

— Oui, se disait la comtesse d'Ahlefeld rentrée dans ses appartements, pars, chevalier errant, que ton absence nous délivre du protecteur de nos ennemis ! Va, ton départ est le signal du retour de mon Frédéric. — Je vous le demande un peu, oser envoyer le plus joli cavalier de Copenhague dans ces horribles montagnes ! Heureusement il ne me sera pas difficile maintenant d'obtenir son rappel.

A cette pensée, elle s'adressa à sa suivante favorite.

— Ma chère Lisbeth, vous ferez venir de Berghen deux douzaines de ces petits peignes que nos élegants portent dans leurs cheveux; vous vous informerez du nouveau roman de la fameuse Scudéry, et vous veillerez à ce qu'on lave réguliérement tous les matins dans l'eau de rose la guenon de mon cher Frédéric.

— Quoi! ma gracieuse maîtresse, demanda Lisbeth, est-ce que le seigneur Frédéric peut revenir?

— Oui, vraiment; et, pour qu'il ait quelque plaisir à me revoir, il faut faire tout ce qu'il demande; je veux lui ménager une surprise à son retour.

Pauvre mère!

XXVIII

> ... Bernard suit en courant les rives de l'Arlança. Il est semblable à un lion qui dort dans son antre, cherchant les chasseurs, et déterminé à les vaincre ou à mourir.
>
> Il est parti, l'Espagnol vaillant et déterminé!
>
> C'est d'un pas rapide, une grosse lance au poing, dans laquelle il met ses espérances, que Bernard suit les ruines de l'Arlança.
>
> *Romances espagnoles.*

Ordener, descendu de la tour d'où il avait aperçu le fanal de Munckholm, s'était longtemps fatigué à chercher de tous côtés son pauvre guide Benignus Spiagudry. Longtemps il l'avait appelé, et l'écho brisé des ruines avait seul répondu. Surpris, mais non effrayé de cette inconcevable disparition, il l'avait attribuée à quelque terreur panique du craintif concierge, et, après s'être généreusement reproché de l'avoir quitté quelques instants, il s'était décidé à passer la nuit sur le rocher d'Oëlmœ pour lui donner le temps de revenir. Alors il prit quelque nourriture, et, s'enveloppant de son manteau, il se coucha près du foyer qui s'éteignait, déposa un baiser sur la boucle de cheveux d'Ethel, et ne tarda pas à s'endormir ; car on peut dormir avec un cœur inquiet quand la conscience est tranquille.

Au soleil levant il était debout, mais il ne retrouva de Spiagudry que sa besace et son manteau laissés dans la tour, ce qui semblait l'indice d'une fuite très-précipitée. Alors, désespérant de le revoir, du moins sur le rocher d'Oëlmœ, il se détermina à partir sans lui, car c'était le lendemain qu'il fallait attendre Han d'Islande à Walderhog.

On a appris dans les premiers chapitres de cet ouvrage qu'Ordener s'était de bonne heure accoutumé aux fatigues d'une vie errante et aventurière. Ayant déjà plusieurs fois parcouru le nord de la Norwége, il n'avait plus besoin de guide maintenant qu'il savait où trouver le brigand. Il dirigea donc vers le nord-ouest son voyage solitaire, dans lequel il n'eut plus de Benignus Spiagudry pour lui dire combien de quartz ou de spath renfermait chaque colline, quelle tradition s'attachait à chaque masure, et si tel ou tel déchirement du sol provenait d'un courant du déluge ou de quelque ancienne commotion volcanique.

Il marcha un jour entier à travers ces montagnes qui, partant comme des côtes, de distance en distance, de la chaîne principale dont la Norwége est traversée dans sa longueur, s'étendent en s'abaissant graduellement jusqu'à la mer, où elles se plongent ; de sorte que tous les rivages de ce pays ne présentent qu'une succession de promontoires et de golfes, et tout l'intérieur des terres qu'une suite de montagnes et de vallées ; disposition singulière du sol, qui a fait comparer la Norwége à la grande arête d'un poisson.

Ce n'était point une chose commode que de voyager dans ce pays. Tantôt il fallait suivre pour chemin le lit pierreux d'un torrent desséché, tantôt franchir sur des ponts tremblants de troncs d'arbres les chemins mêmes, que des torrents nés de la veille venaient de choisir pour lits.

Au reste, Ordener cheminait quelquefois des heures entières sans être averti de la présence de l'homme dans ces lieux incultes autrement que par l'apparition intermittente et alternative des ailes d'un moulin à vent au sommet d'une colline, ou par le bruit d'une forge lointaine, dont la fumée se courbait au gré de l'air comme un panache noir.

De loin en loin il rencontrait un paysan monté sur un petit cheval au poil gris, à la tête basse, moins sauvage encore que son maître, ou un marchand de pelleteries assis dans son traîneau attelé de deux rennes, derrière lequel était attachée une longue corde, dont les nœuds nombreux, en bondissant sur les pierres de la route, étaient destinés à effrayer les loups.

Si alors Ordener demandait au marchand le chemin de la grotte de Walderhog : — Marchez toujours au nord-ouest, vous trouverez le village d'Hervalyn, vous franchirez la ravine de Dodlysax, et cette nuit vous pourrez atteindre Surb, qui n'est qu'à deux milles de Walderhog. — Ainsi répondait avec indifférence le commerçant nomade, instruit seulement des noms et de la position des lieux que son métier lui faisait parcourir.

Si Ordener adressait la même question au paysan, celui-ci, imbu profondément des traditions du pays et des contes du foyer, secouait plusieurs fois la tête et arrêtait sa monture grise en disant : — Walderhog ! la caverne de Walderhog ! les pierres y chantent, les os y dansent, et le démon d'Islande y habite : ce n'est sans doute point à la caverne de Walderhog que Votre Courtoisie veut aller?

— Si vraiment, répondait Ordener.

— C'est donc que Votre Courtoisie a perdu sa mère, ou que le feu a brûlé sa ferme, ou que le voisin lui a volé son cochon gras?

— Non, en vérité, reprenait le jeune homme.

— Alors c'est qu'un magicien a jeté un sort sur l'esprit de Sa Courtoisie.

— Bonhomme, je vous demande le chemin de Walderhog.

— C'est à cette demande que je réponds, seigneur. Adieu donc. Toujours au nord! je sais bien comment vous irez, mais j'ignore comment vous reviendrez.

Et le paysan s'éloignait avec un signe de croix.

A la triste monotonie de cette route se joignait l'incommodité d'une pluie fine et pénétrante qui avait envahi le ciel vers le milieu du jour et accroissait les difficultés du chemin. Nul oiseau n'osait se hasarder dans l'air, et Ordener, glacé sous son manteau, ne voyait voler au-dessus de sa tête que l'autour, le gerfaut ou le faucon pêcheur, qui, au bruit de son passage, s'envolait brusquement des roseaux d'un étang avec un poisson dans ses griffes.

Il était nuit close quand le jeune voyageur, après avoir franchi le bois de trembles et de bouleaux qui est adossé à la ravine de Dodlysax, arriva à ce hameau de Surb, dans lequel Spiagudry, si le lecteur se le rappelle, voulait fixer son quartier général. L'odeur de goudron et la fumée de charbon de terre avertirent Ordener qu'il approchait d'une peuplade de pêcheurs. Il s'avança vers la première hutte que l'ombre lui permit de distinguer. L'entrée, basse et étroite, en était fermée, suivant l'usage norwégien, par une grande peau de poisson transparente, colorée en ce moment par la lumière rouge et tremblante d'un foyer allumé. Il frappa sur l'encadrement de bois de la porte en criant :

— C'est un voyageur.

— Entrez, entrez, répondit une voix de l'intérieur.

Au même instant une main officieuse leva la peau de poisson, et Ordener fut introduit dans l'habitacle conique d'un pêcheur des côtes de Norwége. C'était une sorte de tente ronde de bois et de terre, au milieu de laquelle brillait un feu où la flamme pourpre de la tourbe se mariait à la clarté blanche du sapin. Près de ce feu le pêcheur, sa femme et deux enfants vêtus de haillons étaient assis devant une table chargée d'assiettes de bois et de vases de terre. Du côté opposé, parmi des filets et des rames, deux rennes endormis étaient couchés sur un lit de feuilles et de peaux, dont le prolongement semblait destiné à recevoir le sommeil des maîtres du logis et des hôtes qu'il plairait au ciel de leur amener. Ce n'était pas du premier coup d'œil que l'on pouvait distinguer cette disposition intérieure de la hutte, car une fumée âcre et pesante, qui s'échappait avec peine par une ouverture pratiquée à la sommité du cône, enveloppait tous ces objets d'un voile épais et mobile.

A peine Ordener eut-il franchi le seuil, que le pêcheur et sa femme se levèrent et lui rendirent son salut d'un air ouvert et bienveillant. Les paysans norwégiens aiment les voyageurs, autant peut-être par le sentiment de curiosité, si vif chez eux, que par leur penchant naturel à l'hospitalité.

— Seigneur, dit le pêcheur, vous devez avoir faim et froid, voici du feu pour sécher votre manteau et d'excellent rindebrod pour apaiser votre appétit. Votre Courtoisie daignera ensuite nous dire qui elle est, d'où elle vient, où elle va, et quelles sont les histoires que racontent les vieilles femmes de son pays.

— Oui, seigneur, ajouta la femme, et vous pourrez joindre à ce rindebrod excellent, comme le dit mon seigneur et mari, un morceau délicieux de stock-fish salé, assaisonné d'huile de baleine. — Asseyez-vous, seigneur étranger.

— Et, si Votre Courtoisie n'aime pas la chère de saint Usulph (1), reprit l'homme, qu'elle veuille bien prendre patience un moment, je lui réponds qu'elle mangera un quartier de chevreuil merveilleux ou au moins une aile de faisan royal. Nous attendons le retour du plus fin chasseur qui soit dans les trois provinces. N'est-il pas vrai, ma bonne Maase?

Maase, nom que le pêcheur donnait à sa femme, est un mot norwégien qui signifie *mouette*. Celle-ci n'en parut nullement choquée, soit que ce fût son nom véritable, soit que ce fût un surnom de tendresse.

— Le meilleur chasseur! je le crois certes, répondit-elle avec emphase. C'est mon frère, le fameux Kennybol! Dieu bénisse ses courses! Il est venu passer quelques jours avec nous, et vous pourrez, seigneur étranger, boire dans la même tasse que lui quelques coups de cette bonne bière. C'est un voyageur comme vous.

— Grand merci, ma brave hôtesse! dit Ordener en souriant; mais je serai forcé de me contenter de votre appétissant stock-fish et d'un morceau de ce rindebrod. Je n'aurai pas le loisir d'attendre votre frère, le fameux chasseur. Il faut que je reparte sur-le-champ.

La bonne Maase, à la fois contrariée du prompt départ de l'étranger, et flattée des éloges qu'il donnait à son stock-fish et à son frère, s'écria :

— Vous êtes bien bon, seigneur... mais comment! vous allez nous quitter sitôt?

(1) Patron des pêcheurs.

— Il le faut.

— Vous hasarder dans ces montagnes à cette heure et par un temps semblable?

— C'est pour une affaire importante.

Ces réponses du jeune homme piquaient la curiosité native de ses hôtes autant qu'elles excitaient leur étonnement.

Le pêcheur se leva et dit :

— Vous êtes chez Christophe-Buldus Braall, pêcheur, du hameau de Surb. —

La femme ajouta :

— Maase Kennybol est sa femme et sa servante.

Quand les paysans norwégiens voulaient demander poliment son nom à un étranger, leur usage était de lui dire le leur.

Ordener répondit :

— Et moi, je suis un voyageur qui n'est sûr ni du nom qu'il porte, ni du chemin qu'il suit.

Cette réponse singulière ne parut pas satisfaire le pêcheur Braall.

— Par la couronne de Gormon le Vieux, dit-il, je croyais qu'il n'y avait en ce moment en Norwége qu'un seul homme qui ne fût pas sûr de son nom. C'est le noble baron de Thorvick, qui va s'appeler maintenant, assure-t-on, le comte de Danneskiold, à cause de son glorieux mariage avec la fille du chancelier. C'est du moins, ma bonne Maase, la plus fraîche nouvelle que j'aie apportée de Drontheim. — Je vous félicite, seigneur étranger, de cette conformité avec le fils du vice-roi, le grand comte Guldenlew.

— Puisque Votre Courtoisie, ajouta la femme avec un visage enflammé de curiosité, paraît ne pouvoir rien nous dire de ce qui lui touche, ne pourrait-elle pas nous apprendre quelque chose de ce qui se passe en ce moment;

par exemple, de ce fameux mariage dont mon seigneur et mari a recueilli la nouvelle?

— Oui, reprit celui-ci d'un air important, c'est ce qu'il y a de plus nouveau. Avant un mois, le fils du vice-roi épouse la fille du grand chancelier.

— J'en doute, dit Ordener.

— Vous en doutez, seigneur! Je puis vous affirmer, moi, que la chose est sûre. Je la tiens de bonne source. Celui qui m'en a fait part l'a apprise du seigneur Poël, le domestique favori du noble baron de Thorvick, c'est-à-dire du noble comte de Danneskiold. Est-ce qu'un orage aurait troublé l'eau depuis six jours? Cette grande union serait-elle rompue?

— Je le crois, répondit le jeune homme en souriant.

— S'il en est ainsi, seigneur, j'avais tort. Il ne faut pas allumer le feu pour frire le poisson avant que le filet ne se soit refermé sur lui. Mais cette rupture est-elle certaine? de qui tenez-vous la nouvelle?

— De personne, dit Ordener. C'est moi qui arrange cela ainsi dans ma tête.

A ces mots naïfs, le pêcheur ne put s'empêcher de déroger à la courtoisie norwégienne par un large éclat de rire.

— Mille pardons, seigneur, mais il est aisé de voir que vous êtes en effet un voyageur, et sans doute un étranger. Vous imaginez-vous donc que les événements suivront vos caprices, et que le temps se rembrunira ou s'éclaircira selon votre volonté?

Ici le pêcheur, versé dans les affaires nationales comme tous les paysans norwégiens, se mit à expliquer à Ordener pour quelles raisons ce mariage ne pouvait manquer: il était nécessaire aux intérêts de la famille d'Ahlefeld; le vice-roi ne pouvait le refuser au roi, qui le désirait. On affirmait en outre qu'une passion véritable unissait les deux futurs époux; en un mot, le pêcheur Braall ne doutait pas que cette alliance n'eût lieu ; il eût voulu être aussi sûr de tuer, le lendemain, le maudit chien de mer qui infestait l'étang de Master-Bick.

Ordener se sentait peu disposé à soutenir une conversation politique avec un aussi rude homme d'Etat, quand la survenue d'un nouveau personnage vint le tirer d'embarras.

— C'est lui, c'est mon frère! s'écria la vieille Maase; et il ne fallait rien moins que l'arrivée d'un frère pour l'arracher de l'admiration contemplative avec laquelle elle écoutait les longues paroles de son mari.

Celui-ci, pendant que les deux enfants se jetaient bruyamment au cou de leur oncle, lui tendit la main gravement.

— Sois le bienvenu, frère. — Puis, se tournant vers Ordener : — Seigneur, c'est notre frère, le renommé chasseur Kennybol, des montagnes de Kole.

— Je vous salue tous cordialement, dit le montagnard en ôtant son bonnet de peau d'ours. Frère, je fais mauvaise chasse sur vos côtes, comme tu ferais sans doute mauvaise pêche dans nos montagnes. Je crois que je remplirais encore plutôt ma gibecière en chassant des lutins et des follets dans les forêts brumeuses de la reine Mab. Sœur Maase, vous êtes la première mouette à laquelle j'aie pu dire bonjour de près aujourd'hui. Tenez, amis, Dieu vous maintienne en paix! c'est pour ce méchant coq de bruyère que le premier chasseur du Drontheimhus a couru les clairières jusqu'à cette heure, et par ce temps.

En parlant ainsi, il tira de sa carnassière et déposa sur la table une gélinotte blanche, en affirmant que cette bête maigre n'était pas digne d'un coup de mousquet.

— Mais, ajouta-t-il entre ses dents, fidèle arquebuse de Kennybol, tu chasseras bientôt de plus gros gibier. Si tu n'abats plus des robes de chamois ou d'élan, tu auras à percer des casaques vertes et des justaucorps rouges.

Ces mots, à demi entendus, frappèrent la curieuse Maase.

— Hem! demanda-t-elle, que dites-vous donc là, mon bon frère?...

— Je dis qu'il y a toujours un farfadet qui danse sous la langue des femmes.

— Tu as raison, frère Kennybol, s'écria le pêcheur. Ces filles d'Eve sont toutes curieuses comme leur mère. — Ne parlais-tu pas de casaques vertes?

— Frère Braall, répliqua le chasseur d'un air d'humeur, je ne confie mes secrets qu'à mon mousquet, parce que je suis sûr qu'il ne les répétera pas.

— On parle dans le village, poursuivit intrépidement le pêcheur, d'une révolte des mineurs. Frère, saurais-tu quelque chose de cela?...

Le montagnard reprit son bonnet et l'enfonça sur ses yeux, en jetant un regard oblique sur l'étranger; puis il se baissa vers le pêcheur, et dit d'une voix brève et basse :
— Silence!

— Celui-ci secoua la tête à plusieurs reprises. — Frère Kennybol, le poisson a beau être muet, il n'en tombe pas moins dans la nasse.

Il se fit un moment de silence. Les deux frères se regardaient d'un air expressif, les enfants tiraient les plumes de la gélinotte déposée sur la table, la bonne femme écoutait ce qu'on ne disait pas, et Ordener observait.

— Si vous faites maigre chère aujourd'hui, dit tout à coup le chasseur, cherchant visiblement à changer de conversation, il n'en sera pas de même demain. Frère Braall, tu peux pêcher le roi des poissons, je te promets de l'huile d'ours pour l'assaisonner.

— De l'huile d'ours! s'écria Maase. Est-ce qu'on a vu

un ours dans les environs?... Patrick, Regner, mes enfants, je vous défends de sortir de cette cabane... Un ours!

— Tranquillisez-vous, sœur, vous n'aurez plus à le craindre demain. Oui, c'est un ours en effet que j'ai aperçu à deux milles environ de Surb; un ours blanc. Il paraissait emporter un homme, ou un animal plutôt. — Mais non, ce pouvait être un chevrier qu'il enlevait, car les chevriers se vêtissent de peaux de bêtes. — Au reste, l'éloignement ne m'a pas permis de distinguer... Ce qui m'a étonné, c'est qu'il portait sa proie sur son dos et non entre ses dents.

— Vraiment, frère?

— Oui, et il fallait que l'animal fût mort, car il ne faisait aucun mouvement pour se défendre.

— Mais, demanda judicieusement le pêcheur, s'il était mort, comment était-il soutenu sur le dos de l'ours?

— C'est ce que je n'ai pu comprendre. Au reste, il aura fait le dernier repas de l'ours. En entrant dans ce village, je viens de prévenir six bons compagnons; et demain, sœur Maase, je vous apporterai la plus belle fourrure blanche qui ait jamais couru sur les neiges d'une montagne.

— Prenez garde, frère, dit la femme, vous avez remarqué en effet de singulières choses. Cet ours est peut-être le diable...

— Etes-vous folle? interrompit le montagnard en riant; le diable se changer en ours! En chat, en singe, à la bonne heure, cela s'est vu; mais en ours! Ah! par saint Eldon l'Exorciseur, vous feriez pitié à un enfant ou à une vieille femme avec vos superstitions!

La pauvre femme baissa la tête.

— Frère, vous étiez mon seigneur avant que mon vénéré mari jetât les yeux sur moi, agissez comme votre ange gardien vous inspirera d'agir.

— Mais, demanda le pêcheur au montagnard, de quel côté as-tu donc rencontré cet ours?

— Dans la direction du Smiasen à Walderhog.

— Walderhog! dit la femme avec un signe de croix.

— Walderhog! répéta Ordener.

— Mais, mon frère, reprit le pêcheur, ce n'est pas toi, j'espère, qui te dirigeais vers cette grotte de Walderhog?

— Moi! Dieu m'en garde! C'était l'ours.

— Est-ce que vous irez le chercher là demain? interrompit Maase avec terreur.

— Non, vraiment; comment voulez-vous, mes amis, qu'un ours même ose prendre pour retraite une caverne où...

Il s'arrêta, et tous trois firent un signe de croix.

— Tu as raison, répondit le pêcheur, il y a un instinct qui avertit les bêtes de ces choses-là.

— Mes bons hôtes, dit Ordener, qu'y a-t-il donc de si effrayant dans cette grotte de Walderhog?

Ils se regardèrent tous trois avec un étonnement stupide, comme s'ils ne comprenaient pas une pareille question.

— C'est là qu'est le tombeau du roi Walder? ajouta le jeune homme.

— Oui, reprit la femme, un tombeau de pierre qui chante.

— Et ce n'est pas tout, dit le pêcheur.

— Non, continua-t-elle; la nuit on y a vu danser les os des trépassés.

— Et ce n'est pas tout, dit le montagnard.

Tous se turent, comme s'ils n'osaient poursuivre.

— Eh bien! demanda Ordener, qu'y a-t-il donc encore de surnaturel?

— Jeune homme, dit gravement le montagnard, il ne

faut pas parler si légèrement quand vous voyez frissonner un vieux loup gris tel que moi.

Le jeune homme répondit en souriant doucement :

— J'aurais pourtant voulu savoir tout ce qui se passe de merveilleux dans cette grotte de Walderhog ; car c'est là précisément que je vais.

Ces mots pétrifièrent de terreur les trois auditeurs.

— A Walderhog ! ciel ! vous allez à Walderhog ? — Et il dit cela, reprit le pêcheur, comme on dirait : Je vais à la Lœvig vendre ma morue ! ou : à la clairière de Ralph pêcher le hareng ! — A Walderhog, grand Dieu !

— Malheureux jeune homme ! s'écriait la femme, vous êtes donc né sans ange gardien ? aucun saint du ciel n'est donc votre patron ! Hélas ! cela est trop vrai, puisque vous paraissez ne savoir même pas votre nom.

— Et quel motif, interrompit le montagnard, peut donc conduire Votre Courtoisie à cet effroyable lieu ?

— J'ai quelque chose à demander à quelqu'un, répondit Ordener.

L'étonnement des trois hôtes redoublait avec leur curiosité.

— Ecoutez, seigneur étranger ; vous paraissez ne pas bien connaître ce pays ; Votre Courtoisie se trompe sans doute, ce ne peut être à Walderhog qu'elle veut aller.

— D'ailleurs, ajouta le montagnard, si elle veut parler à quelque être humain, elle n'y trouverait personne.

— Que le démon, reprit la femme.

— Le démon ! quel démon ?

— Oui, continua-t-elle, celui pour qui chante le tombeau et dansent les trépassés.

— Vous ne savez donc pas, seigneur, dit le pêcheur en baissant la voix et en se rapprochant d'Ordener, vous ne savez donc pas que la grotte de Walderhog est la demeure ordinaire de.....

La femme l'arrêta.

— Mon seigneur et mari, ne prononcez pas ce nom, il porte malheur.

— La demeure de qui? demanda Ordener.

— D'un Belzébuth incarné, dit Kennybol.

— En vérité, mes braves hôtes, je ne sais ce que vous voulez dire. On m'avait bien appris que Walderhog était habité par Han d'Islande...

Un triple cri d'effroi s'éleva dans la chaumière. — Eh bien ! — Vous le saviez... — C'est ce démon !

La femme baissa sa coiffe de bure en attestant tous les saints que ce n'était pas elle qui avait prononcé ce nom.

Quand le pêcheur fut un peu revenu de sa stupéfaction, il regarda fixement Ordener, comme s'il y avait en ce jeune homme quelque chose qu'il ne pouvait comprendre.

— Je croyais, seigneur voyageur, quand j'aurais dû vivre une vie encore plus longue que celle de mon père, qui est mort âgé de cent vingt ans, n'avoir jamais à indiquer le chemin de Walderhog à une créature humaine douée de sa raison et croyant en Dieu.

— Sans doute, s'écria Maase, mais Sa Courtoisie n'ira pas à cette grotte maudite; car, pour y mettre le pied, il faut vouloir faire un pacte avec le diable !

— J'irai, mes bons hôtes, et le plus grand service que vous pourrez me rendre sera de m'indiquer le plus court chemin.

— Le plus court pour aller où vous voulez aller, dit le pêcheur, c'est de vous précipiter du haut du rocher le plus voisin dans le torrent le plus proche.

— Est-ce donc arriver au même but, demanda Ordener d'une voix tranquille, que de préférer une mort stérile à un danger utile ?

Braall secoua la tête, tandis que son frère attachait sur le jeune aventurier un regard scrutateur.

— Je comprends, s'écria tout à coup le pêcheur, vous voulez gagner les mille écus royaux que le haut syndic promet pour la tête de ce démon d'Islande.

Ordener sourit.

— Jeune seigneur, continua le pêcheur avec émotion, croyez-moi, renoncez à ce projet. Je suis pauvre et vieux, et je ne donnerais pas ce qui me reste de vie pour vos mille écus royaux, ne me restât-il qu'un jour.

L'œil suppliant et compatissant de la femme épiait l'effet que produirait sur le jeune seigneur la prière de son mari. Ordener se hâta de répondre :

— C'est un intérêt plus grand qui me fait chercher ce brigand que vous appelez un démon : c'est pour d'autres que pour moi...

Le montagnard, qui n'avait pas un moment quitté Ordener du regard, l'interrompit.

— Je vous comprends à mon tour, je sais pourquoi vous cherchez le démon islandais.

— Je veux le forcer à combattre, dit le jeune homme.

— C'est cela, dit Kennybol, vous êtes chargé de grands intérêts, n'est-ce pas ?

— Je viens de le dire.

Le montagnard s'approcha du jeune homme d'un air d'intelligence, et ce ne fut pas sans un extrême étonnement qu'Ordener l'entendit lui dire à l'oreille, à demi-voix :

— C'est pour le comte Schumacker de Griffenfeld, n'est-il pas vrai ?

— Brave homme, s'écria-t-il, comment savez-vous ?...

Et en effet il lui était difficile de s'expliquer comment un montagnard norwégien pouvait savoir un secret qu'il n'avait confié à personne, pas même au général Levin.

Kennybol se pencha vers lui : — Je vous souhaite bon succès, reprit-il du même ton mystérieux; vous êtes un noble jeune homme de servir ainsi les opprimés.

La surprise d'Ordener était si grande qu'il trouvait à peine des paroles pour demander au montagnard comment il était instruit du but de son voyage.

— Silence! dit Kennybol en mettant son doigt sur la bouche, j'espère que vous obtiendrez de l'habitant de Walderhog ce que vous désirez; mon bras est dévoué comme le vôtre au prisonnier de Munckholm. — Puis, élevant la voix avant qu'Ordener eût pu répliquer : Frère, bonne sœur Maase, poursuivit-il, recevez ce respectable jeune homme comme un frère de plus. Allons, je crois que le souper est prêt...

— Quoi! interrompit Maase, vous avez sans doute décidé Sa Courtoisie à renoncer à son projet de visiter le démon.

— Sœur, priez pour qu'il ne lui arrive point de mal. C'est un noble et digne jeune homme. Allons, brave seigneur, prenez quelque nourriture et quelque repos avec nous. Demain je vous montrerai votre chemin, et nous irons à la recherche, vous de votre diable, et moi de mon ours.

XXIX

> Compagnon, eh! compagnon, de quel compagnon es-tu donc né? de quel enfant des hommes es-tu provenu pour oser ainsi attaquer Fafnir?
>
> *Edda.*

Le premier rayon de soleil levant rougissait à peine la plus haute cime des rochers qui bordent la mer, lorsqu'un pêcheur, qui était venu avant l'aube jeter ses filets à quelques portées d'arquebuse du rivage, en face de l'entrée de la grotte de Walderhog, vit comme une figure enveloppée d'un manteau ou d'un linceul descendre le long des roches et disparaître sous la voûte formidable de la caverne. Frappé de terreur, il recommanda sa barque et son âme à saint Usulph, et courut raconter à sa famille effrayée qu'il avait aperçu l'un des spectres qui habitent le palais de Han d'Islande rentrer dans la grotte au lever du jour.

Ce spectre, l'entretien et l'effroi futur des longues veillées d'hiver, c'était Ordener, le noble fils du vice-roi de Norwége, qui, tandis que les deux royaumes le croyaient livré à de doux soins auprès de son altière fiancée, venait, seul et inconnu, exposer sa vie pour celle à qui il avait donné son cœur et son avenir, pour la fille d'un proscrit.

De tristes présages, de sinistres prédictions, l'avaient accompagné à ce but de son voyage ; il venait de quitter la famille du pêcheur, et, en lui disant adieu, la bonne Maase s'était mise en prières pour lui devant le seuil de sa porte. Le montagnard Kennybol et ses six compagnons, qui lui avaient indiqué le chemin, s'étaient séparés de lui à un demi-mille de Walderhog, et ces intrépides chasseurs, qui allaient en riant affronter un ours, avaient longtemps attaché un œil d'épouvante sur le sentier que suivait l'aventureux voyageur.

Le jeune homme entra dans la grotte de Walderhog comme on entre dans un port longtemps désiré. Il éprouvait une joie céleste en songeant qu'il allait accomplir l'objet de sa vie, et que dans quelques instants peut-être il aurait donné tout son sang pour son Ethel. Près d'attaquer un brigand redouté d'une province entière, un monstre, un démon peut-être, ce n'était point cette effrayante figure qui apparaissait à son imagination ; il ne voyait que l'image de la douce vierge captive, priant pour lui sans doute devant l'autel de sa prison. S'il se fût dévoué pour toute autre qu'elle, il aurait pu songer un moment, pour les mépriser, aux périls qu'il venait chercher de si loin ; mais est-ce qu'une réflexion trouve place dans un jeune cœur au moment où il bat de la double exaltation d'un beau dévouement et d'un noble amour ?

Il s'avança, la tête haute, sous la voûte sonore dont les mille échos multipliaient le bruit de ses pas, sans même jeter un coup d'œil sur les stalactites, sur les basaltes séculaires qui pendaient au-dessus de sa tête parmi des cônes de mousse, de lierre et de lichen ; assemblages confus de formes bizarres, dont la crédulité superstitieuse des campagnards norwégiens avait fait plus d'une fois des foules de démons ou des processions de fantômes.

Il passa avec la même indifférence devant ce tombeau du roi Walder, auquel se rattachaient tant de traditions lugubres, et il n'entendit d'autre voix que les longs sifflements de la bise sous ces funèbres galeries.

Il continua sa marche sous de tortueuses arcades, éclairées faiblement par des crevasses à demi obstruées d'herbes et de bruyères. Son pied heurtait souvent je ne sais quelles ruines, qui roulaient sur le roc avec un son creux, et présentaient dans l'ombre, à ses yeux, des apparences de crânes brisés ou de longues rangées de dents blanches et dépouillées jusqu'à leurs racines.

Mais aucune terreur ne montait jusqu'à son âme. Il s'étonnait seulement de n'avoir pas encore rencontré le formidable habitant de cette horrible grotte.

Il arriva dans une sorte de salle ronde naturellement creusée dans le flanc du rocher. Là aboutissait la route souterraine qu'il avait suivie, et les parois de la salle n'offraient plus d'autre ouverture que de larges fentes, à travers lesquelles on apercevait les montagnes et les forêts extérieures.

Surpris d'avoir ainsi infructueusement parcouru toute

la fatale caverne, il commença à désespérer de rencontrer le brigand. Un monument de forme singulière, situé au milieu de la salle souterraine, appela son attention. Trois pierres longues et massives, posées debout sur le sol, en soutenaient une quatrième, large et carrée, comme trois piliers portent un toit. Sous cette espèce de trépied gigantesque s'élevait une sorte d'autel, formé également d'un seul quartier de granit, et percé circulairement au milieu de sa face supérieure. Ordener reconnut une de ces colossales constructions druidiques qu'il avait souvent observées dans ses voyages en Norwége, et dont les modèles les plus étonnants peut-être sont, en France, les monuments de Lokmariaker et de Carnac. Edifices étranges qui ont vieilli, posés sur la terre comme des tentes d'un jour, et où la solidité naît de la seule pesanteur.

Le jeune homme, livré à ses rêveries, s'appuya machinalement sur cet autel, dont la bouche de pierre était brunie, tant elle avait bu profondément le sang des victimes humaines.

Tout à coup il tressaillit ; une voix qui semblait sortir de la pierre avait frappé son oreille :

— Jeune homme, c'est avec des pieds qui touchent au sépulcre que tu es venu dans ce lieu.

Il se leva brusquement, et sa main se jeta sur son sabre, tandis qu'un écho, faible comme la voix d'un mort, répétait distinctement dans les profondeurs de la grotte :

— Jeune homme, c'est avec des pieds qui touchent au sépulcre que tu es venu dans ce lieu.

En ce moment une tête effroyable se leva de l'autre côté de l'autel druidique, avec des cheveux rouges et un rire atroce.

— Jeune homme, répéta-t-elle, oui, tu es venu dans ce lieu avec des pieds qui touchent au sépulcre.

— Et avec une main qui touche une épée, répondit le jeune homme sans s'émouvoir.

Le monstre sortit entièrement de dessous l'autel, et montra ses membres trapus et nerveux, ses vêtements sauvages et sanglants, ses mains crochues et sa lourde hache de pierre.

— C'est moi, dit-il avec un grondement de bête fauve.

— C'est moi, répondit Ordener.

— Je t'attendais.

— Je faisais plus, repartit l'intrépide jeune homme, je te cherchais.

Le brigand croisa les bras.

— Sais-tu qui je suis?

— Oui.

— Et tu n'as point de peur?

— Je n'en ai plus.

— Tu as donc éprouvé une crainte en venant ici?

Et le monstre balançait sa tête d'un air triomphant.

— Celle de ne pas te rencontrer.

— Tu me braves, et tes pas viennent de trébucher contre des cadavres humains!

— Demain peut-être ils trébucheront contre le tien.

Un tremblement de colère saisit le petit homme. Ordener, immobile, conservait son attitude calme et fière.

— Prends garde! murmura le brigand; je vais fondre sur toi comme la grêle de Norwége sur un parasol.

— Je ne voudrais point d'autre bouclier contre toi.

On eût dit qu'il y avait dans le regard d'Ordener quelque chose qui dominait le monstre. Il se mit à arracher avec ses ongles les poils de son manteau, comme un tigre qui dévore l'herbe avant de s'élancer sur sa proie.

— Tu m'apprends ce que c'est que la pitié, dit-il.

— Et à moi ce que c'est que le mépris.

— Enfant, ta voix est douce, ton visage est frais comme

la voix et le visage d'une jeune fille ; — quelle mort veux-tu de moi ?

— La tienne.

Le petit homme rit.

— Tu ne sais point que je suis un démon, que mon esprit est l'esprit d'Ingolphe l'Exterminateur.

— Je sais que tu es un brigand, que tu commets le meurtre pour de l'or.

— Tu te trompes, interrompit le monstre, c'est pour du sang !

— N'as-tu pas été payé par les d'Ahlefeld pour assassiner le capitaine Dispolsen ?

— Que me dis-tu là? Quels sont ces noms ?

— Tu ne connais pas le capitaine Dispolsen, que tu as assassiné sur la grève d'Urchtal ?...

— Cela se peut, mais je l'ai oublié, comme je t'aurai oublié dans trois jours.

— Tu ne connais pas le comte d'Ahlefeld qui t'a payé pour enlever au capitaine une coffret de fer ?

— D'Ahlefeld ! Attends, oui, je le connais. J'ai bu hier le sang de son fils dans le crâne du mien.

Ordener frissonna d'horreur.

— Est-ce que tu n'étais pas content de ton salaire?

— Quel salaire ? demanda le brigand.

— Ecoute : ta vue me pèse ; il faut en finir. Tu as dérobé, il y a huit jours, une cassette de fer à l'une de tes victimes, à un officier de Munckholm.

Ce mot fit tressaillir le brigand.

— Un officier de Munckholm ! dit-il entre ses dents ; puis il reprit, avec un mouvement de surprise : — Serais-tu aussi un officier de Munckholm, toi ?...

— Non, dit Ordener.

— Tant pis !

Et les traits du brigand se rembrunirent.

— Ecoute, reprit l'opiniâtre Ordener, où est cette cassette que tu as dérobée au capitaine?

Le petit homme parut méditer un instant.

— Par Ingolphe, voilà une méchante boîte de fer qui occupe bien des esprits. — Je te réponds que l'on cherchera moins celle qui contiendra tes os, si jamais ils sont recueillis dans un cercueil.

Ces paroles, en montrant à Ordener que le brigand connaissait la cassette dont il lui parlait, lui rendirent l'espoir de la reconquérir.

— Dis-moi ce que tu as fait de cette cassette. Est-elle au pouvoir du comte d'Ahlefeld?

— Non.

— Tu mens, car tu ris.

— Crois ce que tu voudras. Que m'importe?

Le monstre avait en effet pris un air railleur qui inspirait de la défiance à Ordener. Il vit qu'il n'y avait plus rien à faire que de le mettre en fureur, ou de l'intimider, s'il était possible.

— Entends-moi, dit-il en élevant la voix, il faut que tu me donnes cette cassette.

L'autre répondit par un ricanement farouche.

— Il faut que tu me la donnes! répéta le jeune homme d'une voix tonnante.

— Est-ce que tu es accoutumé à donner des ordres aux buffles et aux ours? répliqua le monstre avec le même rire.

— J'en donnerais au démon dans l'enfer.

— C'est ce que tu seras à même de faire tout à l'heure.

Ordener tira son sabre, qui étincela dans l'ombre comme un éclair — Obéis!

— Allons, reprit l'autre en secouant sa hache, il ne tenait qu'à moi de briser tes os et de sucer ton sang quand tu es arrivé; mais je me suis contenu; j'étais curieux de voir le moineau franc fondre sur le vautour.

— Misérable, cria Ordener, défends-toi!

— C'est la première fois qu'on me le dit, murmura le brigand en grinçant les dents.

En parlant ainsi, il sauta sur l'autel de granit et se ramassa sur lui-même, comme le léopard qui attend un chasseur au haut d'un rocher pour se précipiter sur lui à l'improviste.

De là son œil fixe plongeait sur le jeune homme, et semblait chercher de quel côté il pourrait le mieux s'élancer sur lui. C'en était fait du noble Ordener s'il eût attendu un instant. Mais il ne donna pas au brigand le temps de réfléchir, et se jeta impétueusement sur lui en lui portant la pointe de son sabre au visage.

Alors commença le combat le plus effrayant que l'imagination puisse se figurer. Le petit homme, debout sur l'autel, comme une statue sur son piédestal, semblait une des horribles idoles qui, dans les siècles barbares, avaient reçu dans ce même lieu des sacrifices impies et de sacriléges offrandes.

Ses mouvements étaient si rapides, que, de quelque côté qu'Ordener l'attaquât, il rencontrait toujours la face du monstre et le tranchant de sa hache. Il aurait été mis en pièces dès les premiers chocs s'il n'avait eu l'heureuse inspiration de rouler son manteau autour de son bras gauche, en sorte que la plupart des coups de son furieux ennemi se perdaient dans ce bouclier flottant. Ils firent ainsi inutilement, pendant plusieurs minutes, des efforts inouïs pour se blesser l'un et l'autre. Les yeux gris et enflammés du petit homme sortaient de leur orbite. Surpris d'être si vigoureusement et si audacieusement combattu par un adversaire en apparence si faible, une rage sombre avait remplacé ses ricanements sauvages. L'atroce immobilité des traits du monstre, le calme intrépide de ceux d'Ordener, contrastaient singulièrement avec la promptitude de leurs mouvements et la vivacité de leurs attaques.

On n'entendait d'autre bruit que le cliquetis des armes, les pas tumultueux du jeune homme et la respiration pressée des deux combattants, quand le petit homme poussa un rugissement terrible. Le tranchant de sa hache venait de s'engager dans les plis du manteau. Il se roidit; il secoua furieusement son bras, et ne fit qu'embarrasser le manche avec le tranchant dans l'étoffe, qui, à chaque nouvel effort, se tordait de plus en plus à l'entour.

Le formidable brigand vit donc le fer du jeune homme s'appuyer sur sa poitrine.

— Ecoute-moi encore une fois; dit Ordener triomphant; veux-tu me remettre ce coffre de fer que tu as lâchement volé?

Le petit homme garda un moment le silence, puis il dit au milieu d'un rugissement :

— Non, et sois maudit!

Ordener reprit sans quitter son attitude victorieuse et menaçante :

— Réfléchis!

— Non; je t'ai dit que non! répéta le brigand.

Le noble jeune homme baissa son sabre.

— Eh bien! dit-il, dégage ta hache des plis de mon manteau, afin que nous puissions continuer.

Un rire dédaigneux fut la réponse du monstre.

— Enfant, tu fais le généreux, comme si j'en avais besoin!

Avant qu'Ordener surpris eût pu tourner la tête, il avait posé son pied sur l'épaule de son loyal vainqueur, et d'un bond il était à douze pas dans la salle.

D'un autre bond il était sur Ordener. Il s'était suspendu à lui tout entier, comme la panthère s'attache de la gueule et des griffes aux flancs du grand lion. Ses ongles s'enfonçaient dans les épaules du jeune homme; ses genoux noueux pressaient ses hanches, tandis que son affreux visage présentait aux yeux d'Ordener une bouche sanglante et des dents de bête fauve prêtes à le déchirer. Il ne parlait plus; aucune parole humaine ne s'échappait de son gosier pantelant : un mugissement sourd, entremêlé de cris rauques et ardents, exprimait seul sa rage. C'était quelque chose de plus hideux qu'une bête féroce, de plus monstrueux qu'un démon : c'était un homme auquel il ne restait rien d'humain.

Ordener avait chancelé sous l'assaut du petit homme, et serait tombé à ce choc inattendu, si l'un des larges piliers du monument druidique ne se fût trouvé derrière lui pour le soutenir. Il resta donc à demi renversé sur le dos, et haletant sous le poids de son incommode ennemi. Qu'on pense que tout ce que nous venons de décrire s'était passé en aussi peu de temps qu'il faut pour se le figurer, et l'on aura quelque idée de ce que présentait d'horrible ce moment de lutte.

Nous l'avons dit, ce noble jeune homme avait chancelé, mais il n'avait pas tremblé. Il se hâta de donner une pensée d'adieu à son Ethel. Cette pensée d'amour fut comme une prière : elle lui rendit des forces. Il enlaça le monstre de ses deux bras; puis, saisissant la lame de son sabre par le milieu, il lui appuya perpendiculairement la pointe sur l'épine du dos. Le brigand atteint poussa une clameur effrayante, et d'un soubresaut, qui ébranla Ordener, il se dégagea des bras de son intrépide adversaire, et alla tomber à quelques pas en arrière, emportant dans ses dents un lambeau du manteau vert qu'il avait mordu dans sa fureur.

Il se releva, souple et agile comme un jeune chamois, et le combat recommença pour la troisième fois, d'une manière plus terrible encore. Le hasard avait jeté près du lieu où il se trouvait un amas de quartiers de rochers, entre lesquels les mousses et les ronces croissaient paisiblement depuis des siècles. Deux hommes de force ordinaire auraient à peine pu soulever la moindre de ces masses. Le brigand en saisit une de ses deux bras et l'éleva au-dessus de sa tête en la balançant vers Ordener. Son regard fut affreux dans ce moment. La pierre, lancée avec violence, traversa lourdement l'espace : le jeune homme n'eut que le temps de se détourner. Le quartier de granit s'était brisé en éclats aux pieds du mur souterrain avec un bruit épouvantable, que se renvoyèrent longtemps les échos profonds de la grotte.

Ordener étourdi avait eu à peine le temps de reprendre son sang-froid, qu'une seconde masse de pierre se balançait dans les mains du brigand. Irrité de se voir ainsi lapider lâchement, il s'élança vers le petit homme, le sabre haut, afin de changer de combat; mais le bloc formidable, parti comme un tonnerre, rencontra, en roulant dans l'atmosphère épaisse et sombre de la caverne, la lame frêle et nue sur son passage : elle tomba en éclats comme un morceau de verre, et le rire farouche du monstre remplit la voûte.

Ordener était désarmé.

— As-tu, cria le monstre, quelque chose à dire à Dieu ou au diable avant de mourir?

Et son œil lançait des flammes, et tous ses muscles s'étaient roidis de rage et de joie, et il s'était précipité avec un frémissement d'impatience sur sa hache laissée à terre dans les plis du manteau... — Pauvre Ethel!

Tout à coup un rugissement lointain se fait entendre au dehors. Le monstre s'arrête. Le bruit redouble; des clameurs d'hommes se mêlent aux grondements plaintifs d'un ours. Le brigand écoute. Les cris douloureux continuent.

Il saisit brusquement la hache et s'élance, non vers Ordener, mais vers l'une des crevasses dont nous avons parlé et qui donnaient passage au jour. Ordener, au comble de la surprise de se voir ainsi oublié, se dirige comme lui vers l'une de ces portes naturelles, et voit, dans une clairière assez voisine, un grand ours blanc réduit aux abois par sept chasseurs, parmi lesquels il croit même distinguer ce Kennybol dont les paroles l'avaient tant frappé la veille.

Il se retourne. Le brigand n'était plus dans la grotte, et il entend au dehors une voix effrayante qui criait : Friend ! Friend ! je suis à toi ! me voici !

XXX

Pierre le bon enfant aux dés a tout perdu.
REGNIER.

Le régiment des arquebusiers de Munckholm est en marche à travers les défilés qui se trouvent entre Drontheim et Skongen. Tantôt il côtoie un torrent, et l'on voit la file des baïonnettes ramper dans les ravines comme un long serpent dont les écailles brillent au jour; tantôt il tourne en spirale à l'entour d'une montagne, qui ressemble alors à ces colonnes triomphales autour desquelles montent des bataillons de bronze.

Les soldats marchent, les armes basses et les manteaux déployés, d'un air d'humeur et d'ennui, parce que ces nobles hommes n'aiment que le combat ou le repos. Les grosses railleries, les vieux sarcasmes qui faisaient hier leurs délices ne les égayent pas aujourd'hui : l'air est froid, le ciel est brumeux. Il faut au moins, pour qu'un rire passager s'élève dans les rangs, qu'une cantinière se laisse tomber maladroitement du haut de son petit cheval barbe, ou qu'une marmite de fer-blanc roule de rocher en rocher jusqu'au fond d'un précipice.

C'est pour se distraire un moment de l'ennui de cette route que le lieutenant Randmer, jeune baron danois, aborda le vieux capitaine Lory, soldat de fortune. Le capitaine marchait, sombre et silencieux, d'un pas pesant, mais assuré; le lieutenant, leste et léger, faisait siffler une baguette qu'il avait arrachée aux broussailles dont le chemin était bordé.

— Eh bien! capitaine, qu'avez-vous donc? vous êtes triste.

— C'est qu'apparemment j'en ai sujet, répond le vieil officier sans lever la tête.

— Allons, allons, point de chagrin : regardez-moi, suis-je triste? et pourtant je gage que j'en aurais au moins autant sujet que vous.

— J'en doute, baron Randmer; j'ai perdu mon seul bien, j'ai perdu toute ma richesse.

— Capitaine Lory, notre infortune est précisément la même. Il n'y a pas quinze jours que le lieutenant Alberick m'a gagné d'un coup de dé mon beau château de Randmer et ses dépendances. Je suis ruiné : me voit-on moins gai pour cela?

Le capitaine répondit d'une voix bien triste :

— Lieutenant, vous n'avez perdu que votre beau château; moi, j'ai perdu mon chien.

A cette réponse, la figure frivole du jeune homme resta indécise entre le rire et l'attendrissement.

— Capitaine, dit-il, consolez-vous; tenez, moi, qui ai perdu mon château...

L'autre l'interrompit.

— Qu'est-ce que cela? d'ailleurs, vous regagnerez un autre château.

— Et vous retrouverez un autre chien.

Le vieillard secoua la tête.

— Je retrouverai un chien; je ne retrouverai pas mon pauvre Drake.

Il s'arrêta : de grosses larmes roulaient dans ses yeux et tombaient une à une sur son visage dur et rude.

— Je n'avais, continua-t-il, jamais aimé que lui; je n'ai connu ni père ni mère; que Dieu leur fasse paix, comme à mon pauvre Drake! — Lieutenant Randmer, il m'avait sauvé la vie dans la guerre de Poméranie; je l'appelai Drake pour faire honneur au fameux amiral. — Ce bon chien! il n'avait jamais changé pour moi, lui, selon ma fortune. Après le combat d'Oholfen, le grand général Schack l'avait flatté de la main en me disant : Vous avez là un bien beau chien, sergent Lory! — car à cette époque je n'étais encore que sergent.

— Ah! interrompit le jeune homme en agitant sa baguette, cela doit paraître singulier d'être sergent.

Le vieux soldat de fortune ne l'entendait pas; il paraissait se parler à lui-même, et l'on entendait à peine quelques paroles inarticulées s'échapper de sa bouche.

— Ce pauvre Drake! être revenu tant de fois sain et sauf des brèches et des tranchées pour se noyer, comme un chat, dans le maudit golfe de Drontheim! — Mon pauvre chien! mon brave ami! tu étais digne de mourir comme moi sur le champ de bataille.

— Brave capitaine, cria le lieutenant, comment pouvez-vous rester triste? nous nous battrons peut-être demain.

— Oui, répondit dédaigneusement le vieux capitaine, contre de fiers ennemis!

— Comment, ces brigands de mineurs! ces diables de montagnards!

— Des tailleurs de pierres, des voleurs de grands chemins! des gens qui ne sauront seulement pas former en bataille la tête de porc ou le coin de Gustave-Adolphe! voilà de belle canaille en face d'un homme tel que moi, qui ai fait toutes les guerres de Poméranie et de Holstein, les campagnes de Scanie et de Dalécarlie! qui ai combattu sous le glorieux général de Schack, sous le vaillant comte de Guldenlew!...

— Mais vous ne savez pas, interrompit Randmer, qu'on donne à ces bandes un redoutable chef, un géant fort et sauvage comme Goliath, un brigand qui ne boit que du sang humain, un démon qui porte en lui tout Satan...

— Qui donc? demanda l'autre.

— Eh! le fameux Han d'Islande!

— Brrr! je gage que ce formidable général ne sait seulement pas armer un mousquet en quatre mouvements ou charger une carabine à l'impériale!

Randmer éclata de rire.

— Oui, riez, poursuivit le capitaine. Il sera fort gai en effet de croiser de bons sabres avec de viles pioches, et de nobles piques avec des fourches à fumier! voilà de dignes ennemis! mon brave Drake n'aurait pas daigné leur mordre les jambes!

Le capitaine continuait de donner un cours énergique à son indignation lorsqu'il fut interrompu par l'arrivée d'un officier qui accourait vers eux tout essoufflé! — Capitaine Lory! mon cher Randmer!

— Eh bien? dirent-ils tous deux à la fois...

— Mes amis... je suis glacé d'horreur... D'Ahlefeld! le lieutenant d'Ahlefeld! le fils du grand chancelier! vous savez, mon cher baron Randmer? ce Frédéric... si élégant... si fat!...

— Oui, répondit le jeune baron, très-élégant! Cependant, au dernier bal de Charlottenbourg, mon déguisement était d'un meilleur goût que le sien... — Mais que lui est-il donc arrivé?

— Je sais de qui vous voulez parler, disait en même temps Lory, c'est Frédéric d'Ahlefeld, le lieutenant de la troisième compagnie, qui a les revers bleus. Il fait assez négligemment son service.

— On ne s'en plaindra plus, capitaine Lory.

— Comment? dit Randmer.

— Il est en garnison à Walstrohm, continua froidement le vieux capitaine.

— Précisément, reprit l'autre, le colonel vient de recevoir un messager... Ce pauvre Frédéric!

— Mais qu'est-ce donc, capitaine Bollar? vous m'effrayez.

Le vieux Lory poursuivit :

— Brrr! notre fat aura manqué aux appels comme à son ordinaire; le capitaine aura envoyé en prison le fils du grand chancelier : et voilà, j'en suis sûr, le malheur qui vous décompose le visage.

Bollar lui frappa sur l'épaule.

— Capitaine Lory, le lieutenant d'Ahlefeld a été dévoré tout vivant.

Les deux capitaines se regardèrent fixement, et Randmer, un moment étonné, se mit tout à coup à rire aux éclats.

— Ah! ah! capitaine Bollar, je vois que vous êtes toujours mauvais plaisant. Mais je ne donnerai pas dans celle-là, je vous en préviens.

Et le lieutenant, croisant ses deux bras, donna un libre essor à toute sa gaieté en jurant que ce qui l'amusait le plus, c'était la crédulité avec laquelle Lory accueillait les amusantes inventions de Bollar. Le conte, disait-il, était vraiment drôle, et c'était une idée tout à fait divertissante que de faire dévorer tout cru ce Frédéric qui avait de sa peau un soin si tendre et si ridicule.

— Randmer, dit gravement Bollar, vous êtes un fou. Je vous dis qu'Ahlefeld est mort. Je le tiens du colonel : — mort!

— Oh! qu'il joue bien son rôle! reprit le baron toujours en riant; qu'il est amusant!

Bollar haussa les épaules, et se tourna vers le vieux Lory, qui lui demanda avec sang-froid quelques détails.

— Oui vraiment, mon cher capitaine Bollar, ajouta le rieur inextinguible, contez-nous donc par qui ce pauvre diable a été ainsi mangé. A-t-il fait le déjeuner d'un loup, le goûter d'un buffle ou le souper d'un ours?

— Le colonel, dit Bollar, vient de recevoir une dépêche qui l'instruit d'abord que la garnison de Walhstrom se replie vers nous devant un parti considérable d'insurgés...

Le vieux Lory fronça le sourcil.

— Ensuite, poursuivit Bollar, que le lieutenant Frédéric d'Ahlefeld, ayant été, il y a trois jours, chasser dans les montagnes du côté de la Ruine d'Arbar, y a rencontré un monstre, qui l'a emporté dans sa caverne et dévoré.

Ici le lieutenant Randmer redoubla ses joyeuses exclamations.

— Oh! oh! comme ce bon Lory croit aux contes d'enfants! C'est bien, gardez votre sérieux, mon cher Bollar; vous êtes admirablement drôle. Mais vous ne nous direz pas quel est ce monstre, cet ogre, ce vampire, qui a emporté et mangé le lieutenant comme un chevreau de six jours?

— Je ne vous le dirai pas, à vous, murmura Bollar avec impatience; mais je le dirai à Lory, qui n'est pas follement incrédule. — Mon cher Lory, le monstre qui a bu le sang de Frédéric, c'est Han d'Islande.

— Le colonel des brigands! s'écria le vieux officier.

— Eh bien! mon brave Lory, reprit le railleur Randmer, a-t-on besoin de savoir l'exercice à l'impériale quand on fait si bien manœuvrer sa mâchoire?

— Baron Randmer, dit Bollar, vous avez le même caractère que d'Ahlefeld, prenez garde d'avoir le même sort.

— J'affirme, s'écria le jeune homme, que ce qui m'amuse le plus, c'est le sérieux imperturbable du capitaine Bollar.

— Et moi, répliqua celui-ci, que ce qui m'effraye le plus, c'est la gaieté intarissable du lieutenant Randmer.

En ce moment un groupe d'officiers, qui paraissaient l'entretenir vivement, se rapprocha de nos trois interlocuteurs.

— Ah! pardieu, s'écria Randmer, il faut que je les amuse de l'invention de Bollar. — Camarades, ajouta-t-il en s'avançant vers eux, vous ne savez pas? ce pauvre Frédéric d'Ahlefeld vient d'être croqué tout vivant par le barbare Han d'Islande. —

En achevant ces paroles, il ne put réprimer un éclat de rire, qui, à sa grande surprise, fut accueilli des nouveaux venus presque avec des cris d'indignation.

— Comment! vous riez! — Je ne croyais pas que Randmer dût répéter de cette manière une semblable nouvelle. — Rire d'un pareil malheur! —

— Quoi! dit Randmer troublé, est-ce que cela serait vrai?

— Eh! c'est vous qui nous le répétez! lui cria-t-on de toutes parts. Est-ce que vous n'avez pas foi en vos paroles?

— Mais je croyais que c'était une plaisanterie de Bollar... —

Un vieux officier prit la parole.

— La plaisanterie eût été de mauvais goût ; mais ce n'en est malheureusement pas une. Le baron Wœthaün, notre colonel, vient de recevoir cette fatale nouvelle.

— Une affreuse aventure! c'est effrayant ! répétèrent une foule de voix.

— Nous allons donc, disait l'un, combattre des loups et des ours à face humaine !

— Nous recevrons des coups d'arquebuse, disait l'autre, sans savoir d'où ils partiront; nous serons tués un à un, comme de vieux faisans dans une volière.

— Cette mort d'Ahlefeld, cria Bollar d'une voix solennelle, fait frissonner. Notre régiment est malheureux. La mort de Dispolsen, celle de ces pauvres soldats trouvés à Cascadthymore, celle de d'Ahlefeld, voilà trois tragiques événements en bien peu de temps.

Le jeune baron Randmer, qui était resté muet, sortit de sa rêverie.

— Cela est incroyable, dit-il; ce Frédéric qui dansait si bien !

Et, après cette réflexion profonde, il retomba dans le silence, tandis que le capitaine Lory affirmait qu'il était très-affligé de la mort du jeune lieutenant, et faisait remarquer au second arquebusier, Toric Belfast, que le cuivre de sa bandoulière était moins brillant qu'à l'ordinaire.

XXXI

Chut! chut! voilà un homme qui descend de là-haut par le moyen d'une échelle.
. . . .
— Oh! oui, c'est un espion.
— Le ciel ne pouvait m'accorder une plus grande faveur que celle de pouvoir vous livrer... ma vie. Je suis à vous; mais, dites-moi, de grâce, à qui appartient cette armée?
— Au comte de Barcelone.
— Quel comte?
. . . .
— Qu'est-ce donc?
— Général, voilà un espion de l'ennemi.
— D'où viens-tu?
— Je venais ici... bien éloigné de songer à ce que je devais y trouver; je ne m'attendais pas à ce que je vois.

LOPE DE VEGA, *la Fuerza lastimosa.*

Il y a quelque chose de sinistre et de désolé dans l'aspect d'une campagne rase et nue, quand le soleil a disparu; lorsqu'on est seul, qu'on marche en brisant du pied des tronçons de paille sèche, au cri monotone de la cigale, et qu'on voit de grands nuages déformés se coucher lentement sur l'horizon, comme des cadavres de fantômes.

Telle était l'impression qui se mêlait aux tristes pensées d'Ordener, le soir de son inutile rencontre avec le brigand d'Islande. Etourdi un moment de sa brusque disparition, il avait d'abord voulu le poursuivre; mais il s'était égaré dans les bruyères, et il avait erré toute la journée dans des terres de plus en plus incultes et sauvages, sans rencontrer trace d'homme. A la chute du jour, il se trouvait dans une plaine spacieuse, qui ne lui offrait de tous côtés qu'un horizon égal et circulaire, où rien ne promettait un abri au jeune voyageur exténué de fatigue et de besoin.

Encore, si ces souffrances corporelles n'eussent pas été aggravées par les tristesses de son âme ; mais c'en était fait ! il avait atteint le terme de son voyage sans en remplir le but. Il ne lui restait même plus ces folles illusions d'espérance qui l'avaient entraîné à la poursuite du brigand ; et maintenant que rien ne soutenait plus son cœur, mille pensées décourageantes, qui n'y trouvaient point place la veille, venaient l'assaillir. Qu'allait-il faire ? comment revenir vers Schumacker sans lui apporter le salut d'Ethel ? de quelle effrayante nature étaient les malheurs que la conquête de la fatale cassette eût prévenus ? Et son mariage avec Ulrique d'Ahlefeld ! S'il pouvait du moins enlever son Ethel à cette indigne captivité ; s'il pouvait fuir avec elle, et emporter son bonheur dans quelque lointain exil !... —

Il s'enveloppa de son manteau et se coucha sur la terre. Le ciel était noir ; une lueur orageuse apparaissait par intervalles dans les nues comme à travers un crêpe funèbre, et s'éteignait ; un vent froid tournait sur la plaine. Le jeune homme songeait à peine à ces signes d'une tempête violente et prochaine ; et d'ailleurs, quand il eût pu trouver un asile où fuir l'orage et se reposer de ses fatigues, en eût-il trouvé un où fuir son malheur, et se reposer de ses pensées ?

Tout à coup des sons confus de voix humaines arrivèrent à son oreille. Surpris, il se souleva sur le coude, et aperçut, à quelque distance de lui, comme des ombres se mouvoir dans l'obscurité. Il regarda ; une lumière brilla au milieu du groupe mystérieux, et Ordener vit, avec un étonnement facile à concevoir, chacune de ces figures fantasmagoriques s'enfoncer successivement dans la terre. — Tout disparut.

Ordener était au-dessus des superstitions de son temps et de son pays. Son esprit grave et mûr ignorait ces crédulités vaines, ces terreurs étranges qui tourmentent l'enfance des peuples, de même que l'enfance des hommes. Il y avait cependant dans cette apparition singulière quelque chose de surnaturel qui lui inspira une religieuse défiance de sa raison ; car nul ne sait si les esprits des morts ne reviennent pas quelquefois sur la terre.

Il se leva, fit un signe de croix, et se dirigea vers le lieu où la vision avait disparu. De larges gouttes de pluie commençaient à tomber ; son manteau se gonflait comme une voile, et la plume de sa toque, tourmentée par le vent, battait son visage.

Il s'arrêta tout à coup. — Un éclair venait de lui montrer devant ses pas une sorte de puits large et circulaire, où il se serait infailliblement précipité sans la lueur bienfaisante de l'orage. Il s'approcha du gouffre. Une lumière vague y brillait à une profondeur effrayante, et répandait une teinte rougeâtre sur l'extrémité inférieure de cet immense cylindre creusé dans les entrailles de la terre. Ce rayon, qui semblait un feu magique allumé par les gnomes, accroissait, en quelque sorte, l'incommensurable étendue des ténèbres que l'œil était contraint de traverser pour l'atteindre.

L'intrépide jeune homme, penché sur l'abîme, écouta. Un bruit lointain de voix monta à son oreille. Il ne douta plus que les êtres qui avaient étrangement paru et disparu à ses yeux ne se fussent plongés dans ce gouffre, et il sentit un désir invincible, parce qu'il était sans doute dans sa destinée, d'y descendre après eux, dût-il suivre des spectres dans une des bouches de l'enfer. D'ailleurs, la tempête commençait avec fureur, et ce gouffre lui présentait un abri contre elle. Mais comment y descendre ? quel chemin avaient pris ceux qu'il voulait suivre, si ce n'étaient pas des fantômes? — Un second éclair vint à son secours, et lui fit voir à ses pieds l'extrémité supérieure d'une échelle, qui se prolongeait dans les profondeurs du puits. C'était une forte solive verticale, que traversaient horizontalement, de distance en distance, de courtes barres de fer destinées à recevoir les pieds et les mains de ceux qui oseraient s'aventurer dans ce gouffre.

Ordener ne balança pas. Il se suspendit audacieusement à la formidable échelle, et s'enfonça dans l'abîme sans savoir même si elle le conduirait jusqu'au fond, sans songer qu'il ne reverrait peut-être plus le soleil. Bientôt, dans les ténèbres qui couvraient sa tête, il ne distingua plus le ciel qu'aux éclairs bleuâtres qui l'illuminaient fréquemment. Bientôt la pluie abondante qui battait la surface de la terre n'arriva plus à lui qu'en rosée fine et vaporeuse. Bientôt le tourbillon de vent qui s'engouffrait impétueusement dans le puits se perdit au-dessus de lui en long sifflement. Il descendit, il descendit encore, et à peine paraissait-il s'être rapproché de la lumière souterraine. Il continua sans se décourager, en évitant seulement d'abaisser son regard dans le gouffre, de peur d'y être précipité par un étourdissement.

Cependant, l'air de plus en plus étouffé, le bruit de voix de plus en plus distinct, le reflet pourpré qui commençait à colorer la muraille circulaire du puits, l'avertirent enfin qu'il n'était pas loin du fond. Il descendit encore quelques échelons, et son regard put voir clairement, au bas de l'échelle, l'entrée d'un souterrain éclairée d'une lueur tremblante et rouge, tandis que son oreille était frappée par des paroles qui attirèrent toute son attention.

— Kennybol n'arrive pas, disait une voix du ton de l'impatience.

— Qui peut le retenir? répétait la même voix après un moment de silence.

— Nous l'ignorons, seigneur Hacket, répondait-on.

— Il a dû passer la nuit chez sa sœur, Maase Braall, du village de Surb, ajoutait une autre voix.

— Vous le voyez, reprenait la première, je tiens, moi, tous mes engagements... Je devais vous amener Han d'Islande pour chef, je vous l'amène.

Un murmure dont il était difficile de deviner le sens répondit à ces paroles. La curiosité d'Ordener, déjà éveillée par le nom de ce Kennybol, qui lui avait tant causé de surprise la veille, redoubla au nom de Han d'Islande.

La même voix reprit :

— Mes amis, Jonas, Norbith, si Kennybol est en retard, qu'importe? nous sommes assez nombreux pour ne plus rien craindre; avez-vous trouvé vos enseignes dans les ruines de Crag?

— Oui, seigneur Hacket, répondirent plusieurs voix.

— Eh bien! levez l'étendard, il en est temps. Voici de l'or! voici votre invincible chef! Courage! marchez à la délivrance du noble Schumacker, de l'infortuné comte de Griffenfeld!

— Vive, vive Schumacker! répétèrent une foule de voix, et le nom de Schumacker se prolongea d'échos en échos dans les replis des voûtes souterraines.

Ordener, conduit de curiosité en curiosité, d'étonnement en étonnement, écoutait, respirait à peine. Il ne pouvait croire ni comprendre ce qu'il entendait. Schumacker mêlé à Kennybol, à Han d'Islande! quel était ce drame ténébreux dont, spectateur ignoré, il entrevoyait une scène? De qui défendait-on les jours? de qui jouait-on la tête?

— Ecoutez, reprit la même voix, vous voyez l'ami, le confident du noble comte de Griffenfeld...

C'était la première fois qu'Ordener entendait cette voix. Elle poursuivit :

— ... Accordez-moi votre confiance, comme il m'accorde la sienne. Amis, tout vous favorise; vous arriverez à Drontheim sans rencontrer un ennemi.

— Seigneur Hacket, interrompit une voix, marchons. Peters m'a dit avoir vu dans les défilés tout le régiment de Munckholm en marche contre nous.

— Il vous a trompé, répondit l'autre avec autorité. Le gouvernement ignore encore votre révolte, et sa tranquillité est telle, que celui qui a repoussé vos justes plaintes, votre oppresseur, l'oppresseur de l'illustre et malheureux Schumacker, le général Levin de Knud, a quitté Drontheim pour aller dans la capitale assister aux fêtes du fameux mariage de son élève Ordener Guldenlew avec Ulrique d'Ahlefeld.

Qu'on juge de l'émotion d'Ordener.

Dans ce pays sauvage et désert, sous cette voûte mystérieuse, entendre des inconnus prononcer tous les noms qui l'intéressaient, et jusqu'au sien propre! Un doute affreux s'éleva dans son cœur.

Serait-il vrai? était-ce en effet un agent du comte de Griffenfeld dont il entendait la voix?

Quoi! Schumacker, ce vieillard vénérable, le noble père de sa noble Ethel, se révoltait contre le roi son seigneur, soudoyait des brigands, allumait une guerre civile! Et c'était pour cet hypocrite, pour ce rebelle, qu'il avait, lui, fils du vice-roi de Norwége, élève du général Levin, compromis son avenir, exposé sa vie! c'était pour lui qu'il avait cherché et combattu ce brigand islandais avec lequel Schumacker paraissait être d'intelligence, puisqu'il le plaçait à la tête de ces bandits!

Qui sait même si cette cassette pour laquelle lui, Ordener, avait été sur le point de donner son sang, ne contenait pas quelques-uns des indignes secrets de cette trame odieuse? Ou plutôt le vindicatif prisonnier de Munckholm ne s'était-il pas joué de lui?

Peut-être il avait découvert son nom ; peut-être, et combien cette pensée fut douloureuse pour le magnanime jeune homme ! n'avait-il désiré, en le poussant à ce fatal voyage, que la perte du fils d'un ennemi...

Hélas ! lorsqu'on a longtemps porté le nom d'un malheureux en vénération et en amour ; quand, dans le secret de sa pensée, on a juré à son infortune un attachement inviolable, c'est un moment bien amer que celui où l'on reçoit son salaire d'ingratitude, où l'on sent que l'on est désenchanté de la générosité, et qu'il faut renoncer à ce bonheur si pur et si doux du dévouement.

On a vieilli en un instant de la plus triste des vieillesses, on est devenu vieux d'expérience; et l'on a perdu la plus belle des illusions de la vie, qui n'a de beau que les illusions.

Telles étaient les désolantes pensées qui se pressaient confusément dans l'âme d'Ordener.

Le noble jeune homme eût voulu mourir dans ce fatal moment ; il lui semblait que toute la félicité de sa vie lui échappait.

Il y avait bien dans les assertions de celui qui parlait comme envoyé de Griffenfeld des choses qui lui paraissaient mensongères ou douteuses ; mais, comme elles n'étaient destinées qu'à abuser de malheureux campagnards, Schumacker n'en était que plus coupable à ses yeux : et ce Schumacker était le père de son Ethel !...

Ces réflexions agitèrent d'autant plus violemment son cœur, qu'elles s'y précipitèrent toutes à la fois.

Il chancela sur les barreaux qui le soutenaient, et continua d'écouter, car on entend parfois avec une patience inexplicable et une affreuse avidité les malheurs que l'on redoute le plus.

— Oui, poursuivit la voix de l'envoyé, vous êtes commandés par le formidable Han d'Islande. Qui osera vous combattre ? Votre cause est celle de vos femmes, de vos enfants, indignement dépouillés de votre héritage ; d'un noble infortuné, depuis vingt ans plongé injustement dans une infâme prison. Allons, Schumacker et la liberté vous attendent. Guerre aux tyrans !

— Guerre ! répétèrent mille voix ; et l'on entendit dans les détours du souterrain un long bruit d'armes se mêler aux sons rauques de la trompe des montagnes.

— Arrêtez ! cria Ordener. Il avait descendu précipitamment le reste de l'échelle. L'idée d'épargner un crime à Schumacker et tant de malheurs à son pays s'était emparée impérieusement de tout son être. Mais, au moment où il était apparu sur le seuil du souterrain, la crainte de perdre, par d'imprudentes déclamations, le père de son Ethel, et peut-être son Ethel elle-même, avait remplacé tout autre sentiment en lui ; et il était resté là, pâle et jetant un regard étonné sur le tableau singulier qui s'offrait à sa vue.

C'était comme une immense place d'une ville souterraine, dont les limites se perdaient derrière une foule de piliers qui soutenaient les voûtes. Ces piliers brillaient comme des pilastres de cristal aux rayons d'un millier de torches que portait une multitude d'hommes bizarrement armés et répandus confusément dans les profondeurs de la place. On eût dit, à voir tous ces points lumineux et toutes ces figures effrayantes errer dans les ténèbres, une de ces assemblées fabuleuses dont parlent les vieilles chroniques de sorciers et de démons, qui portaient des étoiles pour flambeaux, et illuminaient la nuit les vieux bois et les châteaux écroulés.

Un long cri s'éleva : — Un étranger ! Mort ! mort !

Cent bras étaient déjà levés sur Ordener. Il porta la main à son côté pour y chercher son sabre... — Noble

Il n'y avait pas une place sur sa poitrine où ne s'appuyât la pointe d'une épé
ou le canon d'un pistolet.

jeune homme! dans son généreux élan, il avait oublié qu'il était seul et désarmé.

— Attendez, attendez! cria une voix, la voix de celui en qui Ordener voyait l'envoyé de Schumacker. C'était un petit homme gras, vêtu de noir, à l'œil gai et faux. Il s'avança vers Ordener.

— Qui êtes-vous? lui dit-il.

Ordener ne répondit pas : il était saisi de toutes parts, et il n'y avait pas une place sur sa poitrine où ne s'appuyât la pointe d'une épée ou le canon d'un pistolet.

— Est-ce que tu as peur? demanda le petit homme avec un sourire.

— Si ta main était sur mon cœur au lieu de ces épées, dit froidement le jeune homme, tu verrais qu'il ne bat pas plus vite que le tien, en supposant que tu aies un cœur.

— Ah! ah! dit le petit homme; il fait le fier! eh bien! qu'il meure. Et il tourna le dos.

— Donne-moi la mort, répliqua Ordener; c'est tout ce que je veux te devoir.

— Un instant, seigneur Hacket, dit un vieillard à barbe touffue qui se tenait appuyé sur un long mousquet. Vous êtes ici chez moi, et j'ai seul le droit d'envoyer ce chrétien raconter aux morts ce qu'il a vu ici. —

Le seigneur Hacket se mit à rire : — Ma foi, mon cher Jonas, comme il vous plaira! Peu m'importe que cet espion soit jugé par vous, pourvu qu'il soit condamné.

Le vieillard se tourna vers Ordener :

— Allons, dis-nous qui tu es, toi qui souhaitais si audacieusement de savoir qui nous sommes.

Ordener garda le silence. Entouré des étranges partisans de ce Schumacker pour lequel il aurait si volontiers donné son sang, il n'éprouvait en ce moment qu'un désir infini de la mort.

— Sa Courtoisie ne veut pas répondre, dit le vieillard. Quand le renard est pris, il ne crie plus. Tuez-le.

— Mon brave Jonas, repris Hacket, que la mort de cet homme soit le premier exploit de Han d'Islande parmi vous.

— Oui, oui ! crièrent une foule de voix. Ordener étonné, mais toujours intrépide, chercha des yeux ce Han d'Islande, auquel il avait si vaillamment disputé sa vie le matin même, et vit, avec un redoublement de surprise, s'avancer vers lui un homme d'une stature colossale, vêtu du costume des montagnards. Ce géant fixa sur Ordener un regard atrocement stupide et demanda une hache.

— Tu n'es pas Han d'Islande, dit Ordener avec force.

— Qu'il meure ! qu'il meure ! cria Hacket d'une voix furieuse.

Ordener vit qu'il fallait mourir. Il mit la main dans sa poitrine, afin d'en tirer les cheveux de son Ethel et de leur donner un dernier baiser. Ce mouvement fit tomber un papier de sa ceinture.

— Quel est ce papier ? dit Hacket ; Norbith, prenez ce papier.

Ce Norbith était un jeune homme dont les traits noirs et durs avaient une expression de noblesse. Il ramassa le papier et le déploya.

— Grand Dieu ! s'écria-t-il, c'est la passe de mon pauvre ami Cristophorus Nedlam, de ce malheureux camarade qu'ils ont exécuté, il n'y a pas huit jours, sur la place publique de Skongen, pour fausse monnaie. —

— Eh bien ! dit Hacket avec l'accent d'une attente trompée, gardez ce chiffon de papier. Je le croyais plus important. Vous, mon cher Han d'Islande, expédiez votre homme.

Le jeune Norbith se plaça devant Ordener, et s'écria :

— Cet homme est sous ma protection. Ma tête tombera

avant qu'il tombe un cheveu de la sienne. Je ne souffrirai pas que le sauf-conduit de mon ami Christophorus Nedlam soit violé.

Ordener, si miraculeusement protégé, baissa la tête et s'humilia ; car il se rappelait combien il avait dédaigneusement accueilli en lui-même le vœu touchant de l'aumônier Athanase Munder : — *Puisse le don du mourant être un bienfait pour le voyageur!*

— Bah ! bah ! dit Hacket, vous dites là des folies, mon brave Norbith. Cet homme est un espion : il faut qu'il meure.

— Donnez-moi ma hache, répéta le géant.

— Il ne mourra pas, cria Norbith. Que dirait l'esprit de mon pauvre Nedlam, qu'ils ont indignement pendu ? Je vous assure qu'il ne mourra pas ; car Nedlam ne veut pas qu'il meure.

— En effet, dit le vieux Jonas, Norbith a raison. Comment voulez-vous qu'on tue cet étranger, seigneur Hacket ? il a la passe de Christophorus Nedlam.

— Mais c'est un espion, c'est un espion ! reprit Hacket.

Le vieillard se plaça près du jeune homme, devant Ordener, et tous deux dirent gravement :

— Il a la passe de Christophorus Nedlam, qui a été pendu à Skongen.

Hacket vit qu'il fallait céder ; car tous les autres commençaient à murmurer en disant que cet étranger ne pouvait mourir, puisqu'il portait le sauf-conduit de Nedlam le faux monnayeur.

— Allons, dit-il entre ses dents avec une rage concentrée, qu'il vive donc. Au reste, c'est votre affaire.

— Ce serait le diable que je ne le tuerais point, dit Norbith triomphant.

En parlant ainsi, il se tourna vers Ordener.

— Ecoute, poursuivit-il, tu dois être un bon frère,

puisque tu as la passe de Nedlam, mon pauvre ami. Nous sommes les mineurs royaux. Nous nous révoltons pour qu'on nous délivre de la tutelle. Le seigneur Hacket, que tu vois, dit que nous prenons les armes pour un certain comte de Schumacker; mais moi je ne le connais pas. Etranger, notre cause est juste. Ecoute, et réponds-moi comme si tu répondais à ton saint patron. Veux-tu être des nôtres?

Une pensée passa dans l'esprit d'Ordener.

— Oui, répondit-il.

Norbith lui présenta un sabre, qu'il reçut en silence.

— Frère, dit le jeune chef, si tu veux nous trahir, tu commenceras par me tuer.

En ce moment le son de la trompe retentit sous les arceaux de la mine, et l'on entendit des voix éloignées qui disaient : Voilà Kennybol.

XXXII

Il y a des pensées dans la tête qui vont jusqu'aux cieux.
Romances espagnoles.

L'âme a quelquefois des inspirations subites, des illuminations soudaines, dont un volume entier de pensées et de réflexions n'exprimerait pas mieux l'étendue, ne sonderait pas plus la profondeur, que la clarté de mille flambeaux ne rendrait la lueur immense et rapide de l'éclair.

On n'essayera donc pas d'analyser ici l'impulsion impérieuse et secrète qui, à la proposition du jeune Norbith, jeta le noble fils du vice-roi de Norwége parmi les bandits qui se révoltaient pour un proscrit. Ce fut tout à la fois, sans doute, un généreux désir d'approfondir, à tout prix, cette ténébreuse aventure, mêlé à un dégoût amer de la vie, à un insouciant désespoir de l'avenir; peut-être je ne sais quel doute de la culpabilité de Schumacker, inspiré par tout ce qu'offraient de louche et de faux les apparences diverses qui avaient frappé le jeune homme, par un instinct inconnu de la vérité, et surtout par son amour pour Ethel. Enfin, ce fut certainement une révélation intime du bien qu'un ami clairvoyant de Schumacker pourrait lui faire, au milieu de ses aveugles partisans.

XXXIII

Est-ce là le chef? ses regards m'effrayent, je n'oserais lui parler.
MATHURIN, *Bertram.*

Aux cris qui annonçaient le fameux chasseur Kennybol, Hacket s'élança précipitamment au-devant de lui, en laissant Ordener avec les deux autres chefs.

— Vous voilà enfin, mon cher Kennybol! Venez que je vous présente à votre formidable chef, Han d'Islande.

A ce nom, Kennybol, qui arrivait pâle, haletant, les cheveux hérissés, le visage inondé de sueur, et les mains teintes de sang, recula de trois pas.

— Han d'Islande!

— Allons, dit Hacket, rassurez-vous! il vient pour vous seconder. Ne voyez en lui qu'un ami, qu'un compagnon...

Kennybol ne l'entendait pas.

— Han d'Islande ici! répéta-t-il.

— Eh! oui, dit Hacket, en réprimant un rire équivoque; allez-vous en avoir peur?

— Quoi! interrompit pour la troisième fois le chasseur, vous m'affirmez... Han d'Islande dans cette mine?...

Hacket se tourna vers ceux qui l'entouraient : — Est-ce que notre brave Kennybol est fou? Puis, s'adressant à Kennybol : — Je vois que c'est la crainte de Han d'Islande qui vous a retardé.

Kennybol leva la main au ciel : — Par Etheldera, la sainte martyre norwégienne, ce n'est pas la crainte de Han d'Islande, seigneur Hacket, mais bien Han d'Islande lui-même, je vous jure, qui m'a empêché d'être ici plus tôt.

Ces paroles firent éclater un murmure d'étonnement parmi la foule de montagnards et de mineurs qui entouraient les deux interlocuteurs, et jetèrent sur le front de Hacket le même nuage que l'aspect et le salut d'Ordener y avaient déjà fait naître un moment auparavant.

— Comment! que dites-vous? demanda-t-il en baissant la voix.

— Je dis, seigneur Hacket, que sans votre maudit Han l'Islandais j'aurais été ici avant le premier cri de la chouette.

— En vérité! Que vous a-t-il donc fait?

— Oh! ne me le demandez pas; je veux seulement que ma barbe blanchisse en un jour, comme le poil d'une hermine, si l'on me surprend de ma vie, puisqu'il est vrai que je vis encore, à la chasse d'un ours blanc.

— Est-ce que vous avez failli être dévoré par un ours?

Kennybol haussa les épaules en signe de mépris :

— Un ours! voilà un redoutable ennemi! Kennybol dévoré par un ours! Pour qui me prenez-vous, seigneur Hacket?

— Ah! pardon! dit Hacket en souriant.

— Si vous saviez ce qui m'est arrivé, mon brave seigneur, interrompit le vieux chasseur en baissant la voix, vous ne me répéteriez point que Han d'Islande est ici.

Hacket parut de nouveau un moment déconcerté. Il arrêta brusquement Kennybol par le bras, comme s'il craignait qu'il n'approchât davantage du point de la place souterraine où l'on apercevait, au-dessus des têtes des mineurs, la tête énorme du géant.

— Mon cher Kennybol, dit-il d'une voix presque solennelle, contez-moi, je vous prie, ce qui a causé votre retard. Vous sentez qu'au moment où nous sommes, tout peut être d'une haute importance.

— Cela est vrai, dit Kennybol après un moment de réflexion.

Alors, cédant aux instances réitérées de Hacket, il lui raconta comment il avait, le matin même, aidé de six compagnons, poussé un ours blanc jusqu'aux environs de la grotte de Walderhog, sans s'apercevoir, dans l'ardeur de la chasse, qu'il était si près de ce lieu redoutable; comment les plaintes de l'ours aux abois avaient attiré un petit homme, un monstre, un démon, qui, armé d'une hache de pierre, s'était jeté sur eux à la défense de l'ours. L'apparition de cette espèce de diable, qui ne pouvait être autre que Han, le démon islandais, les avait glacés tous sept de terreur; enfin, ses six malheureux camarades avaient été victimes des deux monstres, et lui, Kennybol, n'avait dû son salut qu'à une prompte fuite, qui n'avait pas été entravée, grâce à son agilité, à la fatigue de Han d'Islande, et, avant tout, à la protection du bienheureux patron des chasseurs, saint Sylvestre. — Vous voyez, seigneur Hacket, dit-il en terminant son récit encore plein de son épouvante, et orné de toutes les fleurs de la rhétorique des montagnes, vous voyez que, si je viens tard, ce n'est pas moi qu'il faut accuser, et qu'il est impossible que le démon d'Islande, que j'ai laissé ce matin avec son ours, s'acharnant sur les cadavres de mes six pauvres camarades dans la bruyère de Walderhog, soit maintenant, comme notre ami, dans cette mine d'Apsyl-Corh, à notre rendez-vous. Je vous proteste que cela ne se peut. Je le connais, à présent, ce démon incarné ; je l'ai vu !

Hacket, qui avait tout écouté attentivement, prit la parole et dit d'une voix grave :

— Mon brave ami Kennybol, quand vous parlez de Han d'Islande ou de l'enfer, ne croyez rien impossible. Je savais tout ce que vous venez de me dire...

L'expression de l'extrême étonnement et de la plus naïve crédulité se peignit sur les traits sauvages du vieux chasseur des monts de Kole.

— Comment?

— ... Oui, poursuivit Hacket, sur le visage duquel un observateur plus adroit eût peut-être démêlé quelque chose de triomphant et de sardonique, je savais tout, excepté pourtant que vous fussiez le héros de cette triste aventure. Han d'Islande me l'avait contée en me suivant ici.

— Vraiment! dit Kennybol.

Et son regard, attaché sur Hacket, venait de prendre un air de crainte et de respect.

Hacket continua avec le même sang-froid :

— Sans doute ; mais maintenant soyez tranquille, je vais vous conduire à ce formidable Han d'Islande.

Kennybol poussa un cri d'effroi.

— Soyez tranquille, vous dis-je, reprit Hacket. Voyez en lui votre chef et votre camarade ; gardez-vous seulement de lui rappeler en rien ce qui s'est passé ce matin ? Vous comprenez ?

Il fallut céder ; mais ce ne fut pas sans une vive répugnance intérieure qu'il consentit à se laisser présenter au démon. Ils s'avancèrent vers le groupe où étaient Ordener, Jonas et Norbith.

— Mon bon Jonas, mon cher Norbith, dit Kennybol, que Dieu vous assiste !

— Nous en avons besoin, Kennybol, dit Jonas.

En ce moment, le regard de Kennybol s'arrêta sur celui d'Ordener, qui cherchait le sien.

— Ah ! vous voilà, jeune homme, dit-il en s'approchant vivement de lui et lui tendant sa main ridée et rude, soyez le bienvenu. Il paraît que votre hardiesse a eu bon succès ?

Ordener, qui ne comprenait pas que ce montagnard parût le comprendre si bien, allait provoquer une explication, quand Norbith s'écria :

— Vous connaissez donc cet étranger, Kennybol ?

— Par mon ange gardien ! si je le connais ! je l'aime et je l'estime. Il est dévoué comme nous tous à la bonne cause que nous servons.

Et il lança vers Ordener un second regard d'intelligence auquel celui-ci se préparait à répondre, lorsque Hacket, qui était allé chercher son géant, que tous ces bandits semblaient fuir avec effroi, les aborda tous quatre en disant :

— Mon brave chasseur Kennybol, voici votre chef, le fameux Han de Klipstadur !

Kennybol jeta sur le brigand gigantesque un coup d'œil où il y avait plus de surprise encore que de crainte, et se pencha vers l'oreille de Hacket :

— Seigneur Hacket, le Han d'Islande que j'ai laissé ce matin à Walderhog était un petit homme...

Hacket lui répondit à voix basse :

— Vous oubliez, Kennybol ! un démon !

— Il est vrai, dit le crédule chasseur, il aura changé de forme.

Et il se détourna en tremblant pour faire furtivement un signe de croix.

XXXIV

>Le masque approche : c'est Angelo lui-même ;
>le drôle entend bien son métier ; il faut qu'il soit
>sûr de son fait.
>
>LESSING.

C'est dans une sombre forêt de vieux chênes, où pénètre à peine le pâle crépuscule du matin, qu'un homme de petite taille en aborde un autre qui est seul, et qui paraît l'attendre.

L'entretien suivant commence à voix basse :

— Daigne Votre Grâce me pardonner si je l'ai fait attendre ! Plusieurs incidents m'ont retardé.

— Lesquels ?

— Le chef des montagnards, Kennybol, n'est arrivé au rendez-vous qu'à minuit ; et nous avons en revanche été troublés par un témoin inattendu.

— Qui donc ?

— C'est un homme qui s'est jeté comme un fou dans la mine au milieu de notre sanhédrin. J'ai pensé d'abord que c'était un espion, et j'ai voulu le faire poignarder ; mais il s'est trouvé porteur de la sauvegarde de je ne sais quel pendu fort respecté de nos mineurs, et ils l'ont pris sous leur protection. Je pense, en y réfléchissant, que ce n'est qu'un voyageur curieux ou un savant imbécile. En tout cas, j'ai disposé mes mesures à son égard.

— Tout va-t-il bien du reste?

— Fort bien. Les mineurs de Guldbranshal et de Faroër, commandés par le jeune Norbith et le vieux Jonas ; les montagnards de Kole, conduits par Kennybol, doivent être en marche en ce moment. A quatre milles de l'Etoile-Bleue, leurs compagnons de Hubfallo et de Sund-Moër les joindront; ceux de Kongsberg et la troupe des forgerons du Smiasen, qui ont déjà forcé la garnison de Walhstrom de se retirer, comme le noble comte le sait, les attendent quelques milles plus loin. — Enfin, mon cher et honoré maître, toutes ces bandes réunies feront halte cette nuit à deux milles de Skongen, dans les gorges du Pilier-Noir.

— Mais votre Han d'Islande, comment l'ont-ils reçu?

— Avec une entière crédulité.

— Que ne puis-je venger la mort de mon fils sur ce monstre! Quel malheur qu'il nous ait échappé!

— Mon noble seigneur, usez d'abord du nom de Han d'Islande pour vous venger de Schumacker; vous aviserez ensuite au moyen de vous venger de Han lui-même. Les révoltés marcheront aujourd'hui tout le jour, et feront halte ce soir, pour passer la nuit dans le défilé du Pilier-Noir, à deux milles de Skongen.

— Comment! vous laisseriez pénétrer si près de Skongen un rassemblement aussi considérable?... — Musdœmon!...

— Un soupçon, noble comte! Que Votre Grâce daigne envoyer à l'instant même un messager au colonel Vœthaün, dont le régiment doit être en ce moment à Skongen, informez-le que toutes les forces des insurgés seront campées cette nuit sans défiance dans le défilé du Pilier-Noir, qui semble avoir été créé exprès pour les embuscades...

— Je vous comprends; mais pourquoi, mon cher, avoir tout disposé de façon que les rebelles soient si nombreux?

26.

— Plus l'insurrection sera formidable, seigneur, plus le crime de Schumacker et votre mérite seront grands. D'ailleurs, il importe qu'elle soit entièrement éteinte d'un seul coup.

— Bien! mais pourquoi le lieu de halte est-il si voisin de Skongen?

— Parce que dans toutes les montagnes, c'est le seul où la défense soit impossible. Il ne sortira de là que ceux qui sont désignés pour figurer devant le tribunal.

— A merveille! — Quelque chose, Musdœmon, me dit de terminer promptement cette affaire. Si tout est rassurant de ce côté, tout est inquiétant de l'autre. Vous savez que nous avons fait faire à Copenhague des recherches secrètes sur les papiers qui pouvaient être tombés au pouvoir de ce certain Dispolsen?...

— Eh bien, seigneur?

— Eh bien! je viens d'apprendre à l'instant que cet intrigant avait eu des rapports mystérieux avec ce maudit astrologue Cumbysulsum...

— Qui est mort dernièrement?

— Oui; et que le vieux sorcier avait en mourant remis à l'agent de Schumacker des papiers...

— Damnation! il avait des lettres de moi, un exposé de notre plan!...

— De votre plan, Musdœmon?

— Mille pardons, noble comte! mais aussi pourquoi Votre Grâce avait-elle été se livrer à ce charlatan de Cumbysulsum?... le vieux traître!

— Ecoutez, Musdœmon, je ne suis pas comme vous un être sans croyance et sans foi. — Ce n'est pas sans de justes raisons, mon cher, que j'ai toujours eu confiance dans la science magique du vieux Cumbysulsum.

— Que Votre Grâce n'a-t-elle eu autant de défiance de sa fidélité que de confiance en sa science? Au surplus, ne nous alarmons pas, mon noble maître, Dispolsen est mort, ses papiers sont perdus; dans quelques jours il ne sera plus question de ceux auxquels ils pourraient servir.

— En tout câs, quelle accusation pourrait monter jusqu'à moi?

— Ou jusqu'à moi, protégé par Votre Grâce?

— Oh! oui, mon cher, vous pouvez, certes, compter sur moi; mais hâtons, je vous prie, le dénoûment de tout ceci : je vais envoyer le messager au colonel. Venez, mes gens m'attendent derrière ces halliers, et il faut reprendre le chemin de Drontheim, que le Mecklenbourgeois a quitté sans doute. Allons, continuez à me bien servir, et, malgré tous les Cumbysulsum et les Dispolsen de la terre, comptez sur moi à la vie et à la mort.

— Je prie Votre Grâce de croire... — Diable !

Ici ils s'enfoncèrent tous deux dans le bois, dans les détours duquel leurs voix s'éteignirent peu à peu; et bientôt après on n'y entendit plus que le bruit des pas de deux chevaux qui s'éloignaient.

XXXV

> ... Battez, tambours! ils viennent!
> ... Ils ont fait serment tous, et tous le même serment, de ne pas rentrer en Castille sans le comte prisonnier, leur seigneur.
> Ils ont sa statue de pierre dans un chariot, et sont résolus à ne retourner en arrière qu'en voyant la statue s'en retourner elle-même.
> Et en signe que celui qui ferait un pas en arrière serait regardé comme un traître, ils ont tous levé la main et prêté leur serment.
> . . . .
> Et ils marchent vers Arlançon, aussi vite que peuvent aller les bœufs qui traînent le chariot; ils ne s'arrêtent pas plus que le soleil.
> Burgos reste désert : seulement les femmes et les enfants y sont demeurés : il en est ainsi dans les environs.
> Il vont causant ensemble du cheval et du faucon, et se demandant s'il faut affranchir la Castille du tribut qu'elle paye à Léon.
> Et avant d'entrer dans la Navarre, ils rencontrent sur la frontière... —
>
> *Romances espagnoles.*

Pendant que la conversation qu'on vient de lire avait lieu dans une des forêts qui avoisinent le Smiasen, les révoltés, divisés en trois colonnes, sortirent de la mine de plomb d'Apsyl-Corh, par l'entrée principale, qui s'ouvre de plain-pied sur un ravin profond.

Ordener, qui, malgré ses désirs de se rapprocher de Kennybol, avait été rangé dans la bande de Norbith, ne vit d'abord qu'une longue procession de torches, dont les feux, luttant avec les premières lueurs du jour, se réfléchissaient sur des haches, des fourches, des pioches, des massues armées de pointes de fer, d'énormes marteaux, des pics, des leviers, et toutes les armes grossières que la révolte peut emprunter au travail, mêlées à d'autres armes régulières, qui annonçaient que cette révolte était une conspiration : des mousquets, des piques, des sabres, des carabines et des arquebuses. Quand le soleil eut paru, et que la lumière des torches ne fut plus que de la fumée, il put mieux observer l'aspect de cette singulière armée, qui s'avançait en désordre, avec des chants rauques et des cris sauvages, pareille à un troupeau de loups affamés qui vont à la conquête d'un cadavre. Elle était partagée en trois divisions, ou plutôt en trois foules. D'abord marchaient les montagnards de Kole, commandés par Kennybol, auquel ils ressemblaient tous par leur costume de peaux de bêtes, et presque par leur mine farouche et hardie. Puis venaient les jeunes mineurs de Norbith et les vieux de Jonas, avec leurs grands feutres, leurs larges pantalons, leurs bras entièrement nus et leurs visages noirs, qui tournaient vers le soleil des yeux stupides. Au-dessus de ces bandes tumultueuses flottaient pêle-mêle des bannières couleur de feu, sur lesquelles on lisait différentes devises, telles que : *Vive Schumacker ! — Délivrons notre libérateur ! — Liberté aux mineurs ! Liberté au comte de Griffenfeld ! — Mort à Guldenlew ! — Mort aux oppresseurs ! Mort à d'Ahlefeld !* — Les rebelles paraissaient plutôt considérer ces enseignes comme des fardeaux que comme des ornements, et elles passaient de main en main quand les porte-étendards étaient fatigués ou voulaient mêler le son discordant de leur trompe aux psalmodies et aux vociférations de leurs camarades.

L'arrière-garde de cette étrange armée se composait de dix chariots traînés par des rennes et de grands ânes, destinés sans doute à porter les munitions ; et l'avant-garde, du géant amené par Hacket, qui marchait seul, armé d'une massue et d'une hache, et bien loin duquel venaient, avec une sorte de terreur, les premiers rangs commandés par Kennybol, qui ne le quittait pas des yeux, comme pour pouvoir suivre son chef diabolique dans les diverses transfigurations qu'il lui plairait de subir.

Ce torrent de rebelles descendait ainsi, avec une rumeur confuse et en remplissant les bois de pins du bruit de la trompe des montagnes du Drontheimhus septentrional. Il fut bientôt grossi par les diverses bandes de Sund-Moër, de Hubfallo, de Kongsberg, et la troupe des forgerons du Smiasen, qui présentait un contraste bizarre avec le reste des révoltés. C'étaient des hommes grands et forts, armés de pinces et de marteaux, ayant pour cuirasses de larges tabliers de cuir, ne portant pour enseigne qu'une haute croix de bois, qui marchaient gravement et en cadence, avec une régularité plus religieuse encore que militaire, sans autre chant de guerre que les psaumes et les cantiques de la Bible. Ils n'avaient de chef que leur porte-croix, qui s'avançait sans armes à leur tête.

Tout ce ramas d'insurgés ne rencontrait pas un être humain sur son passage. A leur approche, le chevrier poussait son troupeau dans une caverne, et le paysan désertait son village : car l'habitant des plaines et des vallées est partout le même ; il craint la trompe des bandits de même que le cor des archers.

Ils traversèrent ainsi des collines et des forêts semées de rares bourgades, suivirent des routes sinueuses où l'on voyait plus de traces de bêtes fauves que de pas d'homme, côtoyèrent des lagunes, franchirent des torrents, des ravins, des marais. Ordener ne connaissait aucun de ces lieux. Une fois seulement, son regard, se levant, rencontra à l'horizon l'apparence lointaine et bleuâtre d'une grande roche courbée. Il se pencha vers un de ses grossiers compagnons de voyage : — Ami, quel est ce rocher là-bas, au sud, à droite?

— C'est le Cou-de-Vautour, le rocher d'Oëlmœ, répondit l'autre.

Ordener soupira profondément.

XXXVI

Ma fille, Dieu vous garde et veuille vous bénir!
Régnier.

Guenon, perroquets, peignes et rubans, tout était prêt chez la comtesse d'Ahlefeld pour recevoir le lieutenant Frédéric. Elle avait fait venir à grands frais le dernier roman de la fameuse Scudéry. On l'avait, par son ordre, revêtu d'une riche reliure à fermoirs de vermeil ciselé, et placé, entre les flacons d'essence et les boîtes de mouches, sur l'élégante toilette à pieds dorés, ornée de mosaïque de bois, dont elle avait meublé le boudoir futur de son cher enfant Frédéric. Quand elle eut ainsi parcouru le cercle minutieux de ces petits soins maternels, qui l'avaient un moment distraite de la haine, elle songeait qu'elle n'avait plus autre chose à faire qu'à nuire à Schumacker et à Ethel. Le départ du général Levin les lui livrait sans défense.

Il s'était passé depuis peu dans le donjon de Munckholm une foule de choses sur lesquelles elle n'avait pu obtenir que des données très-vagues. — Quel était le serf, vassal ou paysan, qui, à en croire les paroles très-ambiguës et très-embarrassées de Frédéric, s'était fait aimer de la fille de l'ex-chancelier? — Quels étaient les rapports du baron Ordener avec les prisonniers de Munckholm? — Quels étaient les motifs incompréhensibles de l'absence si singulière d'Ordener, dans un moment où les deux royaumes n'étaient occupés que de son prochain mariage avec cette Ulrique d'Ahlefeld qu'il paraissait dédaigner ? — Enfin, que s'était-il passé entre Levin de Knud et Schumacker !...

— L'esprit de la comtesse se perdait en conjectures. Elle résolut enfin, pour éclaircir tous ces mystères, de hasarder une descente à Munckholm, conseil que lui donnaient à la fois sa curiosité de femme et ses intérêts d'ennemie.

Un soir qu'Ethel, seule dans le jardin du donjon, venait de graver, pour la sixième fois, avec le diamant d'une bague, je ne sais quel chiffre mystérieux sur le pilier noir de la poterne qui avait vu disparaître son Ordener, cette porte s'ouvrit. La jeune fille tressaillit. C'était la première fois que cette poterne s'ouvrait depuis qu'elle s'était refermée sur lui.

Une grande femme pâle, vêtue de blanc, était devant elle. Elle présentait à Ethel un sourire doux comme du miel empoisonné, et il y avait, derrière son regard paisible et bienveillant, comme une expression de haine, de dépit et d'admiration involontaire.

Ethel la considéra avec étonnement, presque avec crainte. Depuis sa vieille nourrice, qui était morte en ses bras, c'était la première femme qu'elle voyait dans la sombre enceinte de Munckholm.

— Mon enfant, dit doucement l'étrangère, vous êtes la fille du prisonnier de Munckholm ?

Ethel ne put s'empêcher de détourner la tête ; quelque chose en elle ne sympathisait pas avec l'étrangère, et il lui semblait qu'il y avait du venin dans le souffle qui accompagnait cette douce voix. Elle répondit :

— Je m'appelle Ethel Schumacker. Mon père dit qu'on me nommait, dans mon berceau, comtesse de Tongsberg et princesse de Wollin.

— Votre père vous dit cela!... s'écria la grande femme avec un accent qu'elle réprima aussitôt. Puis elle ajouta :

— Vous avez éprouvé bien des malheurs!

— Le malheur m'a reçue à ma naissance dans ses bras de fer, répondit la jeune prisonnière ; mon noble père dit qu'il ne me quittera qu'à ma mort.

Un sourire passa sur les lèvres de l'étrangère, qui reprit du ton de la pitié :

— Et vous ne murmurez pas contre ceux qui ont jeté votre vie dans ce cachot ? vous ne maudissez pas les auteurs de votre infortune?

— Non, de peur que notre malédiction n'attire sur eux des maux pareils à ceux qu'ils nous font souffrir.

— Et, continua la femme blanche avec un front impassible, connaissez-vous les auteurs de ces maux dont vous vous plaignez?

Ethel réfléchit un moment et dit :

— Tout s'est fait par la volonté du ciel.

— Votre père ne vous parle jamais du roi?

— Le roi?... c'est celui pour lequel je prie matin et soir sans le connaître.

Ethel ne comprit pas pourquoi l'étrangère se mordit les lèvres à cette réponse.

— Votre malheureux père ne vous nomme jamais, dans sa colère, ses implacables ennemis, le général Arensdorf, l'évêque Spollyson, le chancelier d'Ahlefeld?...

— J'ignore de qui vous me parlez.

— Et connaissez-vous le nom de Levin de Knud?

Le souvenir de la scène qui s'était passée la surveille entre le gouverneur de Drontheim et Schumacker était trop récent dans l'esprit d'Ethel pour que le nom de Levin de Knud ne la frappât point.

— Levin de Knud? dit-elle; il me semble que c'est cet homme pour lequel mon père a tant d'estime et presque tant d'affection.

— Comment? s'écria la grande femme.

— ... Oui, reprit la jeune fille, c'est ce Levin de Knud que mon seigneur et père défendait si vivement avant-hier contre le gouverneur de Drontheim.

Ces paroles redoublèrent la surprise de l'autre. — Contre le gouverneur de Drontheim! Ne vous jouez pas de moi, ma fille. Ce sont vos intérêts qui m'amènent. Votre père prenait contre le gouverneur de Drontheim le parti du général Levin de Knud!

— Du général! il me semble que c'était du capitaine... Mais non; vous avez raison. — Mon père, poursuivit Ethel, paraissait conserver autant d'attachement à ce général Levin de Knud qu'il témoignait de haine au gouverneur du Drontheimhus.

— Voilà encore un étrange mystère! dit en elle-même la grande femme pâle, dont la curiosité s'allumait de plus en plus. — Ma chère enfant, que s'est-il donc passé entre votre père et le gouverneur de Drontheim?

L'interrogatoire fatiguait la pauvre Ethel, qui regarda fixement la grande femme.

— Suis-je donc une criminelle pour que vous m'interrogiez ainsi?

A ce mot si simple, l'inconnue parut interdite, comme si elle sentait le fruit de son adresse lui échapper. Elle reprit néanmoins d'une voix légèrement émue :

— Vous ne me parleriez pas ainsi si vous saviez pourquoi et pour qui je viens...

— Quoi! dit Ethel, viendriez-vous de sa part? m'apporteriez-vous un message de lui?...

Et tout son sang rougissait son beau visage; et tout son cœur s'était soulevé dans son sein, gonflé d'impatience et d'inquiétude.

— ... De qui? demanda l'autre.

La jeune fille s'arrêta au moment de prononcer le nom adoré. Elle avait vu luire dans l'œil de l'étrangère un éclair de sombre joie qui semblait un rayon de l'enfer. Elle dit tristement :

— Vous ne savez pas de qui je veux parler.

L'expression de l'attente trompée se peignit pour la seconde fois sur le visage bienveillant de l'autre.

— Pauvre jeune fille! s'écria-t-elle, que pourrais-je faire pour vous?

Ethel n'entendait pas. Sa pensée était derrière les montagnes du septentrion, à la suite de l'aventureux voyageur. Sa tête s'était baissée sur son sein, et ses mains s'étaient jointes comme d'elles-mêmes.

— Votre père espère-t-il sortir de cette prison?

Cette question, que l'inconnue répéta deux fois, ramena Ethel à elle-même.

— Oui, dit-elle; et une larme roula dans ses yeux.

Ceux de l'étrangère s'étaient animés à cette réponse.

— Il l'espère, dites-moi! et comment? par quel moyen?... quand?...

— Il espère sortir de cette prison, parce qu'il espère sortir de la vie.

Il y a quelquefois dans la simplicité d'une âme douce et jeune une puissance qui se joue des ruses d'un cœur vieilli dans la méchanceté. Cette pensée parut agiter l'esprit de la grande femme, car l'expression de son visage changea tout à coup; et posant sa main froide sur le bras d'Ethel :

— Ecoutez-moi, dit-elle d'un ton qui était presque de la franchise : avez-vous entendu dire que les jours de votre père sont de nouveau menacés d'une enquête juridique, qu'il est soupçonné d'avoir fomenté une révolte parmi les mineurs du Nord?...

Ces mots de *révolte* et d'*enquête* n'offraient pas d'idée claire à Ethel; elle leva son grand œil noir sur l'inconnue :

— Que voulez-vous dire?

— Que votre père conspire contre l'Etat; que son crime est presque découvert; que ce crime entraîne la peine de mort...

— Mort! crime!... s'écria la pauvre enfant.

— Crime et mort! dit gravement la femme étrangère.

— Mon père! mon noble père! poursuivait Ethel. Hélas! lui qui passe ses jours à m'entendre lire l'Edda et l'Evangile! lui, conspirer! Que vous a-t-il donc fait?

— Ne me regardez pas ainsi; je vous le répète, je suis loin d'être votre ennemie. Votre père est soupçonné d'un crime, je vous en avertis. Peut-être, au lieu de ces témoignages de haine, aurais-je droit à quelque reconnaissance.

Ce reproche toucha Ethel.

— Oh! pardon, noble dame! pardon! Jusqu'ici quel être humain avons-nous vu qui ne fût de nos ennemis? J'ai été défiante envers vous, vous me le pardonnez, n'est-ce pas?

L'étrangère sourit.

— Quoi! ma fille! est-ce que jusqu'à ce jour vous n'avez pas encore rencontré un ami?

Une vive rougeur enflamma les joues d'Ethel. Elle hésita un moment.

— Oui... Dieu connaît la vérité. Nous avons trouvé un ami, noble dame... un seul!

— Un seul! dit précipitamment la grande femme. Nommez-le-moi, de grâce; vous ne savez pas combien il est important... C'est pour le salut de votre père... Quel est cet ami?

— Je l'ignore, dit Ethel.

L'inconnue pâlit.

— Est-ce parce que je veux vous servir que vous vous jouez de moi? Songez qu'il s'agit des jours de votre père. Quel est, dites, quel est l'ami dont vous me parliez?

— Le ciel sait, noble dame, que je ne connais de lui que son nom, qui est Ordener.

Ethel dit ces mots avec cette peine que l'on éprouve à prononcer devant un indifférent le nom sacré qui réveille en nous tout ce qui aime.

— Ordener! Ordener! répéta l'inconnue avec une émotion étrange, tandis que ses mains froissaient vivement la blanche broderie de son voile.

— Et quel est le nom de son père? demanda-t-elle d'une voix troublée.

— Je ne sais, répondit la jeune fille. Qu'importent sa famille et son père? Cet Ordener, noble dame, est le plus généreux des hommes.

Hélas! l'accent qui accompagnait cette parole avait livré tout le secret du cœur d'Ethel à la pénétration de l'étrangère.

— L'étrangère prit un air calme et composé, et fit cette demande sans quitter la jeune fille du regard :

— Avez-vous entendu parler du prochain mariage du fils du vice-roi avec la fille du grand-chancelier actuel, d'Ahlefeld?

Il fallut recommencer cette question pour ramener l'esprit d'Ethel à des idées qui ne semblaient point l'intéresser.

— Je crois que oui, fut toute sa réponse. Sa tranquillité, son air indifférent, parurent surprendre l'inconnue.

— Eh bien! que pensez-vous de ce mariage?

Il lui fut impossible d'apercevoir la moindre altération

dans les grands yeux d'Ethel tandis qu'elle répondait : — En vérité, rien. Puisse leur union être heureuse !

— Les comtes Guldenlew et d'Ahlefeld, pères des deux fiancés, sont deux grands ennemis de votre père.

— Puisse, repeta doucement Ethel, l'union de leurs enfants être heureuse !

— Il me vient une idée, poursuivit l'astucieuse inconnue. Si les jours de votre père sont menacés, vous pourriez, à l'occasion de ce grand mariage, faire obtenir sa grâce par le fils du comte vice-roi.

— Les saints vous récompenseront de tous vos soins pour nous, noble dame ; mais comment faire parvenir ma prière jusqu'au fils du vice-roi ?

Ces paroles étaient prononcées avec tant de bonne foi, qu'elles arrachèrent à l'étrangère un geste d'étonnement.

— Quoi ! est-ce que vous ne le connaissez pas ?

— Ce puissant seigneur ! s'écria Ethel ; vous oubliez qu'aucun de mes regards n'a encore franchi l'enceinte de cette forteresse.

— Mais, vraiment, murmura entre ses dents la grande femme, que me disait donc ce vieux fou de Levin ?... Elle ne le connaît pas. — Impossible cependant ! dit-elle en élevant la voix, vous devez avoir vu le fils du vice-roi, il est venu ici.

— Cela se peut, noble dame : de tous les hommes qui sont venus ici, je n'ai jamais vu que lui, mon Ordener...

— Votre Ordener ! interrompit l'inconnue. — Elle continua sans paraître s'apercevoir de la rougeur d'Ethel : — Connaissez-vous un jeune homme au visage noble, à la taille élégante, à la démarche grave et assurée ? son œil est doux et austère, son teint frais comme celui d'une jeune fille, ses cheveux châtains... —

— Oh ! s'écria la pauvre Ethel, c'est lui, c'est mon fiancé, mon adoré Ordener ! Dites-moi, noble et chère dame, m'apportez-vous de ses nouvelles?... Où l'avez-vous rencontré? Il vous a dit qu'il daignait m'aimer, n'est-il pas vrai? Il vous a dit qu'il avait tout mon amour. Hélas! une malheureuse prisonnière n'a que son amour au monde... Ce noble ami! il n'y a pas huit jours, je le voyais encore à cette même place, avec son manteau vert, sous lequel bat un si généreux cœur, et cette plume noire qui se balançait avec tant de grâce sur son beau front... —

Elle n'acheva pas. Elle vit la grande femme inconnue trembler, pâlir et rougir, et crier d'une voix foudroyante à ses oreilles :

— Malheureuse! tu aimes Ordener Guldenlew, le fiancé d'Ulrique d'Ahlefeld, le fils du mortel ennemi de ton père, du vice-roi de Norwége.

Ethel tomba évanouie.

XXXVII

CAUPOLICAN.
Marchez avec tant de précaution, que la terre elle-même n'entende pas le bruit de vos pas... Redoublez de soins, mes amis... Si nous arrivons sans être entendus, je vous réponds de la victoire.
TUCAPEL.
La nuit a tout couvert de ses voiles; une obscurité effrayante enveloppe la terre. Nous n'entendons aucune sentinelle, nous n'avons point aperçu d'espions.
RINGO
Avançons!
. . . .
TUCAPEL.
Qu'entends-je? serions-nous découverts?
Lope de Vega, *l'Arauque dompté.*

— Dis-moi, Guldon Stayper, mon vieux camarade, sais-tu que la brise du soir commence à me rabattre vigoureusement les poils de mon bonnet sur le visage?

C'était Kennybol, qui, détachant un moment son regard du géant qui marchait en tête des révoltés, s'était tourné à demi vers l'un des montagnards que le hasard d'une course désordonnée avait placé près de lui.

Celui-ci secoua la tête, et changea d'épaule la bannière qu'il portait, avec un long soupir de lassitude.

— Hum! je crois, notre capitaine, que dans ces maudites gorges du Pilier-Noir, où le vent se précipite comme un torrent, nous n'aurons pas tout à fait aussi chaud cette nuit qu'une flamme qui danse sur la braise.

— Il faudra faire de tels feux que les vieilles chouettes en soient éveillées au haut des rochers, dans leurs palais de ruines. Je n'aime pas les chouettes ; dans cette horrible nuit où j'ai vu la fée Ubfem, elle avait la forme d'une chouette.

— Par saint Sylvestre! interrompit Guldon Stayper en détournant la tête, l'ange du vent nous donne de furieux coups d'ailes! — Si l'on m'en croit, capitaine Kennybol, on mettra le feu à tous les sapins d'une montagne. D'ailleurs, ce sera une belle chose à voir qu'une armée se chauffant avec une forêt.

— A Dieu ne plaise, mon cher Guldon! et les chevreuils! et les gerfauts! et les faisans! Fais cuire le gibier, à merveille; mais ne le fais pas brûler.

Le vieux Guldon se mit à rire :

— Notre capitaine, tu es bien toujours le même démon Kennybol, le loup des chevreuils, l'ours des loups, et le buffle des ours!

— Sommes-nous encore loin du Pilier-Noir? demanda une voix parmi les chasseurs.

— Compagnon, répondit Kennybol, nous entrerons dans les gorges à la nuit tombante; nous voici dans un instant aux Quatre-Croix.

Il se fit un moment de silence, pendant lequel on n'entendit que le bruit multiplié des pas, le gémissement de la bise, et le chant éloigné de la bande des forgerons du lac Smiasen.

— Ami Guldon Stayper, reprit Kennybol après avoir sifflé l'air du chasseur Rollon, tu viens de passer quelques jours à Drontheim?

— Oui, notre capitaine : mon frère George Stayper le pêcheur était malade, et j'ai été le remplacer pendant quelque temps dans sa barque, afin que sa pauvre famille ne mourût pas de faim pendant qu'il serait mort de maladie.

— Et, puisque tu arrives de Drontheim, as-tu eu occasion de voir ce comte, le prisonnier,... Stumacher,... Gleffenhem,... quel est son nom déjà? cet homme enfin au nom duquel nous nous révoltons contre la tutelle royale, et dont tu portes sans doute les armoiries brodées sur cette grande bannière couleur de feu?

— Elle est bien lourde! dit Guldon. — Tu veux parler du prisonnier du château-fort de Munckholm, le comte?... enfin soit. Et comment veux-tu, notre brave capitaine, que je l'aie vu? il m'aurait fallu, ajouta-t-il en baissant la voix, les yeux de ce démon qui marche devant nous sans pourtant laisser derrière lui l'odeur du soufre, de ce Han d'Islande, qui voit à travers les murs, ou l'anneau de la fée Maab, qui passe par le trou des serrures. — Il n'y a en ce moment parmi nous, j'en suis sûr, qu'un seul homme qui ait vu le comte,... le prisonnier dont tu me parles.

— Un seul?... Ah! le seigneur Hacket? Mais ce Hacket n'est plus parmi nous. Il nous a quittés cette nuit pour retourner...

— Ce n'est point le seigneur Hacket que je veux dire, notre capitaine.

— Et qui donc?

— Ce jeune homme au manteau vert, à la plume noire, qui est tombé au milieu de nous cette nuit...

— Eh bien?

— Eh bien! dit Guldon en se rapprochant de Kennybol, c'est celui-là qui connaît le comte,... ce fameux comte, enfin, comme je te connais, notre capitaine Kennybol.

Kennybol regarda Guldon, cligna de l'œil gauche en faisant claquer ses dents, et lui frappa sur l'épaule avec cette exclamation triomphale qui échappe à notre amour-propre, quand nous sommes contents de notre pénétration. — *Je m'en doutais.*

— Oui, notre capitaine, poursuivit Guldon Stayper en replaçant l'étendard couleur de feu sur l'épaule délassée, je te proteste que le jeune homme vert a vu le comte... — je ne sais comment tu l'appelles, celui donc pour qui nous allons nous battre... — dans le donjon même de Munckholm, et qu'il ne paraissait pas attacher moins d'importance à entrer dans cette prison que toi ou moi à pénétrer dans un parc royal.

— Et comment sais-tu cela, notre frère Guldon?

Le vieux montagnard saisit le bras de Kennybol, puis, entr'ouvrant sa peau de loutre avec une précaution presque soupçonneuse : — Regarde! lui dit-il.

— Par mon très-saint patron! s'écria Kennybol, cela brille comme du diamant!

C'était en effet une riche boucle de diamants, qui attachait le grossier ceinturon de Guldon Stayper.

— Et il est aussi vrai que c'est du diamant, repartit celui-ci en laissant tomber le pan de sa casaque, qu'il est vrai que la lune est à deux journées de marche de la terre, et que le cuir de mon ceinturon est du cuir de buffle mort.

Mais les traits de Kennybol s'étaient rembrunis, et avaient passé de l'étonnement à la sévérité. Il baissa les yeux vers la terre en disant avec une sorte de solennité sauvage :

— Guldon Stayper, du village de Chol-Sœ, dans les montagnes de Kole, ton père, Medprath Stayper, est mort à cent deux ans, sans avoir rien à se reprocher, car ce ne sont pas des forfaitures que de tuer par mégarde un daim ou un élan du roi. — Guldon Stayper, tu as sur ta tête grise cinquante-sept bonnes années, ce qui n'est jeunesse que pour le hibou. — Guldon Stayper, notre camarade, j'aimerais mieux pour toi que les diamants de cette boucle fussent des grains de mil, si tu ne l'as pas acquise légitimement, aussi légitimement que le faisan royal acquiert la balle de plomb du mousquet.

En prononçant cette singulière admonestation, il y avait dans l'accent du chef montagnard à la fois de la menace et de l'onction.

— Aussi vrai que notre capitaine Kennybol est le plus hardi chasseur de Kole, répondit Guldon sans s'émouvoir, et que ces diamants sont des diamants, je les possède en légitime propriété.

— Vraiment ! reprit Kennybol avec une inflexion de voix qui tenait le milieu entre la confiance et le doute.

— Dieu et mon patron béni savent, reprit Guldon, que c'était un soir, au moment où je venais d'indiquer le Spladgest de Drontheim à des enfants de notre bonne mère la Norwége, qui apportaient le corps d'un officier trouvé sur les grèves d'Urchtal. — Il y a de ceci huit jours environ. — Un jeune homme s'avança vers ma barque : — « A Munckholm ! » me dit-il. Je m'en souciais peu, notre capitaine : un oiseau ne vole pas volontiers autour d'une cage. Cependant le jeune seigneur avait la mine haute et fière, il était suivi d'un domestique qui menait deux chevaux, il avait sauté dans ma barque d'un air d'autorité : je pris mes rames, — c'est-à-dire les rames de mon frère. C'était mon bon ange qui le voulait. En arrivant, le jeune passager, après avoir parlé au seigneur sergent, qui commandait sans doute le fort, m'a jeté pour payement, et Dieu m'entend, notre capitaine, oui, cette boucle de diamants que je viens de te montrer, et qui eût dû appartenir à mon frère Georges, et non à moi, si, à l'heure où le jeune voyageur, que le ciel assiste ! m'a pris, la journée que je faisais pour Georges n'eût été finie. — Cela est la vérité, capitaine Kennybol.

— Bien.

Peu à peu la physionomie du chef reprit autant de sérénité que son expression, naturellement sombre et dure, le lui permettait, et il demanda à Guldon, d'une voix radoucie,

— Et tu es sûr, notre vieux camarade, que ce jeune homme est le même qui est maintenant derrière nous avec ceux de Norbith?

— Sûr. Je n'oublierais pas, entre mille visages, le visage de celui qui a fait ma fortune. D'ailleurs, c'est le même manteau, la même plume noire... —

— Je te crois, Guldon.

— Et il est clair qu'il allait voir le fameux prisonnier; car, si ce n'eût pas été pour quelque grand mystère, il n'eût point récompensé ainsi le batelier qui l'amenait; et d'ailleurs, maintenant qu'il se retrouve avec nous...

— Tu as raison.

— Et j'imagine, notre capitaine, que le jeune étranger est peut-être bien plus en crédit auprès du comte que nous allons délivrer que le seigneur Hacket, qui ne me semble bon, sur mon âme, qu'à miauler comme un chat sauvage.

Kennybol fit un signe de tête expressif.

— Notre camarade, tu as dit ce que j'allais dire. Je serais, dans toute cette affaire, bien plus tenté d'obéir à ce jeune seigneur qu'à l'envoyé Hacket. Que saint Sylvestre et saint Olaüs me soient en aide; si le démon islandais nous commande, je pense, camarade Guldon, que nous le devons beaucoup moins au corbeau bavard Hacket qu'à cet inconnu.

— Vrai, notre capitaine?... demanda Guldon.

Kennybol ouvrait la bouche pour répondre, quand il se sentit frapper sur l'épaule. C'était Norbith.

— Kennybol, nous sommes trahis! Gormon Woëstrœm vient du Sud; tout le régiment des arquebusiers marche contre nous; les hulans de Slesvig sont à Sparbo; trois compagnies de dragons danois attendent des chevaux au village de Lœvig. Tout le long de la route, il a vu autant de casaques vertes que de buissons. Hâtons-nous de gagner Skongen; ne faisons point halte avant d'y être entrés. Là, du moins, nous pourrons nous défendre. Encore Gormon croit-il avoir vu des mousquetons briller à travers les broussailles, en longeant les gorges du Pilier-Noir.

Le jeune chef était pâle, agité; cependant son regard et le son de sa voix annonçaient encore l'audace et la résolution.

— Impossible ! s'écria Kennybol.

— Certain ! certain ! dit Norbith.

— Mais le seigneur Hacket...

— Est un traître ou un lâche. Sois sûr de ce que je dis, camarade Kennybol... Où est-il, ce Hacket ?... —

En ce moment le vieux Jonas aborda les deux chefs.

Au découragement profond empreint dans tous ses traits, il était facile de voir qu'il était instruit de la fatale nouvelle.

Les regards des deux vieillards, Jonas et Kennybol, se rencontrèrent, et tous deux se mirent à hocher la tête comme d'un mutuel accord.

— Eh bien ! Jonas ? eh bien ! Kennybol ? dit Norbith.

Cependant le vieux chef des mineurs de Fa-roër avait passé lentement sa main sur son front ridé, et il répondait à voix basse au coup d'œil du vieux chef des montagnards de Kole :

— Oui, cela est trop vrai, cela est trop sûr. C'est Gormon Woëstrœm qui les a vus.

— Si la chose est ainsi, dit Kennybol, que faire ?

— Que faire? répliqua Jonas.

— J'estime, camarade Jonas, que nous agirions sagement de nous arrêter.

— Et plus sagement encore, notre frère Kennybol, de reculer.

— S'arrêter ! reculer ! s'écria Norbith. Il faut avancer.

Les deux vieillards tournèrent vers le jeune homme un regard froid et surpris.

— Avancer! dit Kennybol. Et les arquebusiers de Munckholm!

— Et les hulans de Slesvig! ajouta Jonas.

— Et les dragons danois! reprit Kennybol.

Norbith frappa la terre du pied.

— Et la tutelle royale! et ma mère qui meurt de faim et de froid!

— Démons! la tutelle royale! dit le mineur Jonas avec une sorte de frémissement.

— Qu'importe! dit le montagnard Kennybol.

Jonas prit Kennybol par la main.

— Notre compagnon le chasseur, vous n'avez pas l'honneur d'être pupille de notre glorieux souverain Christiern IV. Puisse le saint roi Olaüs, qui est au ciel, nous délivrer de la tutelle!

— Demande ce bienfait à ton sabre, dit Norbith d'une voix farouche.

— Les paroles hardies coûtent peu à un jeune homme, camarade Norbith, répondit Kennybol; mais songez que si nous allons plus loin toutes ces casaques vertes...

— Je songe que nous aurons beau rentrer dans nos montagnes, comme des renards devant les loups, on connait nos noms et notre révolte; et, mourir pour mourir, j'aime mieux la balle d'une arquebuse que la corde d'un gibet.

Jonas remua la tête de haut en bas en signe d'adhésion.

— Diable! la tutelle pour nos frères! le gibet pour nous! Norbith pourrait bien avoir raison.

— Donne-moi la main, mon brave Norbith, dit Kennybol; il y a danger des deux côtés. Il vaut mieux marcher droit au précipice qu'y tomber à reculons.

— Allons, allons donc! s'écria le vieux Jonas, en faisant sonner le pommeau de son sabre.

Norbith leur serra vivement la main.

— Frères, écoutez! Soyez audacieux comme moi, je serai prudent comme vous. Ne nous arrêtons aujourd'hui qu'à Skongen : la garnison est faible, et nous l'écraserons. Franchissons, puisqu'il le faut, les défilés du Pilier-Noir, mais dans un profond silence. Il faut les traverser, quand même ils seraient surveillés par l'ennemi.

— Je crois que les arquebusiers ne sont pas encore au pont de l'Ordals, avant Skongen... Mais, n'importe! Silence!

— Silence!... soit, répéta Kennybol.

— Maintenant, Jonas, reprit Norbith, retournons tous deux à notre poste. Demain peut-être nous serons à Drontheim, malgré les arquebusiers, les hulans, les dragons, et tous les justaucorps verts du Midi.

Les trois chefs se quittèrent.

Bientôt le mot d'ordre *silence!* passa de rang en rang, et cette bande de rebelles, un moment auparavant si tumultueuse, ne fut plus, dans ces déserts rembrunis par les approches de la nuit, que comme une troupe de fantômes muets, qui se promène sans bruit dans les sentiers tortueux d'un cimetière.

Cependant la route qu'ils suivaient se rétrécissait de moment en moment, et semblait s'enfoncer par degrés entre deux remparts de rochers qui devenaient de plus en plus escarpés.

A l'instant où la lune rougeâtre se leva au milieu d'un amas froid de nuages qui déroulaient autour d'elle leurs formes bizarres avec une mobilité fantastique, Kennybol s'inclina vers Guldon Stayper :

— Nous allons entrer dans le défilé du Pilier-Noir. Silence!

En effet, on entendait déjà le bruit du torrent qui suit entre les deux montagnes tous les détours du chemin, et l'on voyait au midi l'énorme pyramide oblongue de granit qu'on a nommée le Pilier-Noir se dessiner sur le gris du ciel et sur la neige des montagnes environnantes, tandis que l'horizon de l'ouest, chargé de brouillards, était borné par l'extrémité de la forêt du Sparbo et par un long amphithéâtre de rochers, étagés comme un escalier de géants.

Les révoltés, contraints d'allonger leurs colonnes dans ces routes tortueuses et étranglées entre deux montagnes, continuèrent leur marche.

Ils pénétrèrent dans ces gorges profondes sans allumer de torches, sans pousser de clameurs.

Le bruit même de leurs pas ne s'entendait point au milieu du fracas assourdissant des cascades et des rugissements d'un vent violent qui ployait les forêts druidiques et faisait tournoyer les nuées autour des pitons revêtus de glace et de neige.

Perdue dans les sombres profondeurs du défilé, la lumière souvent voilée de la lune ne descendait pas jusqu'aux fers de leurs piques, et les aigles blancs qui passaient par intervalles au-dessus de leurs têtes ne se doutaient pas qu'une aussi grande multitude d'hommes troublât en ce moment leurs solitudes.

Une fois le vieux Guldon Stayper toucha l'épaule de Kennybol de la crosse de sa carabine :

— Capitaine! notre capitaine! je vois quelque chose reluire derrière cette touffe de houx et de genêts.

— Je le vois également, répondit le chef montagnard ; c'est l'eau du torrent qui réfléchit les nuages.

Et l'on passa outre.

Une autre fois Guldon arrêta brusquement son chef par le bras :

— Regarde, lui dit-il, ne sont-ce pas des mousquetons qui brillent là-haut dans l'ombre de ce rocher?

Kennybol secoua la tête, puis après un moment d'attention : — Rassure-toi, frère Guldon. C'est un rayon de la lune qui tombe sur un pic de glace.

Aucun sujet d'alarme ne se présenta plus autour d'eux, et les diverses bandes, paisiblement déroulées dans les sinuosités du défilé, oublièrent insensiblement tout ce que la position du lieu présentait de danger.

Après deux heures de marche souvent pénible, au milieu des troncs d'arbres et des quartiers de granit dont le chemin était obstrué, l'avant-garde entra dans le montueux bouquet de sapins qui termine la gorge du Pilier-Noir, et au-dessus duquel pendent de hauts rochers noirs et moussus.

Guldon Stayper se rapprocha de Kennybol, affirmant qu'il se félicitait d'être enfin sur le point de sortir de ce maudit coupe-gorge, et qu'il fallait rendre grâces à saint Sylvestre de ce que le Pilier-Noir ne leur avait pas été fatal.

Kennybol se mit à rire, jurant qu'il n'avait jamais partagé ces terreurs de vieilles femmes; car pour la plupart des hommes, quand le péril est passé, il n'a point existé, et l'on cherche alors à prouver, par l'incrédulité que l'on montre, le courage qu'on n'aurait peut-être pas montré.

En ce moment, deux petites lueurs rondes, pareilles à deux charbons ardents, qui se mouvaient dans l'épaisseur du taillis, appelèrent son attention.

— Par le salut de mon âme! dit-il à voix basse en secouant le bras de Guldon, voilà, certes, deux yeux de braise qui doivent appartenir au plus beau chatpard qui ait jamais miaulé dans un hallier.

— Tu as raison, répondit le vieux Stayper, et, s'il ne marchait pas devant nous, je croirais plutôt que ce sont les yeux maudits du démon d'Isl...

— Chut! cria Kennybol. — Puis, saisissant sa carabine :

— En vérité, poursuivit-il, il ne sera pas dit qu'une aussi belle pièce aura passé impunément sous les yeux de Kennybol.

Le coup était parti avant que Guldon Stayper, qui s'était jeté sur le bras de l'imprudent chasseur, eût pu l'arrêter... Ce ne fut pas la plainte aiguë d'un chat sauvage qui répondit à la bruyante détonation de la carabine, ce fut un affreux grondement de tigre, suivi d'un éclat de rire humain, plus affreux encore.

On n'entendit pas le retentissement du coup de feu se prolonger, et mourir d'écho en écho dans les profondeurs des montagnes; car, à peine la lumière de la carabine eut-elle brillé dans la nuit, à peine le bruit fatal de la poudre eut-il éclaté dans le silence, qu'un millier de voix formidables s'élevèrent inattendues sur les monts, dans les gorges, dans les forêts; qu'un cri de *Vive le roi!* immense comme un tonnerre, roula sur la tête des rebelles, à leurs côtés, devant et derrière eux, et que la lueur meurtrière d'une mousqueterie terrible, éclatant de toutes parts, les frappant et les éclairant à la fois, leur fit voir, parmi de rouges tourbillons de fumée, un bataillon derrière chaque rocher, et un soldat derrière chaque arbre.

XXXVIII

Aux armes! aux armes! capitaines!
Le Captif d'Ochali.

Qu'on veuille bien recommencer avec nous la journée qui vient de s'écouler, et se transporter à Skongen, où, tandis que les insurgés sortaient de la mine de plomb d'Apsyl-Corh, est entré le régiment des arquebusiers, que nous avons vu en marche au trentième chapitre de cette très-véridique narration.

Après avoir donné quelques ordres pour le logement des soldats qu'il commandait, le baron Wœthaün, colonel des arquebusiers, allait franchir le seuil de l'hôtel qui lui était destiné près de la porte de la ville quand il sentit une main lourde se poser familièrement sur son épaule. Il se tourna.

C'était un homme de petite taille, dont un grand chapeau d'osier, qui couvrait ses traits, ne laissait apercevoir que la barbe rousse et touffue. Il était soigneusement enveloppé des plis d'une espèce de manteau de bure grise, qui, à un reste de capuchon qu'on y voyait pendre, paraissait avoir été une robe d'ermite, et ne laissait apercevoir que ses mains, cachées sous de gros gants.

— Brave homme, demanda brusquement le colonel, que diable me voulez-vous ?

— Colonel des arquebusiers de Munckholm, répondit l'homme avec une expression bizarre, suis-moi un instant, j'ai un avis à te donner.

A cette étrange invitation, le baron resta un moment surpris et muet.

— Un avis important, colonel, répéta l'homme aux gros gants.

Cette insistance détermina le baron Wœthaün. Dans le moment de crise où se trouvait la province, et avec la mission qu'il remplissait, aucun renseignement n'était à dédaigner. — Allons, dit-il.

Le petit homme marcha devant lui, et, dès qu'ils furent hors de la ville, il s'arrêta : — Colonel, as-tu bonne envie d'exterminer d'un seul coup tous les révoltés ?

Le colonel se prit à rire.

— Mais ce ne serait point mal commencer la campagne.

— Eh bien ! fais placer dès aujourd'hui en embuscade tous les soldats dans les gorges du Pilier-Noir, à deux milles de cette ville ; les bandes y camperont cette nuit. Au premier feu que tu verras briller, fonds sur eux avec les tiens. La victoire sera aisée.

— Brave homme, l'avis est bon, et je vous en remercie. Mais comment savez-vous ce que vous me dites ?

— Si tu me connaissais, colonel, tu me demanderais plutôt comment il se pourrait faire que je ne le susse point.

— Qui donc êtes-vous ?

L'homme frappa du pied.

— Je ne suis point venu ici pour te dire cela.

— Ne craignez rien. Qui que vous soyez, le service que vous rendez sera votre sauvegarde. Peut-être étiez-vous du nombre des rebelles ?...

— J'ai refusé d'en être.

— Alors pourquoi taire votre nom, puisque vous êtes un fidèle sujet du roi ?

— Que m'importe !

Le colonel voulut tirer encore quelques éclaircissements de ce singulier donneur d'avis.

— Dites-moi, est-il vrai que les brigands soient commandés par le fameux Han d'Islande ?...

— Han d'Islande ! répéta le petit homme avec une inflexion de voix extraordinaire.

Le baron recommença sa question. Un éclat de rire, qui eût pu passer pour un rugissement, fut toute la réponse qu'il put obtenir. Il essaya plusieurs autres questions sur le nombre et les chefs des mineurs : le petit homme lui ferma la bouche.

— Colonel des arquebusiers de Munckholm, je t'ai dit tout ce que j'avais à te dire. Embusque-toi dès aujourd'hui dans le défilé du Pilier-Noir avec ton régiment entier, et tu pourras écraser tout ce troupeau d'hommes.

— Vous ne voulez pas me dévoiler qui vous êtes; ainsi vous vous privez de la reconnaissance du roi; mais il n'en est pas moins juste que le baron Wœthaün vous témoigne sa gratitude du service que vous lui rendez.

Le colonel jeta sa bourse aux pieds du petit homme.

— Garde ton or, colonel, dit celui-ci. Je n'en ai pas besoin; et, ajouta-t-il en montrant un gros sac suspendu à sa ceinture de corde, s'il te fallait un salaire pour tuer ces hommes, j'aurais encore, colonel, de l'or à te donner en payement de leur sang.

Avant que le colonel fût revenu de l'étonnement où l'avaient jeté les inexplicables paroles de cet être mystérieux, il avait disparu.

Le baron Wœthaün retourna lentement sur ses pas en se demandant ce qu'on pouvait ajouter de foi aux avis de cet homme. Au moment où il rentrait dans son hôtel, on lui remit une lettre scellée des armes du grand chancelier. C'était en effet un message du comte d'Ahlefeld, où le colonel retrouva, avec une surprise facile à concevoir, le même avis et le même conseil que venait de lui donner aux portes de la ville l'incompréhensible personnage au chapeau d'osier et aux gros gants.

XXXIX

> Cent bannières flottaient sur les têtes des braves, des ruisseaux de sang coulaient de toutes parts, et la mort paraissait préférable à la fuite. Un barde saxon aurait appelé cette *nuit* la fête des épées ; le cri des aigles fondant sur leur proie, ce bruit de guerre, aurait été plus flatteur à son oreille que les chants joyeux d'un festin de noces.
> WALTER SCOTT, *Ivanhoé.*

On n'entreprendra pas de décrire ici l'épouvantable confusion qui rompit les colonnes déjà désordonnées des rebelles quand le fatal défilé leur montra soudain toutes ses cimes hérissées, tous ses antres peuplés d'ennemis inattendus. Il eût été difficile de distinguer si le long cri, formé de mille cris, qui s'échappa de leurs rangs ainsi inopinément foudroyés, était un cri de désespoir, d'épouvante ou de rage. Le feu terrible que vomissaient sur eux de toutes parts les pelotons démasqués des troupes royales s'accroissait de moment en moment ; et, avant qu'il fût parti de leurs lignes un autre coup de mousquet que le funeste coup de Kennybol, ils ne voyaient déjà plus autour d'eux qu'un nuage étouffant de fumée embrasée à travers lequel volait aveuglément la mort ; où chacun d'eux, isolé, ne reconnaissait que soi-même, et distinguait à peine de loin les arquebusiers, les dragons, les hulans, qui se montraient confusément au front des rochers et sur la lisière des taillis, comme des diables dans une fournaise.

Toutes ces bandes, ainsi éparses dans une longueur d'environ un mille, sur un chemin étroit et tortueux, bordé d'un côté d'un torrent profond, de l'autre d'une muraille de rochers, ce qui leur ôtait toute facilité de se replier sur elles-mêmes, ressemblaient à ce serpent que l'on brise en le frappant sur le dos, lorsqu'il a déroulé tous ses anneaux, et dont les tronçons vivants se roulent longtemps dans leur écume, cherchant encore à se réunir.

Quand la première surprise fut passée, le même désespoir parut animer, comme une âme commune, tous ces hommes naturellement farouches et intrépides. Furieux de se voir ainsi écraser sans défense, cette foule de brigands poussa une clameur comme un seul corps, une clameur qui couvrit un moment tout le bruit des ennemis triomphants ; et, quand ceux-ci les virent sans chefs, sans ordre, presque sans armes, gravir, sous un feu terrible, des rochers à pic, s'attacher des dents et des poings à des ronces au-dessus des précipices, en agitant des marteaux et des fourches de fer, ces soldats si bien armés, si bien rangés, si sûrement postés, et qui n'avaient pas encore perdu un seul des leurs, ne purent se défendre d'un mouvement d'effroi involontaire.

Il y eut plusieurs fois de ces barbares qui parvinrent, tantôt sur des ponts de mort, tantôt en s'élevant sur les épaules de leurs camarades, appliquées aux pentes des rocs comme des échelles vivantes, jusqu'aux sommets occupés par les assaillants ; mais à peine avaient-ils crié : *Liberté!* à peine avaient-ils élevé leurs haches ou leurs massues noueuses ; à peine avaient-ils montré leurs noirs visages, tout écumants d'une rage convulsive, qu'ils étaient précipités dans l'abîme, entraînant avec eux ceux de leurs hasardeux compagnons qu'ils rencontraient dans leur chute suspendus à quelque buisson ou embrassant quelque pointe de roche.

Les efforts de ces infortunés pour fuir et pour se défendre étaient vains ; toutes les issues du défilé étaient fermées ; tous les points accessibles étaient hérissés de soldats,

La plupart de ces malheureux rebelles expiraient en mordant le sable de la route, après avoir brisé leurs besaiguës, ou leurs coutelas sur quelque éclat de granit ; quelques-uns, croisant les bras, l'œil fixé à terre, s'asseyaient sur des pierres au bord du chemin, et là ils attendaient, en silence et immobiles, qu'une balle les jetât dans le torrent. Ceux d'entre eux que la prévoyance de Hacket avait armés de mauvaises arquebuses, dirigeaient au hasard quelques coups perdus vers la crête des rochers, vers l'ouverture des cavernes d'où tombaient sans cesse sur eux de nouvelles pluies de balles. Une rumeur tumultueuse, où l'on distinguait les cris furieux des chefs et les commandements tranquilles des officiers, se mêlait incessamment au fracas intermittent et fréquent des décharges, tandis qu'une sanglante vapeur montait et fuyait au-dessus du lieu de carnage, jetant au front des montagnes de grandes lueurs tremblantes, et que le torrent, blanchi d'écume, passait comme un ennemi entre ces deux troupes d'hommes ennemis, emportant avec lui sa proie de cadavres.

Mais, dès les premiers moments de l'action, ou plutôt de la boucherie, c'étaient les montagnards de Kole, commandés par le brave et imprudent Kennybol, qui avaient le plus souffert. On se souvient qu'ils formaient l'avant-garde de l'armée rebelle, et qu'ils étaient engagés dans le bois de pins qui termine le défilé. A peine le malencontreux Kennybol eut-il armé son arquebuse, que ce bois, peuplé soudain, en quelque sorte par magie, de tirailleurs ennemis, les enferma d'un cercle de feu ; tandis que, du sommet d'une hauteur en esplanade dominée par quelques grandes roches penchées, un bataillon entier du régiment de Munckholm, formé en équerre, les foudroyait sans relâche d'une mousqueterie épouvantable. Dans cette horrible crise, Kennybol, éperdu, jeta les yeux vers le mystérieux géant, n'attendant plus de salut que d'un pouvoir surhumain, tel que celui de Han d'Islande; mais il ne vit point le formidable démon déployer soudain deux ailes immenses, et s'élever au-dessus des combattants en vomissant des flammes et des foudres sur les arquebusiers; il ne le vit point grandir tout à coup jusqu'aux nuages, et renverser une montagne sur les assaillants, ou frapper du pied la terre, et ouvrir un abîme sous le bataillon embusqué.

Ce formidable Han d'Islande recula comme lui dès la première bordée d'arquebusade, et vint à lui d'un visage presque troublé, demandant une carabine, attendu, disait-il avec une voix assez ordinaire, qu'en un pareil moment sa hache lui était aussi inutile que la quenouille d'une vieille femme.

Kennybol, étonné, mais toujours crédule, remit son propre mousqueton au géant avec un effroi qui lui faisait presque oublier la crainte des balles qui pleuvaient autour de lui. Espérant toujours un prodige, il s'attendit encore à voir son arme fatale devenir entre les mains de Han d'Islande aussi grosse qu'un canon, ou se métamorphoser en un dragon ailé lançant du feu par les yeux, la gueule et les narines. Il n'en fut rien, et l'étonnement du pauvre chasseur fut au comble quand il vit le démon charger comme lui la carabine de poudre et de plomb ordinaire, la mettre en joue à sa manière, et lâcher tout simplement son coup, sans même l'ajuster aussi bien que lui, Kennybol, l'aurait pu faire. Il le regarda avec une morne stupeur répéter cette opération toute machinale plusieurs fois de suite; et, convaincu enfin qu'il fallait renoncer à un miracle, il songea à tirer ses compagnons et lui-même du mauvais pas où ils se trouvaient par quelque moyen humain. Déjà son pauvre vieux camarade Guldon Stayper était tombé à ses côtés, criblé de blessures; déjà tous les montagnards, épouvantés et ne pouvant fuir, cernés de toutes parts, se serraient les uns contre les autres, sans songer à se défendre, avec de lamentables clameurs. Kennybol comprit et vit combien cet amas d'hommes donnait de sûreté aux coups de l'ennemi, dont chaque décharge lui enlevait une vingtaine des siens. Il ordonna à ses malheureux compagnons de s'éparpiller, de se jeter dans les taillis qui longent le chemin, beaucoup plus large en cet endroit que dans le reste de la gorge du Pilier-Noir, de se cacher sous les broussailles, et de riposter de leur mieux au feu de plus en plus meurtrier des tirailleurs et du bataillon. Les montagnards, pour la plupart bien armés, parce qu'ils étaient tous chasseurs, exécutèrent l'ordre de leur chef avec une soumission qu'il n'eût peut-être pas obtenue dans un moment moins critique; car, en face du danger, les hommes en général perdent la tête, et alors ils obéissent assez volontiers à celui qui se charge d'avoir du sang-froid et de la présence d'esprit pour tous.

Cette mesure sage était loin cependant d'être la victoire, ou seulement le salut. Il y avait déjà plus de montagnards étendus hors de combat qu'il n'en restait debout, et, malgré l'exemple et les encouragements de leur chef et du géant, plusieurs d'entre eux, s'appuyant sur leurs mousquets inutiles, ou s'étendant auprès des blessés, avaient pris obstinément le parti de recevoir la mort sans avoir la peine de la donner. On s'étonnera peut-être que ces hommes, accoutumés tous les jours à braver la mort en courant de glaciers en glaciers à la poursuite des bêtes féroces, eussent sitôt perdu courage. Mais qu'on ne s'y trompe pas, dans les cœurs vulgaires le courage est local; on peut rire devant la mitraille, et trembler dans les ténèbres ou au bord d'un précipice; on peut affronter chaque jour les animaux farouches, franchir des abimes d'un bond, et fuir devant une décharge d'artillerie. Il arrive souvent que l'intrépidité n'est qu'habitude, et que, pour avoir cessé de craindre la mort sous telle ou telle forme, on ne l'en redoute pas moins.

Kennybol, entouré des monceaux de ses frères expirants, commençait lui-même à désespérer, quoiqu'il n'eût encore reçu qu'une légère atteinte au bras gauche, et qu'il vit le diabolique géant continuer son office de mousquetaire avec l'impassibilité la plus rassurante. Tout à coup il aperçut dans le fatal bataillon rangé sur la hauteur se manifester une confusion extraordinaire, et qui ne pouvait être certainement causée par le peu de dommage que lui faisait éprouver le très-faible feu de ses montagnards. Il entendit d'affreux cris de détresse, des imprécations de mourants, des paroles d'épouvante, s'élever de ce peloton victorieux. Bientôt la mousqueterie se ralentit, la fumée s'éclaircit, et il put voir distinctement d'énormes quartiers de granit tomber sur les arquebusiers de Munckholm du haut de la roche élevée qui dominait le plateau où ils étaient en bataille. Ces éclats de rocs se suivaient dans leur chute avec une horrible rapidité; on les entendait se briser à grand bruit les uns sur les autres, et rebondir parmi les soldats, qui, rompant leurs lignes, se hâtaient de descendre en désordre de la hauteur et fuyaient dans toutes les directions.

A ce secours inattendu, Kennybol tourna la tête : — le géant était pourtant encore là! Le montagnard resta interdit, car il avait pensé que Han d'Islande avait enfin pris son vol et s'était placé au haut de ce rocher d'où il écrasait l'ennemi. Il éleva les yeux vers le sommet d'où tombaient les formidables masses, et ne vit rien. Il ne pouvait donc supposer qu'une partie des rebelles étaient parvenus à ce redoutable poste, puisqu'on ne voyait point briller d'armes, puisqu'on n'entendait point de cris de triomphe.

Cependant le feu du plateau avait entièrement cessé; l'épaisseur des arbres cachait les débris du bataillon, qui se ralliait sans doute au bas de la hauteur. La mousqueterie des tirailleurs était même devenue moins vive. Kennybol, en chef habile, profita de cet avantage bien inespéré: il ranima ses compagnons et leur montra, à la sombre lueur qui rougissait toute cette scène de carnage, le monceau de cadavres entassés sur l'esplanade parmi les quartiers de rocs qui continuaient de tomber d'intervalle en intervalle. Alors les montagnards répondirent à leur tour par des clameurs de victoire aux gémissements de leurs ennemis; ils se formèrent en colonne, et, bien que toujours incommodés par les tirailleurs épars dans les halliers, ils résolurent, pleins comme d'un courage nouveau, de sortir de vive force de ce funeste défilé.

La colonne ainsi formée allait s'ébranler; déjà Kennybol donnait le signal avec sa trompe, au bruit des acclamations : *Liberté! liberté! plus de tutelle!* quand le son du tambour et du cor, sonnant la charge, se fit entendre devant eux ; puis le reste du bataillon de l'esplanade, grossi de quelques renforts de soldats frais, déboucha à portée de carabine d'un tournant de la route, et montra aux montagnards un front hérissé de piques et de baïonnettes, soutenu de rangs nombreux dont l'œil ne pouvait sonder la profondeur. Arrivé ainsi à l'improviste en vue de la colonne de Kennybol, le bataillon fit halte, et celui qui paraissait le commander agita une petite bannière blanche en s'avançant vers les montagnards, escorté d'un trompette.

L'apparition imprévue de cette troupe n'avait point déconcerté Kennybol. Il y a un point dans le sentiment du danger où la surprise et la crainte sont impossibles. Aux premiers bruits du cor et du tambour, le vieux renard de Kole avait arrêté ses compagnons. Au moment où le front du bataillon se développa en bon ordre, il fit charger toutes les carabines et disposa ses montagnards deux par deux, afin de présenter moins de surface aux décharges de l'ennemi. Il se plaça lui-même en tête, à côté du géant, avec lequel, dans la chaleur de l'action, il commençait presque à se familiariser, ayant osé remarquer que ses yeux n'étaient pas précisément aussi flamboyants que la fournaise d'une forge, et que les prétendues griffes de ses mains ne s'éloignaient pas autant qu'on le disait de la forme des ongles humains.

Quand il vit le commandant des arquebusiers royaux s'avancer ainsi comme pour capituler, et le feu des tirailleurs s'éteindre tout à fait, bien que les cris d'appel, qui retentissaient de toutes parts, décelassent encore leur présence dans le bois, il suspendit un instant ses préparatifs de défense.

Cependant l'officier à la bannière blanche était parvenu au milieu de l'espace qui divisait les deux colonnes : il s'arrêta, et le trompette qui l'accompagnait sonna trois fois la sommation. Alors l'officier cria d'une voix forte, que les montagnards entendirent distinctement, malgré le fracas toujours croissant dont le combat remplissait derrière eux les gorges de la montagne :

— Au nom du roi ! la grâce du roi est accordée à ceux des rebelles qui mettront bas les armes et livreront leurs chefs à la souveraine justice de Sa Majesté !

Le parlementaire avait à peine prononcé ces paroles, qu'un coup de feu partit du taillis voisin. L'officier, frappé, chancela ; il fit quelques pas en élevant sa bannière, et tomba en s'écriant : — Trahison !

Nul ne sut de quelle main venait le coup fatal.

— Trahison ! lâcheté ! répéta le bataillon des arquebusiers avec des frémissements de rage. Et une effroyable salve de mousqueterie foudroya les montagnards.

— Trahison ! reprirent à leur tour les montagnards, furieux de voir leurs frères tomber à leurs côtés ; et une décharge générale répondit à la bordée inattendue des soldats royaux.

— Sur eux, camarades! mort à ces lâches! Mort! crièrent les officiers des arquebusiers.

— Mort! mort! répétèrent les montagnards.

Et les combattants des deux partis s'élancèrent les sabres nus, et les deux colonnes se rencontrèrent presque sur le corps du malheureux officier, avec un horrible bruit d'armes et de clameurs.

Les rangs enfoncés se mêlèrent. Chefs rebelles, officiers royaux, soldats, montagnards, tous, pêle-mêle, se heurtèrent, se saisirent, s'étreignirent, comme deux troupeaux de tigres affamés qui se joignent dans un désert. Les longues piques, les baïonnettes, les pertuisanes, étaient devenues inutiles; les sabres et les haches brillaient seuls au-dessus des têtes ; et beaucoup de combattants, luttant corps à corps, ne pouvaient même plus employer d'autres armes que le poignard ou les dents.

Une égale fureur, une pareille indignation animaient les montagnards et les arquebusiers; le même cri *trahison! vengeance!* était vomi par toutes les bouches. La mêlée en était arrivée à ce point où la férocité entre dans tous les cœurs, où l'on préfère à sa vie la mort d'un ennemi que l'on ne connaît pas, où l'on marche avec indifférence sur des amas de blessés et de cadavres, parmi lesquels le mourant se réveille pour combattre encore de sa morsure celui qui le foule aux pieds.

C'est dans ce moment qu'un petit homme, que plusieurs combattants, à travers la fumée et les vapeurs du sang, prirent d'abord, à son vêtement de peaux de bêtes, pour un animal sauvage, se jeta au milieu du carnage avec d'horribles rires et des hurlements de joie. Nul ne savait d'où il venait, ni pour quel parti il combattait, car sa hache de pierre ne choisissait pas ses victimes et fendait également le crâne d'un rebelle et le ventre d'un soldat. Il paraissait néanmoins massacrer plus volontiers les arquebusiers de Munckholm. Tout s'écartait devant lui ; il courait dans la mêlée comme un esprit, et sa hache sanglante tournoyait sans cesse autour de lui, faisant jaillir de tous côtés des lambeaux de chair, des membres rompus, des ossements fracassés. Il criait *vengeance!* comme tous les autres, et prononçait des paroles bizarres, parmi lesquelles le nom de *Gill* revenait souvent. Ce formidable inconnu était dans le carnage comme dans une fête.

Un montagnard sur lequel son regard meurtrier s'était arrêté vint tomber aux pieds du géant dans lequel Kennybol avait placé tant d'espérances déçues en criant :

— Han d'Islande, sauve-moi !

— Han d'Islande ! répéta le petit homme. Il s'avança vers le géant.

— Est-ce que tu es Han d'Islande ? dit-il.

Le géant, pour réponse, leva sa hache de fer. Le petit homme recula, et le tranchant, dans sa chute, s'enfonça dans le crâne même du malheureux qui implorait le secours du géant.

L'inconnu se mit à rire.

— Oh ! oh ! par Ingolphe ! je croyais Han d'Islande plus adroit.

— C'est ainsi que Han d'Islande sauve qui l'implore ! dit le géant.

— Tu as raison.

Les deux formidables champions s'attaquèrent avec rage. La hache de fer et la hache de pierre se rencontrèrent ; elles se heurtèrent si violemment, que les deux tranchants volèrent en éclats avec mille étincelles.

Plus prompt que la pensée, le petit homme désarmé saisit une lourde massue de bois, laissée à terre par un mourant, et, évitant le géant qui se courbait pour le saisir entre ses bras, il asséna, à mains jointes, un coup furieux de massue sur le large front de son colossal adversaire.

Le géant poussa un cri étouffé et tomba. Le petit homme triomphant le foula aux pieds en écumant de joie.

— Tu portais un nom trop lourd pour toi, dit-il. Et, agitant sa masse victorieuse, il alla chercher d'autres victimes.

Le géant n'était pas mort. La violence du coup l'avait étourdi, il était tombé presque sans vie. Il commençait à rouvrir les yeux et à faire quelques faibles mouvements, lorsqu'un arquebusier l'aperçut dans le tumulte et se jeta sur lui en criant : *Han d'Islande est pris, victoire !*

— *Han d'Islande est pris !* répétèrent toutes les voix avec des accents de triomphe ou de détresse. Le petit homme avait disparu.

Il y avait déjà quelque temps que les montagnards se sentaient succomber sous le nombre ; car aux arquebusiers de Munckholm s'étaient joints les tirailleurs de la forêt, et des détachements de hulans et de dragons démontés, qui arrivaient de moment en moment de l'intérieur des gorges, où la reddition des principaux chefs rebelles avait arrêté le carnage. Le brave Kennybol, blessé au commencement de l'action, avait été fait prisonnier. La capture de Han d'Islande acheva d'abattre tout le reste du courage des montagnards. — Ils mirent bas les armes.

Quand les premières blancheurs de l'aube éclairèrent la cime aiguë des hauts glaciers encore à demi submergés dans l'ombre, il n'y avait plus dans les défilés du Pilier-Noir qu'un morne repos, qu'un affreux silence parfois entremêlé de faibles plaintes dont se jouait le vent léger du matin. De noires nuées de corbeaux accouraient vers ces fatales gorges de tous les points du ciel ; et quelques pauvres chevriers, ayant passé pendant le crépuscule sur la lisière des rochers, revinrent effrayés dans leurs cabanes, affirmant qu'ils avaient vu, dans le défilé du Pilier-Noir, une bête à face humaine, qui buvait du sang, assise sur des monceaux de morts.

XL

Brûle donc qui voudra sous ces feux couverts!
BRANTOME.

— Ma fille, ouvrez cette fenêtre : ces vitraux sont bien sombres; je voudrais voir un peu le jour.

— Voyez le jour, mon père! la nuit approche à grands pas.

— Il y a encore des rayons de soleil sur les collines qui bordent le golfe. J'ai besoin de respirer cet air libre à travers les barreaux de mon cachot. — Le ciel est si pur!

— Mon père, un orage vient derrière l'horizon.

— Un orage, Ethel! où le voyez-vous?...

— C'est parce que le ciel est pur, mon père, que j'attends un orage.

Le vieillard jeta un regard surpris sur la jeune fille.

— Si j'avais pensé cela dès ma jeunesse, je ne serais point ici. — Puis il ajouta d'un ton moins ému : — Ce que vous dites est juste, mais n'est pas de votre âge. Je ne comprends point comment il se fait que votre jeune raison ressemble à ma vieille expérience.

Ethel baissa les yeux, comme troublée par cette réflexion grave et simple.

Ses deux mains se joignirent douloureusement, et un soupir profond souleva sa poitrine.

— Ma fille, dit le vieux captif, depuis quelques jours vous êtes pâle comme si jamais la vie n'avait échauffé le sang de vos veines. Voilà plusiers matins que vous m'abordez avec des paupières rouges et gonflées, avec des yeux qui ont pleuré et veillé. Voilà plusieurs journées, Ethel, que je passe dans le silence, sans que votre voix essaye de m'arracher à la sombre méditation de mon passé. Vous êtes auprès de moi plus triste que moi ; et cependant vous n'avez pas, comme votre père, le fardeau de toute une vie de néant et de vide qui pèse sur votre âme. L'affliction entoure votre jeunesse, mais ne peut pénétrer jusqu'à votre cœur. Les nuages du matin se dissipent promptement. Vous êtes à cette époque de l'existence où l'on se choisit dans ses rêves un avenir indépendant du présent, quel qu'il soit. Qu'avez-vous donc, ma fille ? Grâce à cette monotone captivité, vous êtes à l'abri des malheurs imprévus. Quelle faute avez-vous commise ? — Je ne puis croire que ce soit sur moi que vous vous affligiez : vous devez être accoutumée à mon irrémédiable infortune. L'espérance, à la vérité, n'est plus dans mes discours ; mais ce n'est pas un motif pour que je lise le désespoir dans vos yeux.

En parlant ainsi, la voix sévère du prisonnier s'était attendrie presque jusqu'à l'accent paternel.

Ethel, muette, se tenait debout devant lui ; tout à coup elle se détourna d'un mouvement presque convulsif, tomba à genoux sur la pierre, et cacha son visage dans ses mains, comme pour étouffer les larmes et les sanglots qui s'échappaient tumultueusement de son sein.

Trop de douleur gonflait le cœur de l'infortunée jeune fille.

Qu'avait-elle donc fait à cette fatale étrangère pour lui révéler le secret qui détruisait toute sa vie ? Hélas ! depuis que le nom de son Ordener lui était connu tout entier, la pauvre enfant n'avait pas encore pu livrer ses yeux au sommeil ni son âme au repos.

La nuit elle n'éprouvait d'autre soulagement que celui de pouvoir pleurer en liberté.

C'en était donc fait ! il n'était point à elle celui qui lui appartenait par tous ses souvenirs, par toutes ses douleurs, par toutes ses prières; celui dont elle s'était crue l'épouse sur la foi de ses rêves. Car la soirée où Ordener l'avait si tendrement serrée dans ses bras n'était plus dans sa pensée que comme un songe.

Et, en effet, ce doux songe, chacune de ses nuits le lui avait rendu depuis.

C'était donc une tendresse coupable que celle qu'elle conservait encore malgré elle à cet ami absent !

Son Ordener était le fiancé d'une autre ! et qui peut dire ce qu'éprouva ce cœur virginal quand le sentiment étrange et inconnu de la jalousie vint s'y glisser comme une vipère ? quand elle s'agita pendant les longues heures de l'insomnie sur son lit brûlant, se figurant son Ordener, peut-être en ce moment même, dans les bras d'une autre femme plus belle, plus riche et plus noble qu'elle ?

Car, se disait-elle, j'étais bien folle de croire qu'il avait été chercher la mort pour moi : Ordener est le fils d'un vice-roi, d'un puissant seigneur; et moi, je ne suis rien qu'une pauvre prisonnière ; rien, que l'enfant méprisé d'un proscrit. Il est parti, lui qui est libre ! et parti sans doute pour aller épouser sa belle fiancée, la fille d'un chancelier, d'un ministre, d'un orgueilleux comte !...

— Mais il m'a donc trompée, mon Ordener ? O Dieu ! qui m'eût dit que cette voix pût tromper ?...

Et la malheureuse Ethel pleurait et pleurait encore, et elle voyait devant ses yeux son Ordener, celui dont elle avait fait le dieu ignoré de tout son être, cet Ordener paré de l'éclat de son rang, marchant à l'autel au milieu d'une fête, et se tournant vers l'autre avec ce sourire qui était jadis sa joie.

Cependant, au sein de son inexprimable désolation, elle n'avait pas un moment oublié sa tendresse filiale.

Cette faible fille avait fait les plus héroïques efforts pour dérober son malheur à son infortuné père; car c'est ce qu'il y a de plus douloureux dans la douleur que d'en comprimer l'explosion extérieure, et les larmes qu'on dévore sont bien plus amères que celles qu'on répand.

Il avait fallu plusieurs jours pour que le silencieux vieillard s'aperçût du changement de son Ethel, et les questions presque affectueuses qu'il venait de lui adresser avaient enfin fait jaillir tout à coup ses larmes trop longtemps renfermées dans son cœur.

Le père regarda quelque temps sa fille pleurer avec un sourire amer, et en secouant la tête.

— Ethel, dit-il enfin, toi qui ne vis pas parmi les hommes, pourquoi pleures-tu?

Il achevait à peine ces paroles, que la noble et douce fille se releva.

Elle avait, par je ne sais quelle puissance, arrêté les larmes dans ses yeux, qu'elle essuyait avec son écharpe.

— Mon père, dit-elle avec force, mon seigneur et père, pardonnez-moi : c'était un moment de faiblesse.

Puis elle leva sur lui des regards qui s'efforçaient de sourire.

Elle alla au fond de la chambre chercher l'*Edda*, vint se rasseoir près de son père taciturne, et ouvrit le livre au hasard.

Alors, calmant l'émotion de sa voix, elle se mit à lire; mais sa lecture inutile passait sans être écoutée, ni d'elle, ni du vieillard.

Celui-ci fit un geste de la main.

— Assez, assez, ma fille.

Elle ferma le livre.

— Ethel, ajouta Schumacker, songez-vous quelquefois à Ordener?...

La jeune fille, interdite, tressaillit.

— Oui, continua-t-il, à cet Ordener qui est parti?...

— Mon seigneur et père, interrompit Ethel, pourquoi nous occuper de lui? Je pense, comme vous, qu'il est parti pour ne pas revenir.

— Pour ne pas revenir, ma fille! Je n'ai pu dire cela. Je ne sais quel pressentiment m'avertit au contraire qu'il reviendra.

— Telle n'était point votre pensée, mon noble père, quand vous me parliez avec tant de défiance de ce jeune homme.

— En ai-je donc parlé avec défiance?

— Oui, mon père, et je me range en cela de votre avis : je pense qu'il nous a trompés.

— Qu'il nous a trompés, ma fille! Si je l'ai jugé ainsi, j'ai agi comme tous les hommes, qui condamnent sans preuve... Je n'ai reçu de cet Ordener que des témoignages de dévouement.

— Et savez-vous, mon vénérable père, si ces paroles cordiales ne cachaient pas des pensées perfides?

— D'ordinaire, les hommes ne s'empressent point autour du malheur et de la disgrâce. Si cet Ordener ne m'était point attaché, il ne serait pas ainsi venu dans ma prison sans but.

— Etes-vous sûr, reprit Ethel d'une voix faible, qu'en venant ici il n'ait eu aucun but?

— Et lequel? demanda vivement le vieillard.

Ethel se tut.

L'effort était trop grand pour elle de continuer à accuser le bien-aimé Ordener, qu'elle défendait autrefois contre son père.

— Je ne suis plus le comte de Griffenfeld, poursuivit celui-ci. Je ne suis plus le grand chancelier de Danemark et de Norwége, le dispensateur favori des grâces royales, le tout-puissant ministre. Je suis un misérable prisonnier d'Etat, un proscrit, un pestiféré politique. C'est déjà du courage que de parler de moi sans exécration à tous ces hommes que j'ai comblés d'honneurs et de biens ; c'est du dévouement que de franchir le seuil de ce cachot, si l'on n'est pas un geôlier ou un bourreau ; c'est de l'héroïsme, ma fille, que de le franchir en se disant mon ami. — Non, je ne serai point ingrat comme toute cette race humaine. Ce jeune homme a mérité ma reconnaissance, ne fût-ce que pour m'avoir montré un visage bienveillant et fait entendre une voix consolatrice.

Ethel écoutait péniblement ce langage, qui l'eût ravie quelques jours plus tôt, lorsque cet Ordener était encore dans son cœur son Ordener. Le vieillard, après s'être arrêté un moment, reprit d'une voix solennelle :

— Ecoutez-moi, ma fille, car ce que je vais vous dire est grave. Je me sens dépérir lentement ; la vie se retire peu à peu de moi ; oui, ma fille, ma fin approche.

Ethel l'interrompit par un gémissement étouffé.

— O Dieu, mon père ! ne parlez pas ainsi ; de grâce ! épargnez votre pauvre fille ! Hélas ! est-ce que vous voulez l'abandonner aussi ? Que deviendra-t-elle, seule au monde, quand votre protection lui manquera ?...

— La protection d'un proscrit ! dit le père en remuant la tête. — Au reste, c'est à cela que j'ai pensé. Oui, votre bonheur futur m'occupe plus encore que mes malheurs passés. — Ecoutez-moi donc, et ne m'interrompez plus. Cet Ordener ne mérite pas d'être jugé aussi sévèrement par vous, ma fille, et j'avais cru jusqu'ici que vous n'aviez point tant d'aversion pour lui. Ses dehors sont francs et nobles, ce qui ne prouve rien à la vérité; mais je dois dire qu'il ne me paraît pas peut-être sans quelques vertus, bien qu'il lui suffise de porter une âme d'homme pour renfermer en lui le germe de tous les vices et de tous les crimes. Toute flamme donne sa fumée.

Le vieillard s'arrêta encore une fois, et, fixant son regard sur sa fille, il ajouta :

— Averti intérieurement de l'approche de ma mort, j'ai médité sur lui et sur vous, Ethel; et, s'il revient, comme j'en ai l'espérance... je vous le donne pour protecteur et pour mari.

Ethel pâlit, trembla; c'était au moment où son rêve de bonheur venait de s'envoler pour jamais, que son père essayait de le réaliser. Cette pensée si amère : *J'aurais donc pu être heureuse!* vint rendre à son désespoir toute sa violence. Elle resta un moment sans pouvoir parler, de peur de laisser échapper des larmes brûlantes qui roulaient dans ses yeux.

Le père attendait.

— Quoi! dit-elle enfin d'une voix éteinte, vous me le destiniez pour mari, mon seigneur et père, sans connaître sa naissance, sa famille, son nom?

— Je ne vous le *destinais* point, ma fille, je vous le *destine*.

Le ton du vieillard était presque impérieux; Ethel soupira.

— ... Je vous le destine, dis-je : et que m'importe sa naissance? je n'ai pas besoin de connaître sa famille, puisque je connais sa personne. Songez-y : c'est la seule ancre de salut qui vous reste. Je crois qu'il n'a heureusement pas pour vous la même répugnance que vous montrez pour lui.

La pauvre jeune fille leva les yeux au ciel.

— Vous m'entendez, Ethel; je le répète, que me fait sa naissance? Il est sans doute d'un rang obscur, car on n'enseigne pas à ceux qui naissent dans les palais à fréquenter les prisons. Oui, et ne manifestez pas d'orgueilleux regrets, ma fille; n'oubliez pas qu'Ethel Schumacker n'est plus princesse de Wollin et comtesse de Tongsberg; vous êtes redescendue plus bas que le point d'où votre père s'est élevé. Soyez donc heureuse si cet homme accepte votre main, quelle que soit sa famille. S'il est d'une humble naissance, tant mieux, ma fille : vos jours du moins seront à l'abri des orages qui ont tourmenté les jours de votre père. Vous coulerez, loin de l'envie et de la haine des hommes, sous quelque nom inconnu, une existence ignorée, bien différente de la mienne, car elle s'achèvera mieux qu'elle n'aura commencé...

Ethel était tombée à genoux devant le prisonnier.

— O mon père!... grâce!

Il ouvrit ses bras avec surprise.

— Que voulez-vous dire, ma fille?

— Au nom du ciel, ne me peignez pas ce bonheur, il n'est pas fait pour moi!

— Ethel, reprit sévèrement le vieillard, ne vous jouez pas de toute votre vie. J'ai refusé la main d'une princesse de sang royal, d'une princesse de Holstein-Augustenbourg, entendez-vous cela? et mon orgueil a été cruellement puni; vous dédaignez celle d'un homme obscur, mais loyal; tremblez que le vôtre ne soit aussi tristement châtié.

— Plût au ciel, murmura Ethel, que ce fût un homme obscur et loyal!

Le vieillard se leva et fit quelques pas dans l'appartement avec agitation.

— Ma fille, dit-il, c'est votre pauvre père qui vous en prie et qui vous l'ordonne. Ne me laissez pas à ma mort une inquiétude sur votre avenir; promettez-moi d'accepter cet étranger pour époux.

— Je vous obéirai toujours, mon père; mais n'espérez pas son retour... —

— J'ai pesé les probabilités, et je pense, d'après l'accent dont cet Ordener prononçait votre nom...

— Qu'il m'aime? interrompit Ethel amèrement; oh! non, ne le croyez pas.

Le père répondit froidement :

— J'ignore si, pour employer votre expression de jeune fille, il vous aime; mais je sais qu'il reviendra.

— Abandonnez cette idée, mon noble père. D'ailleurs, vous ne voudriez peut-être pas qu'il fût votre gendre si vous le connaissiez.

— Ethel, il le sera, quels que soient son nom et son rang.

— Eh bien! reprit-elle, si ce jeune homme, en qui vous avez vu un consolateur, en qui vous voulez voir un soutien pour votre fille, — mon seigneur et père, si c'était le fils d'un de vos mortels ennemis, du vice-roi de Norwége, du comte Guldenlew?

Schumacker recula de deux pas :

— Que dites-vous, grand Dieu? Ordener! cet Ordener!... cela est impossible!... —

L'indicible expression de haine qui venait de s'allumer dans les yeux ternes du vieillard glaça le cœur tremblant d'Ethel, qui se repentit vainement de la parole imprudente qu'elle venait de prononcer.

Le coup était porté. Schumacker resta quelques instants immobile et les bras croisés : tout son corps tressaillit comme s'il avait été sur un gril ardent; ses prunelles flamboyantes sortaient de leur orbite, et son regard, fixé sur les dalles de pierre, paraissait vouloir les enfoncer. Enfin quelques paroles sortirent de ses lèvres bleues, prononcées d'une voix aussi faible que celle d'un homme qui rêve.

— Ordener!... Oui, c'est cela, Ordener Guldenlew!
— C'est bien. Allons! Schumacker, vieux insensé, ouvre-lui donc tes bras, ce loyal jeune homme vient pour te poignarder!

Tout à coup il frappa le sol du pied, et sa voix devint tonnante.

— Ils m'ont donc envoyé toute leur infâme race pour m'insulter dans ma chute et dans ma captivité! j'avais déjà vu un d'Ahlefeld; j'ai presque souri à un Guldenlew! — Les monstres! Qui eût dit cela de cet Ordener, qu'il portait une pareille âme et un pareil nom? Malheur à moi! malheur à lui!

Puis il tomba anéanti sur son fauteuil; et, tandis que sa poitrine oppressée se dégonflait par de longs soupirs, la pauvre Ethel, palpitante d'effroi, pleurait à ses pieds.

— Ne pleure pas, ma fille, dit-il d'une voix sinistre, viens, oh! viens sur mon cœur.

Et il la pressa dans ses bras.

Ethel ne savait comment s'expliquer cette caresse dans un moment de rage, lorsqu'il reprit :

— Du moins, jeune fille, tu as été plus clairvoyante que ton vieux père. Tu n'as point été trompée par le serpent aux yeux doux et venimeux. Viens, que je te remercie de la haine que tu m'as fait voir pour cet exécrable Ordener.

Elle frémit de cet éloge, hélas! si peu mérité.

— Mon seigneur et père, dit-elle, calmez-vous.

— Promets-moi, poursuivait Schumacker, de vouer toujours les mêmes sentiments au fils de Guldenlew; jure-le-moi.

— Dieu défend le serment, mon père.

— Jure-le, ma fille, répéta Schumacker avec véhémence. N'est-il pas vrai que tu conserveras toujours le même cœur pour cet Ordener Guldenlew?

Ethel n'eut pas de peine à répondre : — Toujours.

Le vieillard l'attira sur sa poitrine.

— Bien, ma fille, que je te lègue au moins ma haine pour eux, si je ne puis te léguer les biens et les honneurs qu'ils m'ont ravis. Ecoute, ils ont enlevé à ton vieux père son rang et sa gloire, ils l'ont traîné d'un échafaud dans les fers, comme pour me souiller de toutes les infamies en me faisant passer par tous les supplices. Les misérables! Et c'est à moi qu'ils devaient le pouvoir qu'ils ont tourné contre moi! Oh! que le ciel et l'enfer m'entendent, et qu'ils soient tous maudits dans leur existence, et maudits dans leur postérité!

Il se tut un moment; puis, embrassant sa pauvre fille, épouvantée de ses imprécations :

— Mais, mon Ethel, toi qui es ma seule gloire et mon seul bien, dis-moi, comment ton instinct a-t-il été plus habile que le mien? Comment as-tu découvert que ce traitre portait l'un des noms abhorrés qui sont écrits au fond de mon cœur avec du fiel? Comment as-tu pénétré ce secret?

Elle rassemblait ses forces pour répondre quand la porte s'ouvrit.

Un homme vêtu de noir, portant à sa main une verge d'ébène et à son cou une chaîne d'acier bruni, parut sur le seuil, environné de hallebardiers également vêtus de noir.

— Que me veux-tu? demanda le captif avec aigreur et étonnement.

L'homme, sans lui répondre et sans le regarder, déroula un long parchemin, auquel pendait, à des fils de soie, un sceau de cire verte, et lut à haute voix :

— « Au nom de Sa Majesté notre miséricordieux souve-
« rain et seigneur, Christiern, roi !
« Il est enjoint à Schumacker, prisonnier d'Etat dans la
« forteresse royale de Munckholm, et à sa fille, de suivre
« le porteur dudit ordre. »

Schumacker répéta sa question :

— Que me veux-tu ?

L'homme noir, toujours impassible, se mit en devoir de recommencer sa lecture.

— Il suffit, dit le vieillard.

Alors, se levant, il fit signe à Ethel, surprise et épouvantée, de suivre avec lui cette lugubre escorte.

XLI

Un signal lugubre est donné, un ministre abject de la justice vient frapper à sa porte, et l'avertir qu'on a besoin de lui.

JOSEPH DE MAISTRE.

La nuit venait de tomber ; un vent froid sifflait autour de la Tour-Maudite, et les portes de la ruine de Vygla tremblaient dans leurs gonds, comme si la même main les eût secouées toutes à la fois.

Les farouches habitants de la tour, le bourreau et sa famille, étaient réunis autour du foyer allumé au milieu de la salle du premier étage, qui jetait des rougeurs vacillantes sur leurs visages sombres et sur leurs vêtements d'écarlate. Il y avait dans les traits des enfants quelque chose de féroce comme le rire de leur père, et de hagard comme le regard de leur mère. Leurs yeux, ainsi que ceux de Bechlie, étaient tournés vers Orugix, qui, assis sur une escabelle de bois, paraissait reprendre haleine, et dont les pieds, couverts de poussière, annonçaient qu'il venait d'arriver de quelque lointaine expédition.

— Femme, écoute; écoutez, enfants. Ce n'est pas pour apporter de mauvaises nouvelles que j'ai été absent deux jours entiers. Si, avant un mois, je ne suis pas exécuteur royal, je veux ne savoir pas serrer un nœud coulant ou manier une hache. Réjouissez-vous, mes petits louveteaux, votre père vous laissera peut-être pour héritage l'échafaud même de Copenhague.

— Nychol, demanda Bechlie, qu'y a-t-il donc?

— Et toi, ma vieille bohémienne, reprit Nychol avec son rire pesant, réjouis-toi aussi! tu peux t'acheter des colliers de verre bleu pour orner ton cou de cigogne étranglée. Notre engagement expire bientôt; mais, va, dans un mois, quand tu me verras le premier bourreau des deux royaumes, tu ne refuseras pas de casser une autre cruche avec moi.

— Qu'y a-t-il donc, qu'y a-t-il donc, mon père? demandèrent les enfants, dont l'aîné jouait avec un chevalet tout sanglant, tandis que le plus jeune s'amusait à plumer vivant un petit oiseau qu'il avait pris à sa mère dans le nid même.

— Ce qu'il y a, mes enfants!... — Tue donc cet oiseau, Haspar, il crie comme une mauvaise scie; et d'ailleurs il ne faut pas être cruel. Tue-le. — Ce qu'il y a? Rien, peu de chose vraiment, sinon, dame Bechlie, qu'avant huit jours d'ici l'ex-chancelier Schumacker, qui est prisonnier à Munckholm, après avoir vu mon visage de si près à Copenhague, et le fameux brigand d'Islande Han de Klipstadur, me passeront peut-être tous deux à la fois par les mains.

L'œil égaré de la femme rouge prit une expression d'étonnement et de curiosité.

— Schumacker! Han d'Islande! comment cela, Nychol?

— Voilà tout. J'ai rencontré hier matin, sur la route de Skongen, au pont de l'Ordals, tout le régiment des arquebusiers de Munckholm, qui s'en retournait à Drontheim d'un air très-victorieux. J'ai questionné un des soldats, qui a daigné me répondre, parce qu'il ignorait sans doute pourquoi ma casaque et ma charrette sont rouges; j'ai appris que les arquebusiers revenaient des gorges du Pilier-Noir, où ils avaient mis en pièces des bandes de brigands, c'est-à-dire de mineurs insurgés. Or, tu sauras, Bechlie la bohémienne, que ces rebelles se révoltaient pour Schumacker, et étaient commandés par Han d'Islande. Tu sauras que cette levée de boucliers constitue pour Han d'Islande un bon crime d'insurrection contre l'autorité royale, et pour Schumacker un bon crime de haute trahison ; ce qui amène tout naturellement ces deux honorables seigneurs à la potence ou au billot. Ajoute à ces deux superbes exécutions, qui ne peuvent manquer de me rapporter au moins quinze ducats d'or chacune, et de me faire le plus grand honneur dans les deux royaumes, celles, moins importantes à la vérité, de quelques autres...

— Mais quoi! interrompit Bechlie, Han d'Islande a donc été pris?...

— Pourquoi interrompez-vous votre seigneur et maître, femme de perdition ? dit le bourreau. Oui, sans doute, ce fameux, cet imprenable Han d'Islande a été pris, avec quelques autres chefs de brigands, ses lieutenants, qui me rapporteront bien aussi chacun douze écus par tête, sans compter la vente des cadavres. Il a été pris, vous dis-je, et je l'ai vu, puisqu'il faut satisfaire entièrement votre curiosité, passer entre les rangs des soldats... —

La femme et les enfants se rapprochèrent vivement d'Orugix.

— Quoi! tu l'as vu, père? demandèrent les enfants.

— Taisez-vous, enfants. Vous criez comme un coquin qui se dit innocent. Je l'ai vu. C'est une espèce de géant : il marchait les bras croisés, enchaînés derrière le dos, et le front bandé. C'est que, sans doute, il a été blessé à la tête. Mais, qu'il soit tranquille, avant peu je l'aurai guéri de cette blessure.

Après avoir mêlé à ces horribles paroles un horrible geste, le bourreau continua : — Il y avait derrière lui quatre de ses compagnons, également prisonniers, blessés de même, et qu'on menait comme lui à Drontheim, où ils seront jugés, avec l'ex-grand chancelier Schumacker, par un tribunal où siégera le haut syndic, et que présidera le grand chancelier actuel.

— Père, quel visage avaient les autres prisonniers?

— Les deux premiers étaient deux vieillards, dont l'un portait le feutre de mineur, et l'autre le bonnet de montagnard. Tous deux paraissaient désespérés. Des deux autres, l'un était un jeune mineur, qui marchait la tête haute, en sifflant; l'autre... — Te souviens-tu, ma damnée Bechlie, de ces voyageurs qui sont entrés dans cette tour il y a une dizaine de jours, la nuit de ce violent orage?...

— Comme Satan se souvient du jour de sa chute, répondit la femme.

— Avais-tu remarqué parmi ces étrangers un jeune homme qui accompagnait ce vieux docteur fou à grande perruque : un jeune homme, te dis-je, vêtu d'un grand manteau vert et coiffé d'une toque à plume noire?

— En vérité, je crois l'avoir encore devant les yeux, me disant : *Femme, nous avons de l'or...* —

— Eh bien! la vieille, je veux n'avoir jamais étranglé que des coqs de bruyère, si le quatrième prisonnier n'est pas ce jeune homme. Sa figure m'était, à la vérité, entièrement cachée par sa plume, sa toque, ses cheveux et son manteau ; d'ailleurs, il baissait la tête. Mais c'est bien le même vêtement, les mêmes bottines, le même air... — Je veux avaler d'une bouchée le gibet de pierre de Skongen, si ce n'est pas le même homme! Que dis-tu de cela, Bechlie? Ne serait-il pas plaisant qu'après avoir reçu de moi de quoi soutenir sa vie, cet étranger en reçût également de quoi l'abréger, et qu'il exerçât mon habileté après avoir éprouvé mon hospitalité?

Le bourreau prolongea quelque temps son gros rire sinistre ; puis il reprit :

— Allons, réjouissez-vous donc tous, et buvons ; oui, Bechlie, donne-moi un verre de cette bière qui râpe le gosier comme si l'on buvait des limes, que je le vide à mon avancement futur. — Allons, honneur et santé au seigneur Nychol Orugix, exécuteur royal en perspective! — Je t'avouerai, vieille pécheresse, que j'ai eu de la peine à me rendre au bourg de Nœs pour y pendre obscurément je ne sais quel ignoble voleur de choux et de chicorée. Cependant, en y réfléchissant, j'ai pensé que trente-deux ascalins n'étaient pas encore à dédaigner, et que mes mains ne se dégraderaient en exécutant de simples voleurs et autres canailles de ce genre que lorsqu'elles auraient décapité le noble comte ex-grand chancelier et le fameux démon d'Islande. — Je me suis donc résigné, en attendant mon diplôme de maître royal des hautes-œuvres, à expédier le pauvre misérable du bourg de Nœs ; et voici, ajouta-t-il, en tirant une bourse de cuir de son havre-sac, voici les trente-deux ascalins que je t'apporte, la vieille.

En ce moment, le bruit du cor se fit entendre à trois reprises différentes, en dehors de la tour.

—Femme! cria Orugix en se levant, ce sont les archers du haut syndic.

A ces mots, il descendit en toute hâte.

Un instant après il reparut, portant un grand parchemin, dont il avait rompu le sceau.

— Tiens, dit-il à sa femme, voilà ce que le haut syndic m'envoie. Déchiffre-moi cela, toi qui lirais le grimoire de Satan. Ce sont peut-être déjà mes lettres de promotion : car, puisque le tribunal aura un grand chancelier pour président et un grand chancelier pour accusé, il conviendrait que le bourreau qui exécutera son arrêt fût un bourreau royal.

La femme reçut le parchemin, et, après y avoir quelque temps promené ses yeux, elle lut à haute voix, tandis que les enfants jetaient sur elle un regard hébété et stupide :

— « Au nom du haut syndic du Drontheimhus ! — il
« est ordonné à Nychol Orugix, bourreau de la province, de
« se transporter sur-le-champ à Drontheim, et de se mu-
« nir de la hache d'honneur, du billot et des tentures
« noires. »

— C'est là tout ? demanda le bourreau d'une voix mécontente.

— C'est là tout, répondit Bechlie.

—*Bourreau de la province !* murmura Orugix entre ses dents.

Il resta un moment jetant sur le parchemin syndical des regards d'humeur.

— Allons, dit-il enfin, il faut obéir et partir. Voici pourtant qu'on me demande la hache d'honneur et les tentures noires. — Tu auras soin, Bechlie, d'enlever les gouttes de rouille qui ont délustré ma hache, et de voir si la draperie n'est pas tachée en plusieurs endroits. En somme, il ne faut pas se décourager, ils ne veulent peut-être m'accorder d'avancement que comme salaire de cette belle exécution. Tant pis pour les condamnés, ils n'auront pas la satisfaction d'être mis à mort par un exécuteur royal.

XLII

ELVIRE.
Qu'est devenu le pauvre Sanche?... il n'a point paru dans la ville.
NUNO.
Sanche aura su se mettre à couvert.

Lope de Vega, *Le meilleur alcade est le roi.*

Le comte d'Ahlefeld, trainant une ample simarre de satin noir doublée d'hermine, la tête et les épaules cachées par une large perruque magistrale, et la poitrine chargée de plusieurs étoiles et décorations, parmi lesquelles on distinguait les colliers des ordres royaux de l'Eléphant et de Dannebrog; revetu, en un mot, du costume complet de grand chancelier de Danemark et de Norwége, se promenait d'un air soucieux dans l'appartement de la comtesse d'Ahlefeld, seule avec lui en ce moment.

— Allons, il est neuf heures, le tribunal va entrer en séance; il ne faut pas le faire attendre : car il est nécessaire que l'arrêt soit rendu dans la nuit, afin qu'on l'exécute demain matin au plus tard. Le haut syndic m'a assuré que le bourreau serait ici avant l'aube. — Elphége, avez-vous ordonné qu'on apprêtât la barque qui doit me transporter à Munckholm?

— Monseigneur, elle vous attend depuis une demi-heure au moins, répondit la comtesse en se soulevant sur son fauteuil.

— Et ma litière est-elle à la porte?

— Oui, monseigneur.

— Allons!... — Vous dites donc, Elphége, ajouta le comte en se frappant le front, qu'il existe une intrigue amoureuse entre Ordener Guldenlew et la fille de Schumacker?

— Très-amoureuse, je vous jure! répliqua la comtesse en souriant de colère et de dédain.

— Qui se fût imaginé cela? — Pourtant je vous assure que je m'en étais déjà douté.

— Et moi aussi, dit la comtesse. — C'est un tour que ce maudit Levin nous a joué.

— Vieux scélérat de Mecklenbourgeois! murmura le chancelier; va, je te recommanderai à Arensdorf. — Si je pouvais le faire disgracier! — Eh! mais, écoutez donc, Elphége, voici un trait de lumière.

— Quoi donc?

— Vous savez que les individus que nous allons juger dans le château de Munckholm sont au nombre de six : — Schumacker, que je ne redouterai plus, j'espère, demain à pareille heure; ce montagnard colosse, notre faux Han d'Islande, qui a juré de soutenir le rôle jusqu'à la fin, dans l'espérance que Musdœmon, dont il a déjà reçu de fortes sommes d'argent, le fera évader. — Ce Musdœmon a des idées vraiment diaboliques! — Les quatre autres accusés sont les trois chefs des rebelles, et un quidam qui s'est trouvé, on ne sait comment, au milieu du rassemblement d'Apsyl-Corh, et que les précautions prises par Musdœmon ont fait tomber dans nos mains. Musdœmon pense que cet homme est un espion de Levin de Knud. Et, en effet, en arrivant ici prisonnier, sa première parole a été pour demander le général; et, quand il a appris l'absence du Mecklenbourgeois, il a paru consterné. Du reste, il n'a voulu répondre à aucune des questions que lui a adressées Musdœmon.

— Mon cher seigneur, interrompit la comtesse, pourquoi ne l'avez-vous pas interrogé vous-même?

— En vérité, Elphége, comment l'aurais-je pu au milieu de tous les soins qui m'accablent depuis mon arrivée? Je me suis reposé de cette affaire sur Musdœmon, qu'elle intéresse autant que moi. D'ailleurs, ma chère, cet homme n'est d'aucune importance par lui-même : c'est quelque pauvre vagabond. Nous n'en pourrons tirer parti qu'en le présentant comme un agent de Levin de Knud, et, comme il a été pris dans les rangs des rebelles, cela pourra prouver entre le Mecklenbourgeois et Schumacker une connivence coupable, qui suffira pour provoquer, sinon la mise en accusation, du moins la disgrâce du maudit Levin.

La comtesse parut méditer un moment.

— Vous avez raison, monseigneur... Mais cette fatale passion du baron de Thorvick pour Ethel Schumacker...—

Le chancelier se frotta le front de nouveau ; puis tout à coup haussant les épaules :

— Ecoutez, Elphége, nous ne sommes plus ni l'un ni l'autre jeunes et novices dans la vie, et pourtant nous ne connaissons pas les hommes! Quand Schumacker aura été une seconde fois flétri par un jugement de haute trahison, quand il aura subi sur l'échafaud une condamnation infamante; quand sa fille, retombée au-dessous des derniers rangs de la société, sera souillée à jamais publiquement de tout l'opprobre de son père, pensez-vous, Elphége, qu'alors Ordener Guldenlew se souvienne un seul instant de cette amourette d'enfance, que vous nommez passion, d'après les discours exaltés d'une jeune folle prisonnière ; et qu'il balance un seul jour entre la fille déshonorée d'un misérable criminel et la fille illustre d'un glorieux chancelier? Il faut juger les hommes d'après soi, ma chère; où avez-vous vu que le cœur humain fût ainsi fait?

— Je souhaite que vous ayez encore raison. — Vous ne

trouverez cependant pas inutile, n'est-il pas vrai, la demande que j'ai faite au syndic pour que la fille de Schumacker assiste au procès de son père, et soit placée dans la même tribune que moi? Je suis curieuse d'étudier cette créature.

— Tout ce qui peut nous éclairer sur cette affaire est précieux, dit le chancelier avec flegme... Mais, dites-moi, sait-on où est Ordener en ce moment?

— Personne au monde ne le sait; c'est le digne élève de ce vieux Levin, un chevalier errant comme lui. Je crois qu'il visite en ce moment Ward-Hus...

— Bien, bien, notre Ulrique le fixera. Allons, j'oublie que le tribunal m'attend.

La comtesse arrêta le grand chancelier.

— Encore un mot, monseigneur. — Je vous en ai parlé hier, mais votre esprit était occupé, et je n'ai pu obtenir de réponse. Où est mon Frédéric?

— Frédéric? dit le comte avec une expression lugubre et en portant la main sur son visage.

— Oui, répondez-moi, mon Frédéric! Son régiment est de retour à Drontheim sans lui. Jurez-moi que Frédéric n'était pas dans cette horrible gorge du Pilier-Noir. Pourquoi votre figure a-t-elle changé au nom de Frédéric? Je suis dans une mortelle inquiétude.

Le chancelier reprit sa physionomie impassible.

— Elphége, tranquillisez-vous. Je vous jure qu'il n'était point dans le défilé du Pilier-Noir... D'ailleurs, on a publié la liste des officiers tués ou blessés dans cette rencontre...

— Oui, dit la comtesse calmée, vous me rassurez. Deux officiers seulement ont été tués, le capitaine Lory et le jeune baron Randmer, qui a fait tant de folies avec mon pauvre Frédéric dans les bals de Copenhague! Oh! j'ai lu et relu la liste, je vous assure. Mais, dites-moi, monseigneur, mon fils est donc resté à Walhstrom?...

— Il y est resté, répondit le comte.

— Eh bien! cher ami, dit la mère avec un sourire qu'elle s'efforçait de rendre tendre, je ne vous demande qu'une grâce, c'est de faire revenir vite mon Frédéric de cet affreux pays...

Le chancelier se dégagea péniblement de ses bras suppliants.

— Madame, dit-il, le tribunal m'attend. Adieu, ce que vous me demandez ne dépend pas de moi.

Et il sortit brusquement.

La comtesse demeura sombre et pensive.

— Cela ne dépend pas de lui! se dit-elle; et il lui suffirait d'un mot pour me rendre mon fils ! — Je l'ai toujours pensé, cet homme-là est vraiment méchant.

XLIII

> Est-ce ainsi qu'on traite un homme de ma charge? est-ce ainsi qu'on perd le respect dû à la justice.
>
> CALDERON, *Louis Perez de Galice.*

La tremblante Ethel, que les gardes ont séparée de son père à la sortie du donjon du Lion de Slesvig, a été conduite, à travers de ténébreux corridors, jusqu'alors inconnus d'elle, dans une sorte de cellule obscure, qu'on a refermée sur son entrée.

Du côté de la cellule opposé à la porte est une grande

ouverture grillée, à travers laquelle pénètre une lumière de torches et de flambeaux. Devant cette ouverture est une banquette sur laquelle est placée une femme voilée et vêtue de noir, qui lui fait signe de s'asseoir auprès d'elle.

Elle obéit en silence et interdite.

Ses yeux se portent au delà de l'ouverture grillée. Un tableau sombre et imposant est devant elle.

A l'extrémité d'une salle tendue de noir, et faiblement éclairée par des lampes de cuivre suspendues à la voûte, s'élève un tribunal noir arrondi en fer à cheval, occupé par sept juges vêtus de robes noires, dont l'un, placé au centre sur un siège plus élevé, porte sur sa poitrine des chaînes de diamants et des plaques d'or qui étincellent.

Le juge assis à la droite de celui-ci se distingue des autres par une ceinture blanche et un manteau d'hermine, insigne du haut syndic de la province. A droite du tribunal est une estrade couverte d'un dais, où siège un vieillard, revêtu d'habits pontificaux; à gauche, une table chargée de papiers, derrière laquelle se tient debout un homme de petite taille, coiffé d'une énorme perruque, et enveloppé des plis d'une longue robe noire.

On remarque, en face des juges, un banc de bois entouré de hallebardiers qui portent des torches, dont la lueur, réfléchie par une forêt de piques, de mousquets et de pertuisanes, répand de vagues rayons sur les têtes tumultueuses d'une foule de spectateurs pressés contre la grille de fer qui les sépare du tribunal.

Ethel observait ce spectacle, comme si elle eût assisté éveillée à un rêve; cependant elle était loin de se sentir indifférente à ce qui allait se passer sous ses yeux.

Elle entendait en elle comme une voix intime qui l'avertissait d'être attentive, parce qu'elle touchait à l'une des crises de sa vie. Son cœur était en proie à deux agitations différentes en même temps : elle eût voulu savoir sur-le-champ en quoi elle était intéressée à la scène qu'elle contemplait, ou ne le savoir jamais.

Depuis plusieurs jours, l'idée que son Ordener était perdu pour elle lui avait inspiré le désir désespéré d'en finir d'une fois avec l'existence, et de pouvoir lire d'un coup d'œil tout le livre de sa destinée. C'est pourquoi, comprenant qu'elle entrait dans l'heure décisive de son sort, elle examina le tableau lugubre qui s'offrait à elle, moins avec répugnance qu'avec une sorte de joie impatiente et funèbre.

Elle vit le président se lever en proclamant, au nom du roi, que l'*audience de justice était ouverte.*

Elle entendit le petit homme noir, placé à la gauche du tribunal, lire, d'une voix basse et rapide, un long discours où le nom de son père, mêlé aux mots de *conspiration*, de *révolte des mines*, de *haute trahison*, revenait fréquemment. Alors elle se rappela ce que la fatale inconnue lui avait dit, dans le jardin du donjon, de l'accusation dont son père était menacé; et elle frémit quand elle entendit l'homme à la robe noire terminer son discours par le mot de *mort*, fortement articulé.

Epouvantée, elle se tourna vers la femme voilée, pour laquelle un sentiment qu'elle ne s'expliquait pas lui inspirait de la crainte :

— Où sommes-nous? qu'est-ce que tout ceci? demanda-t-elle timidement.

Un geste de sa mystérieuse compagne l'invita au silence et à l'attention. Elle reporta sa vue dans la salle du tribunal.

Le vieillard vénérable, en habits épiscopaux, venait de se lever; et Ethel recueillit ces paroles, qu'il prononça distinctement :

— Au nom du Dieu tout-puissant et miséricordieux :
— moi Pamphile-Eleuthère, évêque de la royale ville de

Drontheim et de la royale province du Drontheimhus, je salue le respectable tribunal qui juge au nom du roi, notre seigneur après Dieu;

Et je dis — qu'ayant remarqué que les prisonniers amenés devant ce tribunal étaient des hommes et des chrétiens, et qu'ils n'avaient point de procureurs, je déclare aux respectables juges que mon intention est de les assister de mon faible secours, dans la cruelle position où le ciel les a voulu mettre.

Priant Dieu de daigner donner sa force à notre infirme faiblesse, et sa lumière à notre profonde cécité.

C'est ainsi que moi, évêque de ce royal diocèse, je salue le respectable et judicieux tribunal.

Après avoir parlé ainsi, l'évêque descendit de son trône pontifical, et alla s'asseoir sur le banc de bois destiné aux accusés, tandis qu'un murmure d'approbation éclatait parmi le peuple.

Le président se leva, et dit d'une voix sèche : — Hallebardiers, qu'on fasse silence! — Seigneur évêque, le tribunal remercie Votre Révérence, au nom des prisonniers. — Habitants du Drontheimhus, soyez attentifs à la haute justice du roi : le tribunal va juger sans appel. — Archers, qu'on amène les accusés.

Il se fit dans l'auditoire un silence d'attente et de terreur; seulement toutes les têtes s'agitaient dans l'ombre, comme les sombres vagues d'une mer orageuse, sur laquelle le tonnerre s'apprête à gronder.

Bientôt Ethel entendit une rumeur sourde et un mouvement extraordinaire se prolonger au-dessous d'elle, dans les sinistres avenues de la salle; puis l'auditoire se rangea avec un frémissement d'impatience et de curiosité; des pas multipliés retentirent; des hallebardes et des mousquets brillèrent; et bientôt six hommes enchaînés et entourés de gardes pénétrèrent, la tête nue, dans l'enceinte du tribunal. Ethel ne vit que le premier de ces six prisonniers : c'était un vieillard à barbe blanche, vêtu d'une simarre noire; c'était son père.

Elle s'appuya défaillante sur la balustrade de pierre qui était devant sa banquette; les objets roulaient sous ses yeux comme dans un nuage confus, et il lui semblait que son cœur palpitait à son oreille. Elle dit d'une voix faible :
— O Dieu, secourez-moi !

La femme voilée se pencha vers elle, et lui fit respirer des sels qui la réveillèrent de sa léthargie.

— Noble dame, dit-elle ranimée, de grâce, un mot de votre voix pour me convaincre que je ne suis pas ici le jouet des fantômes de l'enfer.

Mais l'inconnue, sourde à sa prière, avait retourné sa tête vers le tribunal; et la pauvre Ethel, qui avait retrouvé quelque force, se résigna à l'imiter en silence.

Le président s'était levé, et avait dit d'une voix lente et solennelle :

— Prisonniers, on vous amène devant nous pour que nous ayons à examiner si vous êtes coupables de haute trahison, de conspiration, de révolte par les armes contre l'autorité du roi notre souverain seigneur. Méditez maintenant dans vos consciences, car une accusation de lèse-majesté au premier chef pèse sur vos têtes.

En ce moment un rayon de lumière tomba sur le visage d'un des six accusés, d'un jeune homme qui tenait sa tête penchée sur sa poitrine, comme pour dérober ses traits sous les boucles pendantes de ses longs cheveux. Ethel tressaillit, et une sueur froide sortit de tous ses membres : elle avait cru reconnaître... — mais non, c'était une cruelle illusion; la salle était faiblement éclairée, et les hommes s'y mouvaient comme des ombres : à peine distinguait-on le grand Christ d'ébène poli, placé au-dessus du fauteuil du président.

Cependant ce jeune homme était enveloppé d'un manteau qui de loin paraissait vert, ses cheveux en désordre avaient des reflets châtains, et le rayon inattendu qui avait dessiné ses traits... Mais non, cela n'était pas, cela ne pouvait être ! c'était une horrible illusion.

Les prisonniers étaient assis sur le banc où était descendu l'évêque. Schumacker s'était placé à l'une des extrémités ; il était séparé du jeune homme aux cheveux châtains par ses quatre compagnons d'infortune, qui portaient des vêtements grossiers, et au nombre desquels on remarquait une espèce de géant. L'évêque siégeait à l'autre extrémité du banc.

Ethel vit le président se tourner vers son père.

— Vieillard, dit-il d'une voix sévère, dites-nous votre nom et qui vous êtes.

Le vieillard souleva sa tête vénérable.

— Autrefois, répondit-il en regardant fixement le président, on m'appelait comte de Griffenfeld et de Tongsberg, prince de Wellin, prince du Saint-Empire, chevalier de l'ordre royal de l'Eléphant, chevalier de l'ordre royal de Dannebrog, chevalier de la Toison-d'Or d'Allemagne et de la Jarretière d'Angleterre, premier ministre, inspecteur général des universités, grand chancelier de Danemarck et de...

Le président l'interrompit.

— Accusé, le tribunal ne vous demande ni comment on vous a nommé, ni ce que vous avez été, mais comment on vous nomme, et ce que vous êtes.

— Eh bien ! reprit vivement le vieillard, maintenant je m'appelle Jean Schumacker ; j'ai soixante-neuf ans, et je ne suis rien, que votre ancien bienfaiteur, chancelier d'Ahlefeld.

Le président parut interdit.

— Je vous ai reconnu, seigneur comte, ajouta l'ex-chancelier, et, comme j'ai cru voir qu'il n'en était pas de même à mon égard de votre côté, j'ai pris la liberté de rappeler à Votre Grâce que nous sommes de vieilles connaissances.

— Schumacker, dit le président d'un ton où l'on sentait l'accent de la colère concentrée, épargnez les moments du tribunal.

Le vieux captif l'interrompit encore :

— Nous avons changé de rôle, noble chancelier; autrefois c'était moi qui vous appelais simplement *d'Ahlefeld*, et vous qui me disiez *seigneur comte*.

— Accusé, répliqua le président, vous nuisez à votre cause en rappelant le jugement infamant dont vous êtes déjà flétri.

— Si ce jugement est infamant pour quelqu'un, comte d'Ahlefeld, ce n'est pas pour moi.

Le vieillard s'était levé à demi en prononçant ces paroles avec force. Le président étendit la main vers lui.

— Asseyez-vous. N'insultez pas devant un tribunal, et aux juges qui vous ont condamné, et au roi qui vous a donné ces juges. Rappelez-vous que Sa Majesté a daigné vous accorder la vie; et bornez-vous ici à vous défendre.

Schumacker ne répondit qu'en haussant les épaules.

— Avez-vous, demanda le président, quelques aveux à faire au tribunal touchant le crime capital dont vous êtes accusé?

Voyant que Schumacker gardait le silence, le président répéta sa question.

— Est-ce que c'est à moi que vous parlez? dit l'ex-grand chancelier. Je croyais, noble comte d'Ahlefeld, que vous vous parliez à vous-même. De quel crime m'entretenez-vous? Est-ce que j'ai jamais donné le baiser d'Iscariote à un ami? Ai-je emprisonné, condamné, déshonoré un bienfaiteur? dépouillé celui à qui je devais tout? J'ignore, en vérité, seigneur chancelier actuel, pourquoi l'on m'amène ici. C'est sans doute pour juger de votre habileté à faire tomber des têtes innocentes. Je ne serai point fâché en effet de voir si vous saurez aussi bien me perdre que vous perdez le royaume, et s'il vous suffira d'une virgule pour causer ma mort, comme il vous a suffi d'une lettre de l'alphabet pour provoquer la guerre avec la Suède (1).

A peine achevait-il cette raillerie amère, que l'homme placé devant la table à gauche du tribunal se leva.

— Seigneur président, dit-il après s'être incliné profondément, seigneurs juges, je demande que la parole soit interdite à Jean Schumacker s'il continue d'injurier ainsi Sa Grâce le président de ce respectable tribunal.

La voix calme de l'évêque s'éleva :

— Seigneur secrétaire intime, on ne peut interdire la parole à un accusé...

— Vous avez raison, révérend évêque, s'écria le président avec précipitation. Notre intention est de laisser le plus de liberté possible à la défense. — J'engage seulement l'accusé à modérer son langage, s'il comprend ses véritables intérêts.

Schumacker secoua la tête et dit froidement :

---

(1) Il y avait eu en effet de très-graves différends entre le Danemark et la Suède, parce que le comte d'Ahlefeld avait exigé, dans une négociation, qu'un traité entre les deux Etats donnât au roi de Danemark le titre de *rex Gothorum*, ce qui semblait attribuer au monarque danois la souveraineté de la *Gothie*, province suédoise ; tandis que les Suédois ne voulaient lui accorder que la qualité de *rex Gotorum*, dénomination vague qui équivalait à l'ancien titre des souverains danois, *roi des Gots*.

C'est à cet *h*, cause, non d'une guerre, mais de longues et menaçantes négociations, que Schumacker faisait sans doute allusion.

— Il paraît que le comte d'Ahlefeld est plus sûr de son fait qu'en 1677.

— Taisez-vous, dit le président; et, s'adressant sur-le-champ au prisonnier voisin du vieillard, il lui demanda quel était son nom.

C'était un montagnard d'une taille colossale, dont le front était entouré de bandages, qui se leva en disant :

— Je suis Han, de Klipstadur en Islande.

Un frémissement d'épouvante erra quelque temps dans la foule, et Schumacker, soulevant sa tête pensive déjà retombée sur sa poitrine, jeta un brusque regard sur son formidable voisin, dont tous les autres coaccusés se tenaient éloignés.

— Han d'Islande, demanda le président, quand le trouble fut dissipé, qu'avez-vous à dire au tribunal?

De tous les spectateurs, Ethel n'avait pas été la moins frappée de la présence du brigand fameux, qui, depuis si longtemps, lui apparaissait dans toutes ses terreurs. Elle attacha avec une avidité craintive son regard sur le géant monstrueux que son Ordener avait peut-être combattu, dont il avait peut-être été la victime. Cette idée se retourna dans son cœur sous toutes ses formes douloureuses. Aussi, entièrement absorbée par une foule d'émotions déchirantes, elle entendit à peine la réponse qu'adressait au président, dans un langage grossier et embarrassé, ce Han d'Islande, en qui elle voyait presque le meurtrier de son Ordener. Elle comprit seulement que le brigand se déclarait le chef des bandes rebelles.

— Est-ce de vous-même, demanda le président, ou par une instigation étrangère que vous avez pris le commandement des insurgés?

Le brigand répondit :

— Ce n'est pas de moi-même.

— Qui vous a provoqué à ce crime?

— Un homme qui s'appelait Hacket.

— Quel était ce Hacket?

— Un agent de Schumacker, qu'il nommait aussi comte de Griffenfeld.

Le président s'adressa à Schumacker :

— Schumacker, connaissez-vous ce Hacket?

— Vous m'avez prévenu, comte d'Ahlefeld, repartit le vieillard; j'allais vous adresser la même question.

— Jean Schumacker, dit le président, vous êtes mal conseillé par votre haine. Le tribunal appréciera votre systéme de défense.

L'évêque prit la parole.

— Seigneur secrétaire intime, dit-il en se tournant vers l'homme de petite taille qui paraissait faire les fonctions de greffier et d'accusateur, ce Hacket est-il parmi mes clients?

— Non, Votre Révérence, répondit le secrétaire.

— Sait-on ce qu'il est devenu?

— On n'a pu le saisir : il a disparu.

On eût dit qu'en parlant ainsi le seigneur secrétaire intime composait sa voix.

— Je crois plutôt qu'il s'est évanoui, dit Schumacker.

L'évêque continua :

— Seigneur secrétaire, fait-on poursuivre ce Hacket? A-t-on son signalement?

Avant que le secrétaire intime eût pu répondre, un des prisonniers se leva; c'était un jeune mineur d'un visage âpre et fier.

— Il serait aisé de l'avoir, dit-il d'une voix forte. Ce misérable Hacket, l'agent de Schumacker, est un homme de petite stature, d'une figure ouverte, mais ouverte comme une bouche de l'enfer... — Tenez, seigneur évêque, sa voix ressemble beaucoup à celle de ce seigneur qui écrit là sur cette table, et que Votre Révérence appelle, je crois, *secrétaire intime*. Et même, si cette salle était moins sombre, et que le seigneur secrétaire intime eût moins de cheveux pour lui cacher le visage, j'assurerais presque qu'il y a dans ses traits quelque ressemblance avec ceux du traître Hacket.

— Notre frère dit vrai, s'écrièrent les deux prisonniers voisins du jeune mineur.

— Vraiment! murmura Schumacker avec une expression de triomphe.

Cependant le secrétaire avait fait un mouvement involontaire, soit de crainte, soit de l'indignation qu'il ressentait d'être comparé à ce Hacket. Le président, qui lui-même avait paru troublé, se hâta d'élever la voix.

— Prisonniers, n'oubliez pas que vous ne devez parler que lorsque le tribunal vous interroge; et surtout n'outragez pas les ministres de la justice par d'indignes comparaisons.

— Cependant, seigneur président, dit l'évêque, ceci n'est qu'une question de signalement. Si le coupable Hacket offre quelques points de ressemblance avec le secrétaire, cela pourrait être utile...

Le président l'interrompit :

— Han d'Islande, vous qui avez eu tant de rapports avec Hacket, dites-nous, pour satisfaire le révérend évêque, si cet homme ressemble en effet à notre très-honoré secrétaire intime.

— Nullement, seigneur, répondit le géant sans hésiter.

— Vous voyez, seigneur évêque? ajouta le président.

L'évêque prononça d'un signe de tête qu'il était satisfait; et le président, s'adressant à un autre accusé, prononça la formule usitée : — Quel est votre nom?

— Wilfrid Kennybol, des montagnes de Kole.

— Etiez-vous parmi les insurgents?

— Oui, seigneur : la vérité vaut mieux que la vie. J'ai

été pris dans les gorges maudites du Pilier-Noir. J'étais le chef des montagnards.

— Qui vous a poussé au crime de rébellion?

— Nos frères les mineurs se plaignaient de la tutelle royale, et cela était tout simple, n'est-ce pas, Votre Courtoisie? Vous n'auriez qu'une hutte de boue et deux mauvaises peaux de renard, que vous ne seriez pas fâché d'en être le maître. Le gouvernement n'a pas écouté leurs prières. Alors, seigneur, ils ont songé à se révolter, et nous ont priés de les aider. Un si petit service ne se refuse pas entre frères qui récitent les mêmes oraisons et chôment les mêmes saints. Voilà tout.

— Personne, dit le président, n'a-t-il éveillé, encouragé et dirigé votre insurrection?

— C'était un seigneur Hacket, qui nous parlait sans cesse de délivrer un comte prisonnier à Munckholm, dont il se disait l'envoyé. Nous le lui avons promis, parce qu'une liberté de plus ne nous coûtait rien.

— Ce comte ne s'appelait-il pas Schumacker ou Griffenfeld?

— Justement, Votre Courtoisie.

— Vous ne l'avez jamais vu?

— Non, seigneur; mais, si c'est ce vieillard qui vous a dit tout à l'heure tant de noms, je ne puis faire autrement que de convenir... —

— De quoi? interrompit le président.

— Qu'il a une bien belle barbe blanche, seigneur, presque aussi belle que celle du père du mari de ma sœur Maase, de la bourgade de Surb, lequel a vécu jusqu'à cent vingt ans.

L'ombre répandue dans la salle empêcha de voir si le président paraissait désappointé de la naïve réponse du montagnard. Il ordonna aux archers de déployer quelques bannières couleur de feu déposées devant le tribunal.

— Wilfrid Kennybol, dit-il, reconnaissez-vous ces bannières?

— Oui, Votre Courtoisie : elles nous ont été données par Hacket, au nom du comte de Schumacker. Le comte fit distribuer aussi des armes aux mineurs; car nous n'en avions pas besoin, nous autres montagnards, qui vivons de la carabine et de la gibecière. Et moi, seigneur, tel que vous me voyez, attaché ici comme une méchante poule qu'on va rôtir, j'ai plus d'une fois, du fond de nos vallées, atteint de vieux aigles, lorsqu'au plus haut de leur vol ils ne semblaient que des alouettes ou des grives.

— Vous entendez, seigneurs juges, observa le secrétaire intime; l'accusé Schumacker a fait distribuer par Hacket des armes et des drapeaux aux rebelles?

— Kennybol, reprit le président, n'avez-vous plus rien à déclarer?

— Rien, Votre Courtoisie, sinon que je ne mérite pas la mort. Je n'ai fait que prêter assistance, en bon frère, aux mineurs, et j'ose affirmer à toutes Vos Courtoisies que le plomb de ma carabine, tout vieux chasseur que je suis, n'a jamais touché un daim du roi.

Le président, sans répondre à ce plaidoyer, interrogea les deux compagnons de Kennybol. C'étaient des chefs de mineurs. Le plus vieux, qui déclara se nommer Jonas, répéta, en d'autres termes, ce qu'avait avoué Kennybol. L'autre, qui était le jeune homme dont les yeux avaient saisi tant de ressemblance entre le secrétaire intime et le perfide Hacket, dit s'appeler Norbith, confessa fièrement sa part dans la révolte, mais refusa de rien révéler touchant Hacket et Schumacker. Il avait, disait-il, prêté serment de se taire, et ne se souvenait plus que de ce serment. Le président eut beau l'interroger par toutes les menaces et par toutes les prières, l'obstiné jeune homme resta inflexible. D'ailleurs il assurait ne point s'être révolté pour Schumacker, mais seulement parce que sa vieille mère avait faim et froid. Il ne niait point qu'il n'eût peut-être mérité la mort; mais il affirmait que l'on commettrait une injustice en le condamnant, parce qu'en le tuant on tuerait aussi sa pauvre mère, qui ne l'avait pas mérité.

Quand Norbith eut cessé de parler, le secrétaire intime résuma en peu de mots les charges accablantes qui pesaient jusqu'à ce moment sur les accusés, surtout sur Schumacker. Il lut quelques-unes des devises séditieuses inscrites sur les bannières, et fit ressortir contre l'ex-grand chancelier l'unanimité des réponses de ses complices, et jusqu'au silence de ce jeune Norbith, lié par un serment fanatique. — Il ne reste plus, ajouta-t-il en terminant, qu'un accusé à interroger, et nous avons de hautes raisons de le croire agent secret de l'autorité qui a si mal veillé à la tranquillité du Drontheimhus. Cette autorité a favorisé, sinon par sa connivence coupable, du moins par sa fatale négligence, l'explosion de la révolte qui va perdre tous ces malheureux, et rendre à l'échafaud ce Schumacker, que la clémence du roi en avait si généreusement sauvé.

Ethel, qui de ses craintes pour Ordener était revenue, par une cruelle transition, à ses craintes pour son père, frémit à ce langage sinistre, et un torrent de larmes s'échappa de ses yeux quand elle vit son père se lever, en disant d'une voix tranquille : — Chancelier d'Ahlefeld, j'admire tout ceci. Avez-vous eu la prévoyance de faire mander le bourreau?

L'infortunée crut en ce moment qu'elle épuisait sa dernière douleur : elle se trompait.

Le sixième accusé venait de se lever; noble et superbe, il avait écarté les cheveux qui couvraient son visage, et, aux questions que le président lui avait adressées, il avait répondu d'une voix ferme et haute :

— Je m'appelle Ordener Guldenlew, baron de Thorvick, chevalier de Dannebrog.

Un cri de surprise échappa au secrétaire :

— Le fils du vice-roi !

— Le fils du vice-roi ! répétèrent toutes les voix, comme si la salle eût eu en ce moment mille échos.

Le président avait reculé sur son siége ; les juges, jusqu'alors immobiles dans le tribunal, se penchaient tumultueusement les uns vers les autres, ainsi que des arbres qui seraient battus à la fois de vents opposés. L'agitation était plus grande encore dans l'auditoire : les spectateurs montaient sur les corniches de pierre et les grilles de fer, la foule entière parlait comme d'une seule bouche ; et les gardes, oubliant de réclamer le silence, mêlaient leurs paroles de surprise à la rumeur universelle.

Quelle âme assez accoutumée aux soudaines émotions de la vie pourrait concevoir ce qui se passa dans l'âme d'Ethel ? Qui pourrait rendre ce mélange inouï de joie déchirante et de délicieuse douleur ; cette attente inquiète, qui était à la fois de la crainte et de l'espérance, et n'en était cependant pas ? — Il était devant elle, sans qu'elle fût devant lui ! c'était lui qu'elle voyait et qui ne la voyait pas ! c'était son bien-aimé Ordener, son Ordener, qu'elle avait cru mort, qu'elle savait perdu pour elle, son ami qui l'avait trompée et qu'elle adorait comme d'une adoration nouvelle. Il était là ; oui, il était là. Un vain songe ne l'abusait pas ; oh ! c'était bien lui, cet Ordener, hélas ! qu'elle avait rêvé plus souvent encore qu'elle ne l'avait vu. — Mais apparaissait-il dans cette enceinte solennelle comme un ange sauveur ou comme un fatal génie ? Devait-elle espérer en lui ou trembler pour lui ! — Mille conjectures oppressaient à la fois sa pensée et l'étouffaient comme une flamme que trop d'aliment éteint ; toutes les idées, toutes les sensations que nous venons d'indiquer parcoururent son esprit comme un éclair, au moment où le fils du vice-roi de Norwége prononça son nom. Elle fut la première à le reconnaître, et les autres ne l'avaient pas encore reconnu, qu'elle était évanouie.

Elle reprit bientôt ses sens pour la seconde fois, grâce aux soins de sa mystérieuse voisine. Pâle, elle rouvrit ses yeux dans lesquels les larmes s'étaient subitement taries. Elle jeta avidement sur le jeune homme, toujours debout et calme dans le tumulte général, un de ces regards qui embrassent tout un être; et le trouble avait cessé dans le tribunal et le peuple que le nom d'*Ordener Guldenlew* retentissait encore à son oreille. Elle remarqua avec une douloureuse inquiétude qu'il portait son bras en écharpe, et que ses mains étaient chargées de fers; elle remarqua que son manteau était déchiré en plusieurs endroits, que son sabre fidèle ne pendait plus à sa ceinture. Rien n'échappa à sa sollicitude; car l'œil d'une amante ressemble à l'œil d'une mère. Elle environna de toute son âme celui qu'elle ne pouvait couvrir de tout son corps; et, il faut le dire à la honte et à la gloire de l'amour, dans cette salle qui renfermait son père et les persécuteurs de son père, Ethel ne vit plus qu'un seul homme.

Le silence s'était rétabli peu à peu. Le président se mit en devoir de commencer l'interrogatoire du fils du vice-roi.

— Seigneur baron, dit-il d'une voix tremblante...

— Je ne m'appelle point ici *seigneur baron*, répondit Ordener d'une voix ferme, je m'appelle *Ordener Guldenlew*, comme celui qui a été comte de Griffenfeld s'appelle *Jean Schumacker*.

Le président resta un moment comme interdit.

— Eh bien donc! reprit-il, Ordener Guldenlew, c'est sans doute par un hasard malheureux que vous êtes amené devant nous. Les rebelles vous auront pris voyageant, vous auront forcé de les suivre, et c'est ainsi, sans doute, que vous avez été trouvé dans leurs rangs.

Le secrétaire se leva :

— Nobles juges, le nom seul du fils du vice-roi de Norwége est un plaidoyer suffisant pour lui. Le baron Ordener Guldenlew ne peut être un rebelle. Notre illustre président a parfaitement expliqué sa fâcheuse arrestation parmi les rebelles. Le seul tort du noble prisonnier est de n'avoir pas dit plus tôt son nom. Nous demandons qu'il soit mis sur-le-champ en liberté, abandonnant toute accusation à son égard, et regrettant qu'il se soit assis sur le banc souillé par le criminel Schumacker et ses complices.

— Que faites-vous donc ? s'écria Ordener.

— Le secrétaire intime, dit le président, se désiste de toute poursuite à votre égard.

— Il a tort, répliqua Ordener d'une voix haute et sonore ; je dois être ici seul accusé, seul jugé, et seul condamné. — Il s'arrêta un moment, et ajouta d'un accent moins ferme : — Car je suis seul coupable.

— Seul coupable ! s'écria le président.

— Seul coupable ! répéta le secrétaire intime.

Une nouvelle explosion de surprise se manifesta dans l'auditoire. La malheureuse Ethel frémit ; elle ne songeait pas que cette déclaration de son amant sauvait son père. Elle avait devant les yeux la mort de son Ordener.

— Hallebardiers, qu'on fasse silence ! dit le président, profitant peut-être du moment de rumeur pour rallier ses idées et reprendre sa présence d'esprit.

— Ordener Guldenlew, reprit-il, expliquez-vous.

Le jeune homme resta un instant rêveur, puis soupira avec effort, puis prononça ces paroles d'un ton calme et résigné :

— Oui, je sais qu'une mort infâme m'attend ; je sais que la vie pourrait m'être belle et glorieuse. Mais Dieu lira au fond de mon cœur! à la vérité, Dieu seul! — Je vais accomplir le premier devoir de mon existence; je vais lui sacrifier mon sang, mon honneur peut-être; mais je sens que je mourrai sans remords et sans repentir. Ne vous étonnez pas de mes paroles, seigneurs juges; il y a dans l'âme et dans la destinée humaine des mystères que vous ne pouvez pénétrer, et qui ne sont jugés qu'au ciel. Ecoutez-moi donc; et agissez envers moi selon vos consciences, quand vous aurez absous ces infortunés, et surtout ce déplorable Schumacker, qui a déjà, dans sa captivité, expié bien plus de crimes qu'un homme n'en peut commettre. — Oui, je suis coupable, nobles juges, et seul coupable. Schumacker est innocent; ces autres malheureux ne sont qu'égarés. L'auteur de la rébellion des mineurs, c'est moi.

— Vous! s'écrièrent à la fois et avec une expression étrange le président et le secrétaire intime.

— Moi! et ne m'interrompez plus, seigneurs. Je suis pressé de terminer, car en m'accusant je justifie ces infortunés. C'est moi qui ai soulevé les mineurs au nom de Schumacker; c'est moi qui ai fait distribuer aux rebelles des bannières; qui leur ai envoyé, au nom du prisonnier de Munckholm, de l'or et des armes. Hacket était mon agent.

A ce nom de *Hacket*, le secrétaire intime fit un geste de stupeur. Ordener continua :

— J'épargne vos moments, seigneurs. J'ai été pris dans les rangs des mineurs, que j'avais poussés à la révolte. J'ai seul tout fait. Maintenant, jugez : si j'ai prouvé mon crime, j'ai prouvé également l'innocence de Schumacker et celle des pauvres misérables que vous croyez ses complices.

Le jeune homme parlait ainsi, les yeux levés au ciel. Ethel, presque inanimée, respirait à peine; il lui semblait seulement qu'Ordener, tout en justifiant son père, prononçait bien amèrement son nom. Les discours du jeune homme l'étonnaient et l'épouvantaient, sans qu'elle pût les comprendre. Dans tout ce qui frappait ses sens, elle ne voyait clairement que le malheur.

Un sentiment du même genre paraissait préoccuper le président. On eût dit qu'il ne pouvait croire à ce qu'il entendait de ses oreilles. Il adressa néanmoins la parole au fils du vice-roi :

— Si vous êtes en effet l'unique auteur de cette révolte, dans quel but l'avez-vous excitée?

— Je ne puis le dire.

Un frisson saisit Ethel lorsqu'elle entendit le président répliquer d'une voix presque irritée :

— N'aviez-vous point une intrigue avec la fille de Schumacker?

Mais son Ordener, enchaîné, avait fait un pas vers le tribunal, et s'était écrié, avec l'accent de l'indignation :

— Chancelier d'Ahlefeld, contentez-vous de ma vie que je vous livre; respectez une noble et innocente fille. Ne tentez pas de la déshonorer une seconde fois.

La pauvre Ethel, qui avait senti son sang remonter à son visage, ne comprit pas ce que signifiaient ces mots *une seconde fois*, sur lesquels son défenseur appuyait avec énergie; mais, à la colère qui se peignait sur les traits du président, on eût dit qu'il les comprenait.

—Ordener Guldenlew, n'oubliez pas vous-même le respect que vous devez à la justice du roi et à ses suprêmes officiers. Je vous réprimande au nom du tribunal. — A présent, je vous somme de nouveau de me déclarer dans quel but vous avez commis le crime dont vous vous accusez.

— Je vous répète que je ne puis vous le dire.

— N'était-ce pas, reprit le secrétaire, pour délivrer Schumacker?

Ordener garda le silence.

— Ne soyez pas muet, accusé Ordener, dit le président; il est prouvé que vous entreteniez des intelligences avec Schumacker, et l'aveu de votre culpabilité accuse, plus qu'il ne justifie, le prisonnier de Munckholm. Vous alliez souvent à Munckholm, et certes vous attachiez à ces visites plus qu'un intérêt de curiosité ordinaire. Témoin cette boucle de diamants.

Le président prit sur le bureau et montra à Ordener une boucle de brillants qui y était déposée. — La reconnaissez-vous pour vous avoir appartenu?

— Oui. — Par quel hasard?...

— Eh bien! un des rebelles l'a remise, avant d'expirer, à notre secrétaire intime, en déclarant qu'il l'avait reçue de vous en payement, pour vous avoir transporté du port de Drontheim à la forteresse de Munckholm. Or, je vous le demande, seigneurs juges, un pareil salaire donné à un simple matelot n'annonce-t-il pas quelle importance l'accusé Ordener Guldenlew attachait à parvenir jusqu'à cette prison, qui est celle de Schumacker?

— Ah! s'écria l'accusé Kennybol, ce que dit Sa Courtoisie est vrai, je reconnais la boucle; c'est l'histoire de notre pauvre frère Guldon Stayper.

— Silence! dit le président, laissez répondre à Ordener Guldenlew.

— Je ne cacherai pas, repartit celui-ci, que je désirais voir Schumacker. — Mais cette boucle ne signifie rien. On ne peut entrer avec des diamants dans le fort; le matelot qui m'avait amené s'était plaint, dans la traversée, de sa misère : je lui ai jeté cette boucle, que je ne pouvais garder sur moi... —

— Pardon, Votre Courtoisie, interrompit le secrétaire

intime, le règlement excepte de cette mesure le fils du vice-roi. Vous pouviez donc... —

— Je ne voulais pas me nommer.

— Pourquoi? demanda le président.

— C'est ce que je ne puis dire.

— Vos intelligences avec Schumacker et sa fille prouvent que le but de votre complot était de les délivrer.

Schumacker, qui, jusqu'alors, n'avait donné d'autre signe d'attention que de dédaigneux mouvements d'épaules, se leva :

— Me délivrer! Le but de cette infernale trame était de me compromettre et de me perdre, comme il l'est encore. Croyez-vous qu'Ordener Guldenlew eût avoué sa participation au crime s'il n'eût été pris parmi les révoltés? Oh! je vois qu'il a hérité de la haine de son père pour moi. Et quant aux intelligences qu'on lui suppose avec moi et ma fille, qu'il sache, cet exécré Guldenlew, que ma fille a hérité aussi de ma haine pour lui, pour la race des Guldenlew et des d'Ahlefeld!

Ordener soupira profondément tandis qu'Ethel désavouait tout bas son père, et que celui-ci retombait sur son banc, palpitant encore de colère.

— Le tribunal jugera, dit le président.

Ordener, qui, aux paroles de Schumacker, avait baissé les yeux en silence, parut se réveiller :

— Oh! nobles juges, écoutez. Vous allez descendre dans vos consciences : n'oubliez pas qu'Ordener Guldenlew est coupable seul; Schumacker est innocent. Ces autres infortunés ont été trompés par Hacket, qui était mon agent. J'ai fait tout le reste.

Kennybol l'interrompit :

— Sa Courtoisie dit vrai, seigneurs juges; car c'est elle qui s'est chargée de nous amener le fameux Han d'Islande, dont je souhaite que le nom ne me porte pas malheur. Je sais que c'est ce jeune seigneur qui a osé l'aller trouver dans la caverne de Walderhog, pour lui proposer d'être notre chef. Il m'a confié le secret de son entreprise au hameau de Surb, chez mon frère Braall. Et, pour le reste encore, le jeune seigneur dit vrai : nous avons été abusés par ce Hacket maudit ; d'où il suit que nous ne méritons pas la mort.

— Seigneur secrétaire intime, dit le président, les débats sont clos. Quelles sont vos conclusions?

Le secrétaire se leva, salua plusieurs fois le tribunal, passa quelque temps la main entre les plis de son rabat de dentelle, sans quitter un moment des yeux les yeux du président. Enfin, il fit entendre ces paroles d'une voix sourde et lugubre :

— Seigneur président, respectables juges! l'accusation demeure victorieuse. Ordener Guldenlew, qui ternit à jamais la splendeur de son glorieux nom, n'a réussi qu'à prouver sa culpabilité sans démontrer l'innocence de l'ex-chancelier Schumacker, et de ses complices Han d'Islande, Wilfrid Kennybol, Jonas et Norbith. — Je demande à la justice du tribunal que les six accusés soient déclarés coupables du crime de haute trahison et de lèse-majesté au premier chef.

Un murmure vague s'éleva de la foule. Le président allait proclamer la formule de clôture quand l'évêque réclama un moment d'attention.

— Doctes juges, il est convenable que la défense des accusés se fasse entendre la dernière. Je souhaiterais qu'elle eût un meilleur organe; car je suis vieux et faible, et je n'ai plus en moi d'autre force que celle qui me vient de Dieu. — Je m'étonne des sévères requêtes du secrétaire intime. Rien ici ne prouve le crime de mon client Schumacker. On ne peut établir contre lui aucune participation directe à l'insurrection des mineurs; et, puisque mon autre client, Ordener Guldenlew, déclare avoir abusé du nom de Schumacker, et, de plus, être l'unique auteur de cette condamnable sédition, toutes les présomptions qui pesaient sur Schumacker s'évanouissent : vous devez donc l'absoudre. Je recommande à votre indulgence chrétienne les autres accusés, qui n'ont été qu'égarés, comme la brebis du bon pasteur; et même le jeune Ordener Guldenlew, qui a du moins le mérite, bien grand devant le Seigneur, de confesser son crime. Songez, seigneurs juges, qu'il est encore dans l'âge où l'homme peut faillir, et même tomber, sans que Dieu refuse de le soutenir ou de le relever. Ordener Guldenlew porte à peine le quart de ce fardeau de l'existence qui pèse déjà presque entier sur ma tête. Mettez dans la balance de vos jugements sa jeunesse et son inexpérience, et ne lui retirez pas sitôt cette vie que le Seigneur vient à peine de lui donner.

Le vieillard se tut et se plaça près d'Ordener, qui souriait, tandis qu'à l'invitation du président les juges se levaient du tribunal, et passaient en silence le seuil de la formidable salle de leurs délibérations.

Pendant que quelques hommes décidaient de six destinées dans ce terrible sanctuaire, les accusés immobiles étaient restés assis sur leur banc entre deux rangs de hallebardiers. Schumacker, la tête sur sa poitrine, paraissait endormi dans une rêverie profonde; le géant promenait à droite et à gauche des regards où se peignait une assurance stupide; Jonas et Kennybol, les mains jointes, priaient à voix basse, tandis que leur camarade Norbith frappait par intervalles la terre du pied, ou secouait ses chaînes avec des tressaillements convulsifs. Entre lui et le vénérable évêque, qui lisait les psaumes de la pénitence, se tenait Ordener les bras croisés et les yeux levés au ciel.

Derrière eux on entendait le bruit de la foule, qui avait impétueusement éclaté à la sortie des juges. C'était le fameux captif de Munckholm, c'était le redoutable démon d'Islande, c'était surtout le fils du vice-roi, qui occupaient toutes les pensées, toutes les paroles, tous les regards. La rumeur, mêlée de plaintes, de rires et de cris confus, qui s'échappait de l'auditoire, s'abaissait et s'élevait comme une flamme qui ondoie sous le vent.

Ainsi se passèrent plusieurs heures d'attente, si longues que chacun s'étonnait qu'elles fussent contenues dans la même nuit. De temps en temps on jetait un regard vers la porte de la chambre des délibérations; mais on n'y voyait rien que les deux soldats qui se promenaient avec leurs pertuisanes étincelantes devant le seuil fatal, comme deux fantômes muets.

Enfin, les torches et les lampes commençaient à pâlir, et quelques rayons blancs de l'aube traversaient les vitraux étroits de la salle, quand la porte redoutable s'ouvrit. — Un silence profond remplaça sur-le-champ, comme par magie, tout le tumulte du peuple, et l'on n'entendit plus que le bruit des respirations pressées et le mouvement vague et sourd de la foule en suspens.

Les juges, sortant à pas lents de la chambre des délibérations, reprirent place au tribunal, le président à leur tête.

Le secrétaire intime, qui avait paru absorbé dans ses réflexions pendant leur absence, s'inclina :

— Seigneur président, quel est l'arrêt que le tribunal, jugeant sans appel, a rendu au nom du roi? Nous sommes prêts à l'entendre avec un respect religieux.

Le juge placé à droite du président se leva, tenant un parchemin dans ses mains :

— Sa Grâce notre glorieux président, fatigué par la longueur de cette audience, daigne nous charger, nous, haut syndic du Drontheimhus, président naturel de ce tribunal respectable, de lire à sa place la sentence rendue au nom du roi. Nous allons remplir ce devoir honorable et pénible, rappelant à l'auditoire de se taire devant l'infaillible justice du roi.

Alors la voix du haut syndic prit une inflexion solennelle et grave, et tous les cœurs palpitèrent :

— « Au nom de notre vénéré maitre et légitime sei-
« gneur Christiern, roi ! — voici l'arrêt que nous, juges
« du haut tribunal du Drontheimhus, nous rendons dans
« nos consciences, touchant Jean Schumacker, prisonnier
« d'Etat ; Wilfrid Kennybol, habitant des montagnes de
« Kole ; Jonas, mineur royal ; Norbith, mineur royal ; Han,
« de Klipstadur, en Islande ; et Ordener Guldenlew, baron
« de Thorvick, chevalier de Dannebrog, tous accusés des
« crimes de haute trahison et de lèse-majesté au premier
« chef : Han d'Islande étant de plus prévenu des crimes
« d'assassinat, d'incendie et de brigandage. —

« 1° Jean Schumacker n'est point coupable.

« 2° Wilfrid Kennybol, Jonas et Norbith sont coupa-
« bles ; mais le tribunal les excuse, parce qu'ils ont été
« égarés.

« 3° Han d'Islande est coupable de tous les crimes qu'on
« lui impute.

« 4° Ordener Guldenlew est coupable de haute trahison
« et de lèse-majesté au premier chef. »

Le juge s'arrêta un moment comme pour prendre haleine. Ordener attachait sur lui un regard plein d'une joie céleste.

— « Jean Schumacker, continua le juge, le tribunal
« vous absout et vous renvoie dans votre prison.

« Kennybol, Jonas et Norbith, le tribunal réduit la peine
« que vous avez encourue à une détention perpétuelle et à
« une amende de mille écus royaux chacun.

« Han, de Klipstadur, assassin et incendiaire, vous se-

« rez ce soir conduit sur la place d'armes de Munckholm,
« et pendu par le cou jusqu'à ce que mort s'ensuive.

« Ordener Guldenlew, traître, après avoir été dégradé
« de vos titres devant ce tribunal, vous serez conduit ce
« soir au même lieu, avec un flambeau à la main, pour
« y avoir la tête tranchée, le corps brûlé, et pour que vos
« cendres soient jetées au vent et votre tête exposée sur la
« claie.

« Retirez-vous tous. Tel est l'arrêt rendu par la justice
« du roi. »

A peine le haut syndic avait-il achevé cette funèbre lecture, qu'on entendit dans la salle un cri. — Ce cri glaça les assistants plus même que l'effrayant appareil de la sentence de mort; ce cri fit pâlir un moment le front serein et radieux d'Ordener condamné.

XLIV

C'était le malheur qui les rendait égaux.
CHARLES NODIER.

C'en est donc fait : tout va s'accomplir, ou plutôt tout est déjà accompli. Il a sauvé le père de celle qu'il aimait, il l'a sauvée elle-même en lui conservant l'appui paternel. La noble conspiration du jeune homme pour la vie de Schumacker a réussi : maintenant le reste n'est rien ; il n'a plus qu'à mourir.

Que ceux qui l'ont cru coupable ou insensé le jugent maintenant, ce généreux Ordener, comme il se juge lui-même dans son âme avec un saint ravissement. Car ce fut toujours sa pensée, en entrant dans les rangs des rebelles, que, s'il ne pouvait empêcher l'exécution du crime de Schumacker, il pourrait du moins en empêcher le châtiment, en l'appelant sur sa propre tête.

— Hélas! s'était-il dit, sans doute Schumacker est coupable; mais, aigri par sa captivité et son malheur, son crime est pardonnable. Il ne veut que sa délivrance; il la tente, même par la rébellion. — D'ailleurs, que deviendra mon Ethel si on lui enlève son père; si elle le perd par l'échafaud, si un nouvel opprobre vient flétrir sa vie, que deviendra-t-elle, sans soutien, sans secours, seule dans son cachot, ou errante dans un monde d'ennemis? Cette pensée l'avait déterminé à son sacrifice; et il s'y était préparé avec joie : car le plus grand bonheur d'un être qui aime est d'immoler son existence, je ne dis pas à l'existence, mais à un sourire, à une larme de l'être aimé.

Il a donc été pris parmi les rebelles, il a été traîné devant les juges qui devaient condamner Schumacker, il a commis son généreux mensonge, il a été condamné, il va mourir d'une mort cruelle, d'un supplice ignominieux, il va laisser une mémoire souillée; mais que lui importe, au noble jeune homme? il a sauvé le père de son Ethel.

Il est maintenant assis sur ses chaines dans un cachot humide, où la lumière et l'air ne pénètrent qu'à peine par de sombres soupiraux; près de lui est la nourriture du reste de son existence : un pain noir, une cruche pleine d'eau. Un collier de fer pèse sur son cou, des bracelets, des carcans de fer, pressent ses mains et ses pieds. Chaque heure qui s'écoule lui emporte plus de vie qu'une année n'en enlève aux autres mortels. — Il rêve délicieusement.

— Peut-être mon souvenir ne périra-t-il pas avec moi, du moins dans un des cœurs qui battent parmi les hommes! peut-être daignera-t-elle me donner une larme pour mon sang! peut-être consacrera-t-elle quelquefois un regret à celui qui lui a dévoué sa vie! peut-être, dans ses rêveries virginales, aura-t-elle parfois présente la confuse image de son ami! Qui sait d'ailleurs ce qui est derrière la mort? Qui sait si les âmes, délivrées de leur prison matérielle, ne peuvent pas quelquefois revenir veiller sur les âmes qu'elles aiment, commercer mystérieusement avec ces douces compagnes encore captives, et leur apporter en secret quelque vertu des anges et quelque joie du ciel?... —

Toutefois des idées amères se mêlaient à ces consolantes méditations. La haine que Schumacker lui avait témoignée au moment même de son sacrifice oppressait son cœur. Le cri déchirant qu'il avait entendu en même temps que son arrêt de mort l'avait ébranlé profondément; car, seul dans l'auditoire, il avait reconnu cette voix et compris cette douleur. Et puis, ne la reverra-t-il donc plus, son Ethel? ses derniers moments se passeront-ils dans la prison même qui la renferme sans qu'il puisse encore une fois toucher la douce main, entendre la douce voix de celle pour qui il va mourir? —

Il abandonnait ainsi son âme à cette vague et triste rêverie, qui est à la pensée ce que le sommeil est à la vie, quand le cri rauque des vieux verrous rouillés heurta rudement son oreille, déjà en quelque sorte attentive aux concerts de l'autre sphère où il allait s'envoler. — C'était la lourde porte de fer de son cachot qui s'ouvrait en grondant sur ses gonds. Le jeune condamné se leva tranquille et presque joyeux, car il pensa que c'était le bourreau qui venait le chercher, et il avait déjà dépouillé l'existence comme le manteau qu'il foulait à ses pieds.

Il fut trompé dans son attente : une figure blanche et svelte venait d'apparaître au seuil de son cachot, pareille à une vision lumineuse. Ordener douta de ses yeux, et se demanda s'il n'était pas déjà dans le ciel. C'était elle, c'était son Ethel.

La jeune fille était tombée dans ses bras enchaînés ; elle couvrait les mains d'Ordener de larmes, qu'essuyaient les longues tresses noires de ses cheveux épars ; baisant les fers du condamné, elle meurtrissait ses lèvres pures sur les infâmes carcans : elle ne parlait pas, mais tout son cœur semblait prêt à s'échapper dans la première parole qui passerait à travers ses sanglots.

Lui, — il éprouvait la joie la plus céleste qu'il eût éprouvée depuis sa naissance. Il serrait doucement son Ethel sur sa poitrine, et les forces réunies de la terre et de l'enfer n'eussent pu en ce moment dénouer les deux bras dont il l'environnait. Le sentiment de sa mort prochaine mêlait quelque chose de solennel à son ravissement, et il s'emparait de son Ethel comme s'il en eût déjà pris possession pour l'éternité.

Il ne demanda pas à cet ange comment elle avait pu pénétrer jusqu'à lui. Elle était là, pouvait-il penser à autre chose? D'ailleurs il ne s'en étonnait pas. Il ne se demandait pas comment cette jeune fille, proscrite, faible, isolée, avait pu, malgré les triples portes de fer et les triples rangs de soldats, ouvrir sa propre prison et celle de son amant; cela lui semblait simple; il portait en lui la conscience intime de ce que peut l'amour.

A quoi bon se parler avec la voix quand on se peut parler avec l'âme? Pourquoi ne pas laisser les corps écouter en silence le langage mystérieux des intelligences?—Tous deux se taisaient, parce qu'il y a des émotions qu'on ne saurait exprimer qu'en se taisant.

Cependant, la jeune fille souleva enfin sa tête appuyée sur le cœur tumultueux du jeune homme.

— Ordener, dit-elle, je viens te sauver. Et elle prononça cette parole d'espérance avec une angoisse douloureuse.

Ordener secoua la tête en souriant.

— Me sauver, Ethel! tu t'abuses ; la fuite est impossible.

— Hélas! je le sais trop. Ce château est peuplé de soldats, et toutes les portes qu'il faut traverser pour arriver ici sont gardées par des archers et des geôliers qui ne dorment pas. — Elle ajouta avec effort : Mais je t'apporte un autre moyen de salut.

— Va, ton espérance est vaine. Ne te berce pas de chimères, Ethel ; dans quelques heures un coup de hache les dissiperait trop cruellement...

— Oh! n'achève pas, Ordener ! tu ne mourras pas. Oh! dérobe-moi cette affreuse pensée, ou plutôt, oui, présente-la-moi dans toute son horreur, pour me donner la force d'accomplir ton salut et mon sacrifice.

Il y avait dans l'accent de la jeune fille une expression indéfinissable. Ordener la regarda doucement :

— Ton sacrifice ! que veux-tu dire ?

Elle cacha son visage dans ses mains et sanglota en disant d'une voix inarticulée : — O Dieu !...

Cet abattement fut de courte durée ; elle se releva : ses yeux brillaient, sa bouche souriait. Elle était belle comme un ange qui remonte de l'enfer au ciel.

— Ecoutez, mon Ordener, votre échafaud ne s'élèvera pas. Pour que vous viviez, il suffit que vous promettiez d'épouser Ulrique d'Ahlefeld...

— Ulrique d'Ahlefeld ! ce nom dans ta bouche, mon Ethel !

— Ne m'interrompez pas, poursuivit-elle avec le calme d'une martyre qui subit sa dernière torture ; je viens ici envoyée par la comtesse d'Ahlefeld. On vous promet d'obtenir votre grâce du roi si l'on obtient en échange votre main pour la fille du grand chancelier. Je viens ici vous demander le serment d'épouser Ulrique et de vivre pour elle. On m'a choisie pour messagère, parce qu'on a pensé que ma voix aurait quelque puissance sur vous.

— Ethel, dit le condamné d'une voix glacée, adieu; en sortant de ce cachot, dites qu'on fasse venir le bourreau.

Elle se leva, resta un moment devant lui debout, pâle et tremblante; puis ses genoux fléchirent, elle tomba à genoux sur la pierre en joignant les mains.

— Que lui ai-je fait? murmura-t-elle d'une voix éteinte.

Ordener, muet, fixait son regard sur la pierre.

— Seigneur, dit-elle, se traînant à genoux jusqu'à lui, vous ne me répondez pas? Vous ne voulez donc plus me parler?... Il ne me reste plus qu'à mourir!

Une larme roula dans les yeux du jeune homme.

— Ethel, vous ne m'aimez plus.

— O Dieu! s'écria la pauvre jeune fille, serrant dans ses bras les genoux du prisonnier, je ne l'aime plus! Tu dis que je ne t'aime plus, mon Ordener? Est-il bien vrai que tu as pu dire cela?

— Vous ne m'aimez plus, puisque vous me méprisez.

Il se repentit à l'instant même d'avoir prononcé cette parole cruelle; car l'accent d'Ethel fut déchirant quand elle jeta ses bras adorés autour de son cou en criant d'une voix étouffée par les larmes :

— Pardonne-moi, mon bien-aimé Ordener, pardonne-moi comme je te pardonne. Moi! te mépriser, grand Dieu! N'es-tu pas mon bien, mon orgueil, mon idolâtrie? — Dis-moi, est-ce qu'il y avait dans mes paroles autre chose qu'un profond amour, qu'une brûlante admiration pour toi? Hélas! ton langage sévère m'a fait bien du mal quand je venais pour te sauver, mon Ordener adoré, en immolant tout mon être au tien.

— Eh bien! répondit le jeune homme radouci en essuyant les pleurs d'Ethel avec des baisers, n'était-ce pas montrer peu d'estime que de me proposer de racheter ma vie par l'abandon de mon Ethel, par un lâche oubli de mes serments, par le sacrifice de mon amour? — Il ajouta, l'œil fixé sur Ethel : — De mon amour, pour lequel je verse aujourd'hui tout mon sang.

Un long gémissement précéda la réponse d'Ethel.

— Ecoute-moi encore, mon Ordener, ne m'accuse pas si vite. J'ai peut-être plus de force qu'il n'appartient d'ordinaire à une pauvre femme. — Du haut de notre donjon on voit construire dans la place d'armes l'échafaud qui t'est destiné. Oh! Ordener, tu ne connais pas cette affreuse douleur de voir lentement se préparer la mort de celui qui porte avec lui notre vie! La comtesse d'Ahlefeld, près de laquelle j'étais quand j'ai entendu prononcer ton arrêt funèbre, est venue me trouver au donjon, où j'étais rentrée avec mon père. Elle m'a demandé si je voulais te sauver, elle m'a offert cet odieux moyen; mon Ordener, il fallait détruire ma pauvre destinée, renoncer à toi, te perdre pour jamais, donner à une autre cet Ordener, toute la félicité de la délaissée Ethel, ou te livrer au supplice; on me laissait le choix entre mon malheur et ta mort; je n'ai pas balancé.

Il baisa avec respect la main de cet ange.

— Je ne balance pas non plus, Ethel. Tu ne serais pas venue m'offrir la vie avec la main d'Ulrique d'Ahlefeld si tu avais su comment il se fait que je meurs.

— Quoi? quel mystère?...

— Permets-moi d'avoir un secret pour toi, mon Ethel bien-aimée. Je veux mourir sans que tu saches si tu me dois de la reconnaissance ou de la haine pour ma mort.

— Tu veux mourir! Tu veux donc mourir! O Dieu! et cela est vrai, et l'échafaud se dresse en ce moment, et aucune puissance humaine ne peut délivrer mon Ordener qu'on va tuer! Dis-moi, jette un regard sur ton esclave, sur ta compagne, et promets-moi, bien-aimé Ordener, de m'entendre sans colère. Es-tu bien sûr, réponds à ton Ethel comme à Dieu, que tu ne pourrais mener une vie heureuse auprès de cette femme, de cette Ulrique d'Ahlefeld?... en es-tu bien sûr, Ordener? Elle est peut-être, sans doute même, belle, douce, vertueuse; elle vaut mieux que celle pour qui tu péris.

Ne détourne pas la tête, cher ami, mon Ordener. Tu es si noble et si jeune pour monter sur un échafaud! Eh bien! tu irais vivre avec elle dans quelque brillante ville où tu ne penserais plus à ce funeste donjon; tu laisserais couler paisiblement tes jours sans t'informer de moi; j'y consens, tu me chasserais de ton cœur, même de ton souvenir, Ordener. Mais vis, laisse-moi ici seule, c'est à moi de mourir. Et, crois-moi, quand je te saurai dans les bras d'une autre, tu n'auras pas besoin de t'inquiéter de moi; je ne souffrirai pas longtemps.

Elle s'arrêta : sa voix se perdait dans les larmes. Cependant on lisait dans son regard désolé le désir douloureux de remporter la victoire fatale dont elle devait mourir.

Ordener lui dit : — Ethel, ne me parle plus de cela. Qu'il ne sorte en ce moment de nos bouches d'autres noms que le tien et le mien.

— Ainsi, reprit-elle, hélas! hélas! tu veux donc mourir?

— Il le faut. J'irai avec joie à l'échafaud pour toi : j'irais avec horreur à l'autel pour toute autre femme. Ne m'en parle plus : tu m'affliges et tu m'offenses.

Elle pleurait en murmurant toujours : — Il va mourir, ô Dieu! et d'une mort infâme!

Le condamné répondit avec un sourire : — Crois-moi, Ethel, il y a moins de déshonneur dans ma mort que dans la vie telle que tu me la proposes.

En ce moment, son regard, se détachant de son Ethel

éplorée, aperçut un vieillard vêtu d'habits ecclésiastiques, qui se tenait debout dans l'ombre, sous la voûte basse de la porte. — Que voulez-vous? dit-il brusquement.

— Seigneur, je suis venu avec l'envoyée de la comtesse d'Ahlefeld. Vous ne m'avez point aperçu, et j'attendais en silence que vos yeux tombassent sur moi.

En effet, Ordener n'avait vu que son Ethel, et celle-ci, voyant Ordener, avait oublié son compagnon.

— Je suis, continua le vieillard, le ministre chargé...—,

— J'entends, dit le jeune homme. Je suis prêt.

Le ministre s'avança vers lui.

— Dieu est prêt aussi à vous recevoir, mon fils.

— Seigneur ministre, reprit Ordener, votre visage ne m'est pas inconnu. Je vous ai vu quelque part.

Le ministre s'inclina.

— Je vous reconnais aussi, mon fils. — C'était dans la cour de Vygla. Nous avons tous deux montré ce jour-là combien les paroles humaines ont peu de certitude. Vous m'avez promis la grâce de douze malheureux condamnés, et moi je n'ai point cru en votre promesse, ne pouvant deviner que vous fussiez ce que vous êtes, le fils du vice-roi ; et vous, seigneur, qui comptiez sur votre puissance et sur votre rang, en me donnant cette assurance...

Ordener acheva la pensée qu'Anathase Munder n'osait compléter.

— Je ne puis aujourd'hui obtenir aucune grâce, pas même la mienne; vous avez raison, seigneur ministre. Je respectais trop peu l'avenir, et il m'en a puni en me montrant sa puissance, supérieure à la mienne.

Le ministre baissa la tête.

— Dieu est fort, dit-il. Puis il releva ses yeux bienveillants sur Ordener en ajoutant : — Dieu est bon.

Celui-ci, qui paraissait préoccupé, s'écria, après un court silence :

— Ecoutez, seigneur ministre, je veux tenir la promesse que je vous ai faite dans la tour de Vygla. Quand je serai mort, allez trouver à Berghen mon père, le vice-roi de Norwége, et dites-lui que la dernière grâce que lui demande son fils, c'est celle de vos douze protégés. Il vous l'accordera, j'en suis sûr.

Une larme d'attendrissement mouilla le visage vénérable d'Athanase.

— Mon fils, il faut que de nobles pensées remplissent votre âme pour savoir, dans la même heure, rejeter avec courage votre propre grâce et solliciter avec bonté celle des autres. Car j'ai entendu votre refus; et, tout en blâmant le dangereux excès d'une passion humaine, j'en ai été profondément touché. Maintenant je me dis : *Unde scelus?* Comment se fait-il qu'un homme qui approche tant du vrai juste se soit souillé du crime pour lequel il est condamné?

— Mon père, je ne l'ai point dit à cet ange, je ne puis vous le dire. Croyez seulement que la cause de ma condamnation n'est point un crime.

— Comment? expliquez-vous, mon fils.

— Ne me pressez pas, répondit le jeune homme avec fermeté. Laissez-moi emporter dans le tombeau le secret de ma mort.

— Ce jeune homme ne peut être coupable, murmura le ministre. Alors il tira de son sein un crucifix noir, qu'il plaça sur une sorte d'autel grossièrement formé d'une dalle de granit adossée au mur humide de la prison. Près du crucifix il posa une petite lampe de fer allumée, qu'il avait apportée avec lui, et une Bible ouverte.

— Mon fils, priez et méditez. Je reviendrai dans quelques heures. — Allons, ajouta-t-il, se tournant vers Ethel, qui, pendant tout l'entretien d'Ordener et d'Athanase, avait gardé le silence du recueillement, il faut quitter le prisonnier. Le temps s'écoule...

Elle se leva radieuse et tranquille; quelque chose de divin enflammait son regard :

— Seigneur ministre, je ne puis vous suivre encore. Il faut auparavant que vous ayez uni Ethel Schumacker à son époux Ordener Guldenlew.

Elle regarda Ordener : — Si tu étais encore puissant, libre et glorieux, mon Ordener, je pleurerais et j'éloignerais ma fatale destinée de la tienne. — Mais maintenant que tu ne crains plus la contagion de mon malheur; que tu es, ainsi que moi, captif, flétri, opprimé; maintenant que tu vas mourir, je viens à toi, espérant que tu daigneras du moins, Ordener, mon seigneur, permettre à celle qui n'aurait pu être la compagne de ta vie d'être la compagne de ta mort; car tu m'aimes assez, n'est-il pas vrai, pour n'avoir pas douté un instant que je n'expire en même temps que toi?

Le condamné tomba à ses pieds et baisa le bas de sa robe.

— Vous, vieillard, continua-t-elle, vous allez nous tenir lieu de familles et de pères; ce cachot sera le temple; cette pierre, l'autel. Voici mon anneau, nous sommes à genoux devant Dieu et devant vous. Bénissez-nous et lisez les paroles saintes qui vont unir Ethel Schumacker à Ordener Guldenlew, son seigneur.

Et ils s'étaient agenouillés ensemble devant le prêtre, qui les contemplait avec un étonnement mêlé de pitié.

— Comment, mes enfants! que faites-vous?

— Mon père, dit la jeune fille, le temps presse. Dieu et la mort nous attendent.

On rencontre quelquefois dans la vie des puissances irrésistibles, des volontés auxquelles on cède soudain comme

Ils s'étaient agenouillés ensemble devant le prêtre.

si elles avaient quelque chose de plus que les volontés humaines. Le prêtre leva les yeux en soupirant :

— Que le Seigneur me pardonne si ma condescendance est coupable! Vous vous aimez, vous n'avez plus que bien peu de temps à vous aimer sur la terre; je ne crois pas manquer à nos saints devoirs en légitimant votre amour.

La douce et redoutable cérémonie s'accomplit. Ils se levèrent tous deux sous la dernière bénédiction du prêtre; ils étaient époux.

Le visage du condamné brillait d'une douloureuse joie : on eût dit qu'il commençait à sentir l'amertume de la mort, à présent qu'il essayait de la félicité de la vie. Les traits de sa compagne étaient sublimes de grandeur et de simplicité; elle était encore modeste comme une jeune vierge, et déjà presque fière comme une jeune épouse.

— Ecoute-moi, mon Ordener, dit-elle : n'est-il pas vrai que nous sommes maintenant heureux de mourir, puisque la vie ne pouvait nous réunir? Tu ne sais pas, ami, ce que je ferai : — je me placerai aux fenêtres du donjon de manière à te voir monter sur l'échafaud, afin que nos âmes s'envolent ensemble dans le ciel. Si j'expire avant que la hache ne tombe, je t'attendrai; car nous sommes époux, mon Ordener adoré, et ce soir le cercueil sera notre lit nuptial.

Il la pressa sur son cœur gonflé et ne put prononcer que ces mots, qui étaient l'idée de toute son existence :

— Ethel, tu es donc à moi?

— Mes enfants, dit la voix attendrie de l'aumônier, dites vous adieu. Il est temps.

— Hélas!... s'écria Ethel. Toute sa force d'ange lui revint, et elle se prosterna devant le condamné : — Adieu! mon Ordener bien-aimé; mon seigneur, donnez-moi votre bénédiction.

Le prisonnier accomplit ce vœu touchant, puis il se retourna pour saluer le vénérable Athanase Munder. Le vieillard était également agenouillé devant lui.

— Qu'attendez-vous, mon père? demanda-t-il surpris.

Le vieillard le regarda d'un air humble et doux : — Votre bénédiction, mon fils.

— Que le ciel vous bénisse et appelle sur vous toutes les félicités que vos prières appellent sur vos frères les autres hommes, répondit Ordener d'un accent ému et solennel.

Bientôt la voûte sépulcrale entendit les derniers adieux et les derniers baisers; bientôt les durs verrous se refermèrent bruyamment, et la porte de fer sépara les deux jeunes époux, qui allaient mourir après s'être donné rendez-vous dans l'éternité.

XLV

> A qui me livrera Louis Perez, mort ou vif, je lui donne deux mille écus.
>
> CALDEBON, *Louis Perez de Galice.*

— Baron Wœthaün, colonel des arquebusiers de Munckholm, quel est celui des soldats qui ont combattu sous vos ordres au Pilier-Noir qui a fait Han d'Islande prisonnier? Nommez-le au tribunal, afin qu'il reçoive les mille écus royaux promis pour cette capture.

Ainsi parle au colonel des arquebusiers le président du tribunal.

Le tribunal est assemblé; car, selon l'usage ancien de

Norwége, les juges qui prononcent sans appel doivent rester sur leurs siéges jusqu'à ce que l'arrêt qu'ils ont rendu soit exécuté. Devant eux est le géant, qu'on vient de ramener portant à son cou la corde qui doit le porter à son tour dans quelques heures.

Le colonel, assis près de la table du secrétaire intime, se lève.

Il salue le tribunal et l'évêque, qui est remonté sur son trône.

— Seigneurs juges, le soldat qui a pris Han d'Islande est dans cette enceinte. Il se nomme Toric Belfast, second arquebusier de mon régiment.

— Qu'il vienne donc, reprend le président, recevoir la récompense promise.

Un jeune soldat en uniforme d'arquebusier de Munckholm se présente.

— Vous êtes Toric Belfast? demanda le président.

— Oui, Votre Grâce.

— C'est vous qui avez fait Han d'Islande prisonnier?

— Oui, avec l'aide de saint Belzébuth, s'il plaît à Votre Excellence.

On apporte sur le tribunal un sac pesant.

— Vous reconnaissez bien cet homme pour le fameux Han d'Islande? ajoute le président, montrant le géant enchaîné.

— Je connaissais mieux le minois de la jolie Cattie que celui de Han d'Islande; mais j'affirme, par la gloire de saint Belphégor, que, si Han d'Islande est quelque part, c'est sous la forme de ce grand démon.

— Approchez, Toric Belfast, reprit le président. Voici les mille écus promis par le haut syndic.

— Le soldat s'avançait précipitamment vers le tribunal, quand une voix s'éleva dans la foule : — Arquebusier de Munckholm, ce n'est pas toi qui as pris Han d'Islande!

— Par tous les bienheureux diables! s'écria le soldat en se retournant, je n'ai en propriété que ma pipe et la minute où je parle, mais je promets de donner dix mille écus d'or à celui qui vient de dire cela, s'il peut prouver ce qu'il a dit.

Et, croisant les deux bras, il promenait un regard assuré sur l'auditoire. — Eh bien! que celui qui vient de parler se montre donc!

— C'est moi! dit un petit homme qui fendait la presse pour pénétrer dans l'enceinte.

Ce nouveau personnage était enveloppé d'une natte de jonc et de poil de veau marin, vêtement des Groënlendais, qui tombaient autour de lui comme le toit conique d'une hutte.

Sa barbe était noire, et d'épais cheveux de même couleur, couvrant ses sourcils roux, cachaient son visage, dont tout ce qu'on distinguait était hideux. On ne voyait ni ses bras ni ses mains.

— Ah! c'est toi! dit le soldat avec un éclat de rire. Et qui donc, selon toi, mon beau sire, a eu l'honneur de prendre ce diabolique géant?

Le petit homme secoua la tête et dit avec une sorte de sourire malicieux :

— C'est moi!

En ce moment, le baron Wœthaün crut reconnaître en cet homme singulier l'être mystérieux qui lui avait donné à Skongen l'avis de l'arrivée des rebelles; le chancelier d'Ahlefeld, l'hôte de la ruine d'Arbar; et le secrétaire intime, un certain paysan d'Oëlmœ, qui portait une natte pareille et lui avait si bien indiqué la retraite de Han d'Islande.

Mais, séparés tous trois, ils ne purent se communiquer leur impression fugitive, que les différences de costumes et de traits qu'ils remarquèrent ensuite eurent bientôt effacée.

— Vraiment, c'est toi! répondit le soldat ironiquement. — Sans ton costume de phoque du Groënland, au regard que tu me lances, je serais tenté de reconnaître en toi un autre nain grotesque, qui m'a de même cherché querelle dans le Spladgest, il y a environ quinze jours ; — c'était le jour où on apporta le cadavre du mineur Gill Stadt...

— Gill Stadt! interrompit le petit homme en tressaillant.

— Oui, Gill Stadt, affirma le soldat avec indifférence, l'amoureux rebuté d'une fille qui était la maîtresse d'un de nos camarades, et pour laquelle il est mort comme un sot.

Le petit homme dit sourdement :

— N'y avait-il pas aussi au Spladgest le corps d'un officier de ton régiment?

— Précisément, je me rappellerai toute ma vie ce jour-là, j'ai oublié l'heure de la retraite dans le Spladgest, et j'ai failli être dégradé en rentrant au fort. Cet officier, c'était le capitaine Dispolsen... —

A ce nom, le secrétaire intime se leva.

— Ces deux individus abusent de la patience du tribunal. Nous prions le seigneur président d'abréger cet entretien inutile.

— Par l'honneur de ma Cattie, je ne demande pas mieux, dit Toric Belfast, pourvu que Vos Courtoisies m'adjugent les milles écus promis pour la tête de Han, car c'est moi qui l'ai fait prisonnier.

— Tu mens! s'écria le petit homme.

Le soldat chercha son sabre à son côté.

— Tu es bien heureux, drôle, que nous soyons devant la justice, en présence de laquelle un soldat, fût-il arquebusier de Munckholm, doit se tenir désarmé comme un vieux coq.

— C'est à moi, dit froidement le petit homme, qu'appartient le salaire, car sans moi on n'aurait pas la tête de Han d'Islande.

Le soldat furieux jura que c'était lui qui avait pris Han d'Islande lorsque, tombé sur le champ de bataille, il commençait à rouvrir les yeux.

— Eh bien! dit son adversaire, il se peut que ce soit toi qui l'aies pris; mais c'est moi qui l'ai terrassé; sans moi tu n'aurais pu l'emmener prisonnier : donc les mille écus m'appartiennent.

— Cela est faux, répliqua le soldat, ce n'est pas toi qui l'as terrassé, c'est un esprit vêtu de peaux de bêtes.

— C'est moi!

— Non, non.

Le président ordonna aux deux parties de se taire; puis, demandant de nouveau au colonel Wœthaün si c'était bien Toric Belfast qui lui avait amené Han d'Islande prisonnier, sur la réponse affirmative, il déclara que la récompense appartenait au soldat.

Le petit homme grinça des dents, et l'arquebusier étendit avidement les mains pour recevoir le sac.

— Un instant! cria le petit homme. — Sire président, cette somme, d'après l'édit du haut syndic, n'appartient qu'à celui qui livrera Han d'Islande.

— Eh bien? dirent les juges.

Le petit homme se tourna vers le géant :

— Cet homme n'est pas Han d'Islande.

Un murmure d'étonnement parcourut la salle. Le président et le secrétaire intime s'agitaient sur leurs siéges.

— Non, répéta avec force le petit homme, l'argent n'appartient pas à l'arquebusier maudit de Munckholm, car cet homme n'est point Han d'Islande.

— Hallebardiers, dit le président, qu'on emmène ce furieux, il a perdu la raison.

L'évêque éleva la voix :

— Me permette le respectable président de lui faire observer qu'on peut, en refusant d'entendre cet homme, briser la planche du salut sous les pieds du condamné ici présent. Je demande, au contraire, que la confrontation continue.

— Révérend évêque, le tribunal va vous satisfaire, répondit le président ; et s'adressant au géant : — Vous avez déclaré être Han d'Islande ; confirmez-vous devant la mort votre déclaration ?

Le condamné répondit :

— Je la confirme, je suis Han d'Islande.

— Vous entendez, seigneur évêque ?

Le petit homme criait en même temps que le président :

— Tu mens, montagnard de Kole ! tu mens ! Ne t'obstine pas à porter un nom qui t'écrase ; souviens-toi qu'il t'a déjà été funeste.

— Je suis Han, de Klipstadur, en Islande, répéta le géant, l'œil fixé sur le secrétaire intime.

Le petit homme s'approcha du soldat de Munckholm, qui, comme l'auditoire, observait cette scène avec curiosité.

— Montagnard de Kole, on dit que Han d'Islande boit du sang humain. Si tu l'es, bois-en. — En voici :

Et à peine ces paroles étaient-elles prononcées, que, écartant son manteau de natte, il avait plongé un poignard dans le cœur de l'arquebusier, et jeté le cadavre aux pieds du géant.

Un cri d'effroi et d'horreur s'éleva ; les soldats qui gardaient le géant reculèrent.

Le petit homme, prompt comme le tonnerre, s'élança sur le montagnard découvert, et d'un nouveau coup de poignard il le fit tomber sur le corps du soldat. Alors, dépouillant sa natte de jonc, sa fausse chevelure et sa barbe noire, il dévoila ses membres nerveux, hideusement revêtus de peaux de bêtes, et un visage qui répandit plus d'horreur encore parmi les assistants que le poignard sanglant dont il élevait le fer dégouttant de deux meurtres.

— Eh! juges, où est Han d'Islande?

— Gardes, qu'on saisisse ce monstre! cria le président épouvanté.

Il jeta dans la salle son poignard.

— Il m'est inutile s'il n'y a plus ici de soldats de Munckholm.

En parlant ainsi, il se livra sans résistance aux hallebardiers et aux archers qui l'entouraient, se préparant à l'assiéger comme une ville.

On enchaîna le monstre sur le banc des accusés, et une litière emporta ses deux victimes, dont l'une, le montagnard, respirait encore.

Il est impossible de peindre les divers mouvements de terreur, d'étonnement et d'indignation qui, pendant cette scène horrible, avaient agité le peuple, les gardes et les juges.

Quand le brigand eut pris place, calme et impassible, sur le banc fatal, le sentiment de la curiosité imposa silence à toute autre impression, et l'attention rétablit la tranquillité.

L'évêque vénérable se leva :

— Seigneurs juges, dit-il...

Le brigand l'interrompit :

— Evêque de Drontheim, je suis Han d'Islande, ne prends pas la peine de me défendre.

Le secrétaire intime se leva :

— Noble président...

Le monstre lui coupa la parole.

— Secrétaire intime, je suis Han d'Islande, ne prends pas le soin de m'accuser.

Alors, les pieds dans le sang, il promena son œil farouche et hardi sur le tribunal, les archers et la foule, et l'on eût dit que tous ces hommes palpitaient d'épouvante sous le regard de cet homme désarmé, seul et enchaîné.

— Ecoutez, juges, n'attendez pas de moi de longues paroles. Je suis le démon de Klipstadur. Ma mère est cette vieille Islande, l'île des volcans. Elle ne formait autrefois qu'une montagne, mais elle a été écrasée par la main d'un géant qui s'appuya sur sa cime en tombant du ciel. Je n'ai pas besoin de vous parler de moi ; je suis le descendant d'Ingolphe l'Exterminateur, et je porte en moi son esprit. J'ai commis plus de meurtres et allumé plus d'incendies que vous n'avez à vous tous prononcé d'arrêts iniques dans votre vie. J'ai des secrets communs avec le chancelier d'Ahlefeld. — Je boirais tout le sang qui coule dans vos veines avec délices. Ma nature est de haïr les hommes, ma mission de leur nuire. Colonel des arquebusiers de Munckholm, c'est moi qui t'ai donné avis du passage des mineurs au Pilier-Noir, certain que tu tuerais un grand nombre d'hommes dans ces gorges; c'est moi qui ai écrasé un bataillon de ton régiment avec des quartiers de rochers : je vengeais mon fils. — Maintenant, juges, mon fils est mort; je viens ici chercher la mort. L'âme d'Ingolphe me pèse, parce que je la porte seul et que je ne pourrai la transmettre à aucun héritier. Je suis las de la vie, puisqu'elle ne peut plus être l'exemple et la leçon d'un successeur. J'ai assez bu de sang : je n'ai plus soif. — A présent me voici : vous pouvez boire le mien.

Il se tut : et toutes les voix répétèrent sourdement chacune de ses effroyables paroles.

L'évêque lui dit :

— Mon fils, dans quelle intention avez-vous donc commis tant de crimes?

Le brigand se mit à rire.

— Ma foi, je te jure, révérend évêque, que ce n'était pas, comme ton confrère l'évêque de Borglum, dans l'intention de m'enrichir (1). Quelque chose était en moi qui me poussait.

— Dieu ne réside pas toujours dans tous ses ministres, répondit humblement le saint vieillard. Vous voulez m'insulter, je voudrais pouvoir vous défendre.

— Ta Révérence perd son temps. Va demander à ton autre confrère l'évêque de Scalholt, en Islande. Par Ingolphe, ce sera une chose étrange que deux évêques aient pris soin de ma vie, l'un près de mon berceau, l'autre près de mon sépulcre. — Evêque, tu es un vieux fou.

— Mon fils, croyez-vous en Dieu?

— Pourquoi non? Je veux qu'il soit un Dieu pour pouvoir blasphémer.

— Arrêtez, malheureux! vous allez mourir, et vous ne baisez pas les pieds du Christ!

Han d'Islande haussa les épaules.

— Si je le faisais, ce serait à la manière du gendarme de Roll, qui fit tomber le roi en lui baisant le pied.

L'évêque se rassit profondément ému.

— Allons, juges, poursuivit Han d'Islande, qu'attendez-vous? Si j'avais été à votre place et vous à la mienne, je ne vous aurais point fait attendre si longtemps votre arrêt de mort.

Le tribunal se retira.

Après une courte délibération, il rentra dans l'audience, et le président lut à haute voix une sentence qui, selon les

(1) Quelques chroniqueurs affirment qu'en 1525 un évêque de Borglum se rendit fameux par divers brigandages. Il soudoyait des pirates, disent-ils, qui infestaient les côtes de la Norwége.

formules, condamnait Han d'Islande *à être pendu par le cou jusqu'à ce que mort s'ensuivît.*

— Voilà qui est bien, dit le brigand. Chancelier d'Ahlefeld, j'en sais assez sur ton compte pour t'en faire obtenir autant. Mais vis, puisque tu fais du mal aux hommes. — Allons, je suis sûr maintenant de ne point aller dans le Nysthiem (1).

Le secrétaire intime ordonna aux gardes qui l'emmenaient de le déposer dans le donjon du Lion de Slesvig, pendant qu'on lui préparerait un cachot, pour y attendre son exécution, dans le quartier des arquebusiers de Munckholm.

— Dans le quartier des arquebusiers de Munckholm! répéta le monstre avec un grondement de joie.

XLVI

> Cependant le cadavre de Ponce de Léon, qui était resté auprès de la fontaine, ayant été défiguré par le soleil, les Maures des Alpuxares s'en emparèrent et le portèrent à Grenade.
>
> E. H., *le Captif d'Ochali.*

Cependant, avant l'aube du jour dans lequel nous sommes déjà assez avancés, à l'heure même où la sentence d'Ordener se prononçait à Munckholm, le nouveau gardien du Spladgest de Drontheim, l'ancien lieutenant et le

---

(1) Selon les croyances populaires, le *Nysthiem* était l'enfer de ceux qui mouraient de maladie ou de vieillesse.

successeur actuel de Benignus Spiagudry, Oglypiglap, avait été brusquement réveillé sur son grabat par le retentissement de la porte de l'édifice sous plusieurs coups violents.

Il s'était levé à regret, avait pris sa lampe de cuivre, dont la faible lumière blessait ses yeux endormis, et était allé, en jurant de l'humidité de la salle des morts, ouvrir à ceux qui l'arrachaient sitôt à son sommeil.

C'étaient des pêcheurs du lac de Sparbo, qui apportaient sur une litière couverte de joncs, d'algues et de limoselle des marais, un cadavre trouvé dans les eaux du lac.

Ils déposèrent leur fardeau dans l'intérieur de l'édifice funèbre, et Oglypiglap leur donna un reçu du mort, afin qu'ils pussent réclamer leur salaire.

Resté seul dans le Spladgest, il commença à déshabiller le cadavre, qui était remarquable par sa longueur et sa maigreur.

Le premier objet qui se présenta à ses yeux, quand il eut soulevé le voile dont il était enveloppé, fut une énorme perruque.

— En vérité, se dit-il, cette perruque de forme étrangère m'a déjà passé par les mains, c'était celle de ce jeune élégant Français... Mais, continua-t-il en poursuivant ses opérations, voici les bottes fortes du pauvre postillon Cramner que ses chevaux ont écrasé, et... — que diable est-ce que cela signifie? — l'habit noir complet du professeur Symgramtax, ce vieux savant qui s'est noyé dernièrement. — Quel est donc ce nouveau venu qui m'arrive avec la dépouille de toutes mes vieilles connaissances?

Il promena sa lampe sur le visage du mort, mais inutilement; les traits, déjà décomposés, avaient perdu leur forme et leur couleur. Il fouilla dans les poches de l'habit, et en tira quelques vieux parchemins imprégnés d'eau et souillés de vase : il les essuya fortement avec son tablier

de cuir, et parvint à lire sur l'un d'eux ces mots sans suite
à demi effacés : — « Rudbeck; Saxon le grammairien ;
« Arngrim, évêque de Holum. — Il n'y a en Norwége que
« deux comtés, Larvig et Jarlsberg, et une baronnie... —
« On ne trouve de mines d'argent qu'à Kongsberg; de l'ai-
« mant, des asbestes, qu'à Sundmoër; de l'améthyste,
« qu'à Guldbranshal; des calcédoines, des agates, du jaspe,
« qu'aux îles Faroër. — A Noukahiva, en temps de fa-
« mine, les hommes mangent leurs femmes et leurs en-
« fants. — Thormodus Thorfœus; Isleif, évêque de Scal-
« holt, premier historien islandais. — Mercure joua aux
« échecs avec la Lune, et lui gagna la soixante-douzième
« partie du jour. — Malhstrom, gouffre. *Hirundo, hi-*
« *rudo.* — Cicéron, pois chiche : gloire. Frode le savant.
« — Odin consultait la tête de Mimer, sage (Mahomet et
« son pigeon, Sertorius et sa biche). Plus le sol... moins
« il renferme de gypse... — »

— Je ne puis en croire encore mes yeux ! s'écria-t-il laissant tomber le parchemin ; c'est l'écriture de mon ancien
maître Benignus Spiagudry !...

Alors, examinant de nouveau le cadavre, il reconnut les
longues mains, les cheveux rares, et toute l'habitude du
corps de l'infortuné.

— Ce n'est pas à tort, pensa-t-il en secouant la tête,
qu'on a lancé contre lui une accusation de sacrilége et de
nécromancie. Le diable l'a enlevé pour le noyer dans le
Sparbo. — Ce que c'est que de nous ! qui eût jamais pensé
que le docteur Spiagudry, après avoir si longtemps gardé
les autres dans cette hôtellerie des morts, viendrait un
jour de loin s'y faire garder lui-même !

Le petit Lapon philosophe soulevait le corps pour le
porter sur l'une de ses six couches de granit lorsqu'il s'a-
perçut que quelque chose de lourd était attaché par un lien
de cuir au cou du malheureux Spiagudry.

— C'est sans doute la pierre avec laquelle le démon l'a précipité dans le lac, murmura-t-il.

Il se trompait : c'était une petite cassette de fer, sur laquelle, en la regardant de près, après l'avoir soigneusement essuyée, il remarqua un large fermoir en écusson.

— Il y a sans doute quelque diablerie dans cette boîte, se dit-il; cet homme était sacrilége et sorcier. Allons déposer cette cassette chez l'évêque : elle renferme peut-être un démon.

Alors, la détachant du cadavre, qu'il déposa dans la salle d'exposition, il sortit en toute hâte pour se rendre au palais épiscopal, murmurant en chemin quelques prières contre la redoutable boîte qu'il portait.

XLVII

> Est-ce un homme ou un esprit infernal qui parle ainsi? Quel est donc l'esprit malfaisant qui te tourmente? Montre-moi l'ennemi implacable qui habite ton cœur?
>
> MATHURIN.

Han d'Islande et Schumacker sont dans la même salle du donjon de Slesvig.

L'ex-chancelier absous se promène à pas lents, les yeux chargés de pleurs amers; le brigand condamné rit de ses chaines, environné de gardes.

Les deux prisonniers s'observent longtemps en silence : on dirait qu'ils se sentent tous deux et se reconnaissent mutuellement ennemis des hommes.

— Qui es-tu? demande enfin l'ex-chancelier au brigand.

— Je te dirai mon nom, reprit l'autre, pour te faire fuir. Je suis Han d'Islande.

Schumacker s'avance vers lui :

— Prends ma main! dit-il.

— Est-ce que tu veux que je la dévore?

— Han d'Islande, reprend Schumacker, je t'aime parce que tu hais les hommes.

— Voilà pourquoi je te hais.

— Ecoute, je hais les hommes, comme toi, parce que je leur ai fait du bien, et qu'ils m'ont fait du mal.

— Tu ne les hais pas comme moi : je les hais, moi, parce qu'ils m'ont fait du bien, et que je leur ai rendu du mal.

Schumacker frémit du regard du monstre. Il a beau vaincre sa nature, son âme ne peut sympathiser avec celle-là.

— Oui, s'écrie-t-il, j'exècre les hommes parce qu'ils sont fourbes, ingrats, cruels. Je leur ai dû tout le malheur de ma vie.

— Tant mieux! — Je leur ai dû, moi, tout le bonheur de la mienne.

— Quel bonheur?

— Le bonheur de sentir des chairs palpitantes frémir sous ma dent, un sang fumant réchauffer mon gosier altéré; la volupté de briser des êtres vivants contre des pointes de rochers, et d'entendre le cri de la victime se mêler au bruit des membres fracassés. — Voilà les plaisirs que m'ont procurés les hommes.

Schumacker recula avec épouvante devant le monstre, dont il s'était approché presque avec l'orgueil de lui ressembler.

Pénétré de honte, il voila son visage vénérable de ses

mains; car ses yeux étaient pleins de larmes d'indignation, non contre la race humaine, mais contre lui-même. Son cœur noble et grand commençait à s'effrayer de la haine qu'il portait aux hommes depuis si longtemps en la voyant reproduite dans le cœur de Han d'Islande comme par un miroir effrayant.

— Eh bien! dit le monstre en riant, ennemi des hommes, oses-tu te vanter d'être semblable à moi?

Le vieillard frissonna : — O Dieu! plutôt que de les haïr comme toi, j'aimerais mieux les aimer.

Les gardes vinrent chercher le monstre pour l'emmener dans un cachot plus sûr.

Schumacker rêveur resta seul dans le donjon; mais il n'y restait plus d'ennemi des hommes.

XLVIII

> . . . . Quand le méchant m'épie,
> Me ferez-vous tomber, Seigneur, entre ses mains?
> C'est lui qui sous mes pas a rompu vos chemins.
> Ne me châtiez point : car mon crime est son crime.
>
> A. DE VIGNY.

L'heure fatale était arrivée; le soleil ne montrait plus que la moitié de son disque au-dessus de l'horizon.

Les postes étaient doublés dans tout le château fort de Munckholm; devant chaque porte se promenaient des sentinelles silencieuses et farouches.

La rumeur de la ville arrivait plus tumultueuse et plus

bruyante aux sombres tours de la forteresse, livrée elle-même à une agitation extraordinaire.

On entendait dans toutes les cours le bruit lugubre des tambours voilés de crêpes; le canon de la tour basse grondait par intervalles; la lourde cloche du donjon se balançait lentement avec des sons graves et prolongés, et, de tous les points du port, des embarcations chargées de peuple se pressaient vers le redoutable rocher.

Un échafaud tendu de noir, autour duquel s'épaississait et se grossissait sans cesse une foule impatiente, s'élevait dans la place d'armes du château, au centre d'un carré de soldats.

Sur l'échafaud se promenait un homme vêtu de serge rouge, tantôt s'appuyant sur une hache qu'il tenait à la main, tantôt remuant un billot et une claie que portait l'estrade funèbre.

Près de là était préparé un bûcher devant lequel brûlaient quelques torches de résine.

Entre l'échafaud et le bûcher, on avait planté un pieu auquel était suspendu un écriteau : *Ordener Guldenlew, traître.*

On apercevait, de la place d'armes, flotter au haut du donjon de Slesvig un grand drapeau noir.

C'est dans ce moment que parut devant le tribunal, toujours assemblé dans la salle d'audience, Ordener condamné.

L'évêque seulement était absent : son ministère de défenseur avait cessé.

Le fils du vice-roi était vêtu de noir et portait à son cou le collier de Dannebrog. Son visage était pâle, mais fier; il était seul, car on était venu le chercher pour le supplice avant que l'aumônier Athanase Munder fût revenu dans son cachot.

Ordener avait déjà consommé intérieurement son sacrifice. Cependant l'époux d'Ethel songeait encore avec quelque amertume à la vie, et eût peut-être voulu pouvoir choisir pour sa première nuit de noces une autre nuit que celle du tombeau.

Il avait prié et surtout rêvé dans sa prison. Maintenant il était debout devant le terme de toute prière et de tout rêve. Il se sentait fort de la force que donnent Dieu et l'amour.

La foule, plus émue que le condamné, le considérait avec une attention avide. L'éclat de son rang, l'horreur de son sort, éveillaient toutes les envies et toutes les pitiés. Chacun assistait à son châtiment sans s'expliquer son crime.

Il y a au fond des hommes un sentiment étrange qui les pousse, ainsi qu'à des plaisirs, au spectacle des supplices. Ils cherchent avec un horrible empressement à saisir la pensée de la destruction sur les traits décomposés de celui qui va mourir, comme si quelque révélation du ciel ou de l'enfer devait apparaître, en ce moment solennel, dans les yeux du misérable; comme pour voir quelle ombre jette l'aile de la mort planant sur une tête humaine; comme pour examiner ce qui reste d'un homme quand l'espérance l'a quitté.

Cet être, plein de force et de santé, qui se meut, qui respire, qui vit, et qui, dans un moment, cessera de se mouvoir, de respirer, de vivre, environné d'êtres pareils à lui, auxquels il n'a rien fait, qui le plaignent tous, et dont nul ne le secourra; ce malheureux, mourant sans être moribond, courbé à la fois sous une puissance matérielle et sous un pouvoir invisible; cette vie que la société n'a pu donner, et qu'elle prend avec appareil, toute cette cérémonie imposante du meurtre judiciaire, ébranlent vivement les imaginations.

Condamnés tous à mort avec avec des sursis indéfinis,

c'est pour nous un objet de curiosité étrange et douloureuse que l'infortuné qui sait précisément à quelle heure son sursis doit être levé.

On se souvient qu'avant d'aller à l'échafaud Ordener devait être ramené devant le tribunal pour être dégradé de ses titres et de ses honneurs.

A peine le mouvement excité dans l'assemblée par son arrivée eut-il fait place au calme, que le président se fit apporter le livre héraldique des deux royaumes et les statuts de l'ordre de Dannebrog.

Alors, ayant invité le condamné à mettre un genou en terre, il recommanda aux assistants le silence et le respect, ouvrit le livre des chevaliers de Dannebrog, et commença à lire d'une voix haute et sévère :

« Christiern, par la grâce et miséricorde du Tout-Puis-
« sant, roi de Dancmark et de Norwége, des Vandales et
« des Goths, duc de Slesvig, de Holstein, de Stormarie et
« de Dytmarse, comte d'Oldenbourg et de Delmenhurst,
« savoir faisons qu'ayant rétabli, sur la proposition de no-
« tre grand chancelier, comte de Griffenfeld (la voix du pré-
« sident passa si rapidement sur ce nom, qu'on l'entendit
« à peine), l'ordre royal de Dannebrog, fondé par notre il-
« lustre aïeul saint Waldemar,

« Sur ce que nous avons considéré que cet ordre véné-
« rable ayant été créé en souvenir de l'étendard Danne-
« brog, envoyé du ciel à notre royaume béni,

« Ce serait mentir à la divine institution de l'ordre si
« quelqu'un des chevaliers pouvait impunément forfaire à
« l'honneur et aux saintes lois de l'Eglise et de l'Etat,

« Nous ordonnons, à genoux devant Dieu, que quicon-
« que, parmi les chevaliers de l'ordre, aura livré son âme
« au démon par quelque félonie ou trahison, après avoir
« été blâmé publiquement par un juge, sera à jamais dé-

« gradé du rang de chevalier de notre royal ordre de Dan-
« nebrog. »

Le président referma le livre.

— Ordener Guldenlew, baron de Torvick, chevalier de Dannebrog, vous vous êtes rendu coupable de haute trahison, crime pour lequel votre tête va être tranchée, votre corps brûlé, et votre cendre jetée au vent. — Ordener Guldenlew, traître, vous vous êtes rendu indigne de prendre rang parmi les chevaliers de Dannebrog ; je vous invite à vous humilier, car je vais vous dégrader publiquement au nom du roi.

Le président étendit la main sur le livre de l'ordre et s'apprêtait à prononcer la formule fatale sur Ordener, calme et immobile, lorsqu'une porte latérale s'ouvrit à droite du tribunal.

Un huissier ecclésiastique parut, annonçant Sa Révérence l'évêque du Drontheimhus.

C'était lui en effet.

Il entra précipitamment dans la salle, accompagné d'un autre ecclésiastique qui le soutenait.

— Arrêtez ! seigneur président, cria-t-il avec une force qui semblait n'être plus de son âge ; arrêtez ! le ciel soit béni ! j'arrive à temps.

L'assemblée redoubla d'attention, prévoyant quelque nouvel événement. Le président se tourna vers l'évêque avec humeur :

— Votre Révérence me permettra de lui faire remarquer que sa présence est inutile ici. Le tribunal va dégrader le condamné, qui touche au moment de subir sa peine.

— Gardez-vous, dit l'évêque, de toucher à celui qui est pur devant le Seigneur. Ce condamné est innocent.

Rien ne peut se comparer au cri d'étonnement qui retentit dans l'auditoire, si ce n'est le cri d'épouvante que poussèrent le président et le secrétaire intime.

— Oui, tremblez, juges, poursuivit l'évêque avant que le président eût eu le temps de reprendre son sang-froid; tremblez! car vous allez verser le sang innocent.

Pendant que l'émotion du président se calmait, Ordener s'était levé consterné. Le noble jeune homme craignait que sa généreuse ruse ne fût découverte et qu'on n'eût trouvé des preuves de la culpabilité de Schumacker.

— Seigneur évêque, dit le président, dans cette affaire le crime semble vouloir nous échapper en passant de tête en tête. Ne vous fiez pas à quelque vaine apparence. Si Ordener Guldenlew est innocent, quel est donc alors le coupable?

— Votre Grâce va le savoir, répondit l'évêque. — Puis, montrant au tribunal une cassette de fer qu'un serviteur portait derrière lui : — Nobles seigneurs, vous avez jugé dans les ténèbres; dans cette cassette est la lumière miraculeuse qui doit les dissiper.

Le président, le secrétaire intime et Ordener parurent frappés en même temps à l'aspect de la mystérieuse cassette. L'évêque poursuivit :

— Nobles juges, écoutez-nous. Aujourd'hui, au moment où nous rentrions dans notre palais épiscopal, afin de nous reposer des fatigues de la nuit, et de prier pour les condamnés, on nous a remis cette boîte de fer scellée. Le gardien du Spladgest l'avait, nous a-t-on dit, apportée ce matin à notre palais pour qu'elle nous fût remise, affirmant qu'elle renfermait sans doute quelque mystère satanique, attendu qu'il l'avait trouvée sur le corps du sacrilége Benignus Spiagudry, dont on a retiré le cadavre du Sparbo.

L'attention d'Ordener redoubla. Tout l'auditoire se taisait religieusement.

Le président et le secrétaire courbaient la tête comme deux condamnés. On eût dit qu'ils avaient tous deux oublié leur astuce et leur audace.

Il y a un moment dans la vie du méchant où sa puissance s'en va.

— Après avoir béni cette cassette, continua l'évêque, nous en avons brisé le sceau, qui portait, comme vous pouvez le voir encore, les anciennes armoiries abolies de Griffenfeld. — Nous y avons trouvé en effet un secret satanique. — Vous allez en juger, vénérables seigneurs. Prêtez-nous toute votre attention; car il s'agit ici du sang des hommes, et le Seigneur en pèse chaque goutte.

Alors, ouvrant la formidable cassette, il en tira un parchemin au dos duquel était écrite l'attestation suivante :

« Moi, Blaxtham Cumbysulsum, docteur, je déclare, au
« moment de mourir, remettre au capitaine Dispolsen, pro-
« cureur, à Copenhague, de l'ancien comte de Griffenfeld,
« la pièce suivante, entièrement écrite de la main de Tu-
« riaf Musdœmon, serviteur du chancelier comte d'Ahle-
« feld, afin que le susnommé capitaine en fasse l'usage
« qu'il lui plaira. — Et je prie Dieu de me pardonner mes
« crimes. — A Copenhague, le onzième jour du mois de
« janvier mil six cent quatre-vingt-dix-neuf.

« Cumbysulsum. »

Le secrétaire intime tremblait d'un tremblement convulsif. Il voulut parler et ne le put. L'évêque cependant remettait le parchemin au président pâle et agité.

— Que vois-je! s'écria celui-ci en déployant le parchemin. — *Note au noble comte d'Ahlefeld, sur le moyen de se défaire juridiquement de Schumacker!...* — Je vous jure, révérend évêque!...

Le parchemin tomba des mains du président.

— Lisez, lisez, seigneur, poursuivait l'évêque. Je ne doute pas que votre indigne serviteur n'ait abusé de votre nom comme il a abusé de celui du malheureux Schumacker. Voyez seulement ce qu'a produit votre haine peu charitable pour votre prédécesseur tombé. Un de vos courtisans a machiné en votre nom sa perte, espérant sans doute s'en faire un mérite auprès de Votre Grâce.

En montrant au président que les soupçons de l'évêque, qui connaissait tout le contenu de la cassette, ne tombaient pas sur lui, ces paroles le ranimèrent.

Ordener respirait également. Il commençait à entrevoir que l'innocence du père de son Ethel allait éclater en même temps que la sienne propre.

Il éprouvait un profond étonnement de cette destinée bizarre qui l'avait conduit à la poursuite d'un formidable brigand pour retrouver cette cassette que son vieux guide Benignus Spiagudry portait sur lui; en sorte qu'elle le suivait pendant qu'il la cherchait.

Il méditait aussi la grave leçon des événements qui, après l'avoir perdu par cette fatale cassette, le sauvaient par elle.

Le président, rappelant son sang-froid, lut alors, avec les signes d'une indignation que partageait tout l'auditoire, une longue note où Musdœmon expliquait en détail l'abominable plan que nous lui avons vu suivre dans le cours de cette histoire.

Plusieurs fois le secrétaire intime voulut se lever pour se défendre; mais à chaque fois la rumeur publique le repoussait sur son siége.

Enfin l'odieuse lecture se termina au milieu d'un murmure d'horreur.

— Hallebardiers, qu'on saisisse cet homme! dit le président, désignant du doigt le secrétaire intime.

Le misérable, sans force et sans parole, descendit de son

36.

siége, et fut jeté sur le banc d'infamie parmi les huées de la populace.

— Seigneurs juges, dit l'évêque, frémissez et réjouissez-vous. La vérité, qui vient d'être portée à vos consciences, va encore vous être confirmée par ce que l'aumônier des prisons de cette royale ville, notre honoré frère Athanase Munder, ici présent, va vous apprendre.

C'était en effet Athanase Munder qui accompagnait l'évêque.

Il s'inclina devant son pasteur et devant le tribunal, puis, sur un signe du président, il s'exprima ainsi :

— Ce que je vais dire est la vérité. Me punisse le ciel si je profère ici une parole dans une intention autre que celle de bien faire ! — J'avais déjà, d'après ce que j'avais vu ce matin dans le cachot du fils du vice-roi, pensé en moi-même que ce jeune homme n'était point coupable, quoique Vos Seigneuries l'aient condamné sur ses aveux. Or, j'ai été appelé, il y a quelques heures, pour donner les derniers secours spirituels au malheureux montagnard qui a été si cruellement assassiné devant vous, et que vous aviez condamné, respectables seigneurs, comme étant Han d'Islande. Voici ce que m'a dit ce moribond : « Je ne suis « point Han d'Islande ; j'ai été bien puni d'avoir pris ce « nom. Celui qui m'a payé pour jouer ce rôle est le secré-« taire intime de la grande-chancellerie ; il se nomme Mus-« dæmon, et il a machiné toute la révolte sous le nom de « *Hacket*. Je crois qu'il est le seul coupable dans tout « ceci. » Alors il m'a demandé ma bénédiction et recommandé de venir en toute hâte porter ses dernières paroles au tribunal. — Dieu est témoin de ce que je dis. Puissé-je sauver le sang de l'innocent, et ne point faire verser celui du coupable !

Il se tut, saluant de nouveau son évêque et les juges.

— Votre Grâce voit, seigneur, dit l'évêque au président, que l'un de mes clients n'avait point saisi à tort tant de ressemblance entre ce Hacket et votre secrétaire intime.

— Turiaf Musdœmon, demanda le président au nouvel accusé, qu'avez-vous à alléguer pour votre défense?

Musdœmon leva sur son maître un regard qui l'effraya.

Toute son assurance lui était revenue.

Il répondit après un moment de silence :

— Rien, seigneur.

Le président reprit d'une voix altérée et faible :

— Vous vous avouez donc coupable du crime qui vous est imputé? Vous vous avouez auteur d'une conspiration tramée à la fois contre l'Etat et contre un individu nommé Schumacker?

— Oui, seigneur, répondit Musdœmon.

L'évêque se leva.

— Seigneur président, pour qu'il ne reste aucun doute dans cette affaire, que Votre Grâce demande à l'accusé s'il a eu des complices.

— Des complices! répéta Musdœmon.

Il parut réfléchir un moment.

Un horrible malaise se peignit sur le front du président.

— Non, seigneur évêque, dit-il enfin.

Le président jeta sur lui un regard soulagé qui rencontra le sien.

— Non, je n'ai point eu de complices, répéta Musdœmon avec plus de force. J'avais tramé tout ce complot par attachement pour mon maître, qui l'ignorait, pour perdre son ennemi Schumacker.

Les regards de l'accusé et du président se rencontrèrent encore.

— Votre Grâce, reprit l'évêque, doit sentir que, puisque Musdœmon n'a point eu de complices, le baron Ordener Guldenlew ne peut être coupable.

— S'il ne l'était pas, révérend évêque, comment se serait-il avoué criminel?

— Seigneur président, comment ce montagnard s'est-il obstiné à se dire Han d'Islande au péril de sa tête? Dieu seul sait ce qui existe au fond des cœurs.

Ordener prit la parole.

— Seigneurs juges, je puis vous le dire, maintenant que le vrai coupable est découvert. Oui, je me suis faussement accusé pour sauver l'ancien chancelier Schumacker, dont la mort eût laissé sa fille sans protecteur.

Le président se mordit les lèvres.

— Nous demandons au tribunal, dit l'évêque, que l'innocence de notre client Ordener soit proclamée par lui.

Le président répondit par un signe d'adhésion, et, sur la demande du haut syndic, on acheva l'examen de la redoutable cassette, qui ne renfermait plus que le diplôme et les titres de Schumacker mêlés à quelques lettres du prisonnier de Munckholm au capitaine Dispolsen, lettres amères sans être coupables, et qui ne pouvaient effrayer que le chancelier d'Ahlefeld.

Bientôt le tribunal se retira, et, après une courte délibération, tandis que les curieux rassemblés dans la place d'Armes attendaient avec une impatience opiniâtre le fils du vice-roi condamné, et que le bourreau se promenait nonchalamment sur l'échafaud, le président prononça, d'une voix presque éteinte, l'arrêt qui condamnait à mort Turiaf Musdœmon, et réhabilitait Ordener Guldenlew, le réintégrant dans tous ses honneurs, titres et priviléges.

XLIX

Combien me vendrais-tu ta carcasse, mon drôle ?
Je n'en donnerais pas, en honneur, une obole.
Saint Michel à Satan, Mystère.

Ce qui restait du régiment des arquebusiers de Munckholm était rentré dans son ancienne caserne, bâtiment isolé au milieu d'une grande cour carrée dans l'enceinte du fort.

A la nuit tombante, on barricada, suivant l'usage, les portes de cet édifice, où s'étaient retirés tous les soldats, à l'exception des sentinelles dispersées sur les tours et du peloton de garde devant la prison militaire adossée à la caserne.

Cette prison, la plus sûre et la mieux surveillée de toutes les prisons de Munckholm, renfermait les deux condamnés qui devaient être pendus le lendemain matin, Han d'Islande et Musdœmon.

Han d'Islande est seul dans son cachot.

Il est étendu sur la terre, enchaîné, la tête appuyée sur une pierre : quelque faible lumière vient jusqu'à lui à travers une ouverture quadrangulaire grillée, pratiquée dans l'épaisse porte de chêne qui sépare son cachot de la salle voisine, où il entend ses gardiens rire et blasphémer, au bruit des bouteilles qu'ils vident et des dés qu'ils roulent sur un tambour.

Le monstre s'agite en silence dans l'ombre, ses bras se resserrent et s'écartent, ses genoux se contractent et se déploient, ses dents mordent ses fers.

Tout à coup il élève la voix, il appelle ; un guichetier se présente à l'ouverture grillée.

— Que veux-tu? dit-il au brigand.

Han d'Islande se soulève.

— Compagnon, j'ai froid; mon lit de pierre est dur et humide; donne-moi une botte de paille pour dormir, et un peu de feu pour me réchauffer.

— Il est juste, reprend le guichetier, de procurer au moins ses aises à un pauvre diable qui va être pendu, fût-il le diable d'Islande. Je vais t'apporter ce que tu me demandes... — As-tu de l'argent?

— Non, répond le brigand.

— Quoi! toi, le plus fameux voleur de la Norwége, tu n'as pas dans ta sacoche quelques méchants ducats d'or?

— Non, répond le brigand.

— Quelques petits écus royaux?

— Non, te dis-je.

— Pas même quelques pauvres ascalins?

— Non, non, rien : pas de quoi acheter la peau d'un rat ou l'âme d'un homme.

Le guichetier hocha la tête.

— C'est différent : tu as tort de te plaindre; ta cellule n'est pas aussi froide que celle où tu dormiras demain, sans t'apercevoir, je te jure, de la dureté du lit.

Cela dit, le guichetier se retira, emportant une malédiction du monstre, qui continua de se mouvoir dans ses chaînes, dont les anneaux rendaient par intervalles des bruits faibles, comme s'ils se fussent lentement brisés sous des tiraillements violents et réitérés.

La porte de chêne s'ouvrit; un homme de haute taille, vêtu de serge rouge, et portant une lanterne sourde, entra dans le cachot, accompagné du guichetier qui avait repoussé la prière du prisonnier.

Celui-ci cessa tout mouvement.

— Han d'Islande, dit l'homme vêtu de rouge, je suis Nychol Orugix, bourreau du Drontheimhus; je dois avoir demain, au lever du jour, l'honneur de pendre Ton Excellence par le cou à une belle potence neuve, sur la place publique de Drontheim.

— Es-tu bien sûr en effet de me pendre ? répondit le brigand.

Le bourreau se mit à rire : — Je voudrais que tu fusses aussi sûr de monter droit au ciel par l'échelle de Jacob que tu es sûr de monter demain au gibet par l'échelle de Nychol Orugix.

— En vérité ? dit le monstre avec un malicieux regard.

— Je te répète, seigneur brigand, que je suis le bourreau de la province.

— Si je n'étais moi, je voudrais être toi, reprit le brigand.

— Je ne t'en dirai pas autant, reprit le bourreau. Puis, se frottant les mains d'un air vain et flatté : — Mon ami, tu as raison, c'est un bel état que le nôtre. Ah ! ma main sait ce que pèse la tête d'un homme.

— As-tu quelquefois bu du sang ? demanda le brigand.

— Non ; mais j'ai souvent donné la question.

— As-tu quelquefois dévoré les entrailles d'un petit enfant vivant encore ?

— Non ; mais j'ai fait crier des os entre les ais d'un chevalet de fer ; j'ai tordu des membres dans les rayons d'une roue ; j'ai ébréché des scies d'acier sur des crânes dont j'enlevais les chevelures ; j'ai tenaillé des chairs palpitantes, avec des pinces rougies devant un feu ardent ; j'ai brûlé le sang dans des veines entr'ouvertes, en y versant des ruisseaux de plomb fondu et d'huile bouillante.

— Oui, dit le brigand pensif, tu as bien aussi tes plaisirs.

— En somme, continua le bourreau, quoique tu sois

Han d'Islande, je crois qu'il s'est encore envolé plus d'âmes de mes mains que des tiennes, sans compter celle que tu rendras demain.

— En supposant que j'en aie une. — Crois-tu donc, bourreau du Drontheimhus, que tu pourrais faire partir l'esprit d'Ingolphe du corps de Han d'Islande sans qu'il emportât le tien?

La réponse du bourreau commença par un éclat de rire.

— Ah! vraiment! nous verrons cela demain.

— Nous verrons, dit le brigand.

— Allons, dit le bourreau, je ne suis pas venu ici pour t'entretenir de ton esprit, mais seulement de ton corps. Ecoute-moi! — Ton cadavre m'appartient de droit après ta mort; cependant la loi te laisse la faculté de me le vendre : dis-moi donc ce que tu en veux.

— Ce que je veux de mon cadavre? dit le brigand.

— Oui, et sois consciencieux.

Han d'Islande s'adressa au guichetier : — Dis-moi, camarade, combien veux-tu me vendre une botte de paille et un peu de feu?

Le guichetier resta un moment rêveur : — Deux ducats d'or, répondit-il.

— Eh bien! dit le brigand au bourreau, tu me donneras deux ducats d'or de mon cadavre.

— Deux ducats d'or! s'écria le bourreau. Cela est horriblement cher. Deux ducats d'or un méchant cadavre! Non, certes! je n'en donnerai pas ce prix.

— Alors, répondit tranquillement le monstre, tu ne l'auras pas!

— Tu seras jeté à la voirie, au lieu d'orner le musée royal de Copenhague ou le cabinet de curiosités de Berghen.

— Que m'importe?

— Longtemps après ta mort, on viendrait en foule examiner ton squelette en disant : *Ce sont les restes du fameux Han d'Islande!* on polirait tes os avec soin, on les rattacherait avec des chevilles de cuivre ; on te placerait sous une grande cage de verre, dont on aurait soin chaque jour d'enlever la poussière. Au lieu de ces honneurs, songe à ce qui t'attend, si tu ne veux pas me vendre ton cadavre; on t'abandonnera à la pourriture dans quelque charnier, où tu seras à la fois la pâture des vers et la proie des vautours.

— Eh bien! je ressemblerai aux vivants, qui sont sans cesse rongés par les petits et dévorés par les grands.

— Deux ducats d'or! répétait le bourreau entre ses dents, quelle prétention exorbitante! Si tu ne modères ton prix, mon cher Han d'Islande, nous ne pourrons traiter ensemble.

— C'est la première et probablement la dernière vente que je ferai de ma vie; je tiens à faire un marché avantageux.

— Songe que je puis te faire repentir de ton opiniâtreté. Demain tu seras en ma puissance.

— Crois-tu?

Ces mots étaient prononcés avec une expression qui échappa au bourreau.

— Oui, et il y a une manière de serrer le nœud coulant... tandis que, si tu deviens raisonnable, je te pendrai mieux.

— Peu m'importe de ce que tu feras demain de mon cou! répondit le monstre d'un air railleur.

— Allons, ne pourrais-tu te contenter de deux écus royaux? Qu'en feras-tu?

— Adresse-toi à ton camarade, dit le brigand en montrant le guichetier; il me demande deux ducats d'or pour un peu de paille et de feu.

— Aussi, dit le bourreau, apostrophant le guichetier

avec humeur, par la scie de saint Joseph! il est révoltant de faire payer du feu et de méchante paille au poids de l'or. Deux ducats!

Le guichetier répliqua aigrement:

— Je suis bien bon de n'en pas exiger quatre! — C'est vous, maître Nychol, qui êtes aussi arabe que le chiffre 2, de refuser à ce pauvre prisonnier deux ducats d'or de son cadavre, que vous pourrez vendre au moins vingt ducats à quelque savant ou à quelque médecin.

— Je n'ai jamais payé un cadavre plus de quinze ascalins, dit le bourreau.

— Oui, repartit le guichetier, le cadavre d'un mauvais voleur ou d'un misérable juif, cela peut être; mais chacun sait que vous tirerez ce que vous voudrez du corps de Han d'Islande.

Han d'Islande hocha la tête.

— De quoi vous mêlez-vous? dit Orugix brusquement; est-ce que je m'occupe, moi, de vos rapines, des vêtements, des bijoux que vous volez aux prisonniers, de l'eau sale que vous versez dans leur maigre bouillon, des tourments que vous leur faites éprouver pour tirer d'eux de l'argent? — Non! je ne donnerai point deux ducats d'or.

— Point de paille et point de feu, à moins de deux ducats d'or, répondit l'obstiné guichetier.

— Point de cadavre à moins de deux ducats d'or, répéta le brigand immobile.

Le bourreau, après un moment de silence, frappa la terre du pied:

— Allons, le temps me presse. Je suis appelé ailleurs.
— Il tira de sa veste un sac de cuir qu'il ouvrit lentement et comme à regret. — Tiens, maudit démon d'Islande, voilà tes deux ducats. Satan ne donnerait certes pas de ton âme ce que je donne de ton corps.

Le brigand reçut les deux pièces d'or. Aussitôt le guichetier avança la main pour les reprendre.

— Un instant, compagnon, donne-moi d'abord ce que je t'ai demandé.

Le guichetier sortit, et revint un moment après, apportant une botte de paille fraîche et un réchaud plein de charbons ardents, qu'il plaça près du condamné.

— C'est cela, dit le brigand en lui remettant les deux ducats, je me chaufferai cette nuit. — Encore un mot, ajouta-t-il d'une voix sinistre : — Le cachot ne touche-t-il pas à la caserne des arquebusiers de Munckholm?

— Cela est vrai, repartit le guichetier.

— Et d'où vient le vent?

— De l'est, je crois.

— C'est bon, reprit le brigand.

— Où veux-tu donc en venir, camarade? demanda le guichetier.

— A rien, répondit le brigand.

— Adieu, camarade, à demain de bonne heure.

— Oui, à demain, répéta le brigand.

Et le bruit de la lourde porte, qui se refermait, empêcha le bourreau et son compagnon d'entendre le ricanement sauvage et goguenard qui accompagnait ces paroles.

L

Espérais-tu finir par un autre trépas?
ALEX. SOUMET.

Jetons maintenant un regard dans l'autre cachot de la prison militaire adossée à la caserne des arquebusiers, qui renferme notre ancienne connaissance Turiaf Musdœmon.

On s'est peut-être étonné d'entendre ce Musdœmon, si profondément rusé, si profondément lâche, livrer avec tant de bonne foi le secret de son crime au tribunal qui l'a condamné, et cacher avec tant de générosité la part qu'y a prise son ingrat patron, le chancelier d'Ahlefeld. Qu'on se rassure cependant : Musdœmon n'était point converti. Cette généreuse bonne foi était peut-être la plus grande preuve d'adresse qu'il eût jamais donnée. Quand il avait vu toute son infernale intrigue si inopinément dévoilée et si invinciblement démontrée, il avait été un instant étourdi et épouvanté. Cette première impression passée, l'extrême justesse de son esprit lui fit sentir que, dans l'impuissance de perdre désormais ses victimes désignées, il ne devait plus songer qu'à se sauver. Deux partis à prendre se présentèrent à lui : se décharger de tout sur le comte d'Ahlefeld, qui l'abandonnait si lâchement, ou prendre sur lui tout le crime qu'il avait partagé avec le comte. Un esprit vulgaire se fût jeté sur le premier, Musdœmon choisit le second. Le chancelier était chancelier, d'ailleurs rien ne le compromettait directement dans ces papiers qui accablaient son secrétaire intime; puis il avait échangé quelques regards d'intelligence avec Musdœmon, il n'en fallut pas davantage pour déterminer celui-ci à se laisser condamner, certain que le comte d'Ahlefeld faciliterait son évasion, moins encore par reconnaissance pour le service passé que par besoin de ses services futurs.

Il se promenait donc dans sa prison, qu'éclairait à peine une lampe sépulcrale, ne doutant pas que la porte ne lui en fût ouverte dans la nuit. Il examinait la forme de ce vieux cachot de pierre, bâti par d'anciens rois dont l'histoire sait à peine les noms, s'étonnant seulement qu'il eût un plancher de bois, sur lequel ses pas retentissaient profondément comme s'il eût couvert quelque cavité souterraine. Il remarquait un gros anneau de fer scellé dans la clef de la voûte en ogive, et auquel pendait un lambeau de vieille corde rompue. Et le temps s'écoulait, et il écoutait avec impatience l'horloge du donjon sonner lentement les heures en traînant ses tintements lugubres dans le silence de la nuit.

Enfin un mouvement de pas se fit entendre en dehors du cachot; son cœur battit d'espérance. L'énorme serrure cria, les cadenas s'agitèrent, les chaînes tombèrent; et, quand la porte s'ouvrit, son front rayonna de joie.

C'était le personnage en habits d'écarlate que nous venons de voir dans le cachot de Han. Il portait sous son bras un rouleau de corde de chanvre, et était accompagné de quatre hallebardiers vêtus de noir et armés d'épées et de pertuisanes.

Musdœmon était encore en robe et en perruque de magistrat. Ce costume parut faire effet sur l'homme rouge. Il le salua comme accoutumé à le respecter.

— Seigneur, demanda-t-il au prisonnier avec quelque hésitation, est-ce à Votre Courtoisie que nous avons affaire?

— Oui, oui, répondit en hâte Musdœmon confirmé dans son espoir d'évasion par ce début poli, et ne remarquant point la couleur sanglante des vêtements de celui qui lui parlait.

— Vous nous nommez, dit l'homme, les yeux fixés sur un parchemin qu'il avait déployé, Turiaf Musdœmon.

— Précisément. Vous venez, mes amis, de la part du grand chancelier?

— Oui, Votre Courtoisie.

— N'oubliez pas, quand vous aurez terminé votre mission, d'exprimer à Sa Grâce toute ma reconnaissance.

L'homme aux habits rouges leva sur lui un regard étonné.

— Votre... reconnaissance!...

— Oui sans doute, mes amis; car il me sera probablement impossible de la lui témoigner moi-même tout de suite.

— Probablement, répondit l'homme avec une expression ironique.

— Et vous sentez, poursuivit Musdœmon, que je ne dois pas me montrer ingrat pour un pareil service.

— Par la croix du bon larron! s'écria l'autre en riant lourdement, on dirait, à vous entendre, que le chancelier fait pour Votre Courtoisie tout autre chose.

— Sans doute, il ne me rend encore en ce moment qu'une justice rigoureuse!

— Rigoureuse, soit! — mais enfin vous convenez que c'est justice. C'est le premier aveu de ce genre que j'entends depuis vingt-six ans que j'exerce. Allons, seigneur, le temps se passe en paroles; êtes vous prêt?

— Je le suis, dit Musdœmon joyeux, faisant un pas vers la porte.

— Attendez, attendez un moment, cria l'homme rouge, se baissant pour déposer à terre son rouleau de corde.

Musdœmon s'arrêta.

— Pourquoi donc toute cette corde?

— Votre Courtoisie a raison de me faire cette question; j'en ai là en effet bien plus qu'il ne m'en faut; mais, au commencement de ce procès, je croyais avoir bien plus de condamnés.

En parlant ainsi, l'homme dénouait son rouleau de corde.

— Allons, dépêchons, dit Musdœmon.

— Votre Courtoisie est bien pressée... — est-ce qu'elle n'a pas encore quelque prière?...

— Point d'autre que celle que je vous ai déjà adressée, de remercier pour moi Sa Grâce. — Pour Dieu, hâtons-nous, ajouta Musdœmon, je suis impatient de sortir d'ici. Avons-nous beaucoup de chemin à faire?

— De chemin? reprit l'homme au vêtement d'écarlate, se redressant et mesurant plusieurs brasses de cordes déroulées, la route qui nous reste à faire ne fatiguera pas beaucoup Votre Courtoisie, car nous allons tout terminer sans mettre le pied hors d'ici.

Musdœmon tressaillit.

— Que voulez-vous dire?

— Que voulez-vous dire vous-même? demanda l'autre.

— O Dieu! dit Musdœmon, pâlissant comme s'il entrevoyait une lueur funèbre; qui êtes-vous?

— Je suis le bourreau.

Le misérable trembla ainsi qu'une feuille sèche que le vent secoue.

— Est-ce que vous ne venez pas pour me faire évader? murmura-t-il d'une voix éteinte.

Le bourreau partit d'un éclat de rire.

— Si fait vraiment! pour vous faire évader dans le pays des esprits, où je vous proteste qu'on ne pourra plus vous reprendre.

Musdœmon s'était prosterné la face contre terre.

— Grâce! ayez pitié de moi!... grâce!

— Sur ma foi, dit froidement le bourreau, c'est la première fois qu'on me fait une pareille demande. — Est-ce que vous me prenez pour le roi?

L'infortuné se traînait à genoux, souillant sa robe dans la poussière, frappant le plancher de son front, un moment auparavant si radieux, et embrassant les pieds du bourreau avec des cris sourds et des sanglots étouffés.

— Allons, paix! reprit le bourreau, je n'avais point encore vu la robe noire s'humilier devant ma veste rouge.

Il repoussa du pied le suppliant.

— Camarade, prie Dieu et les saints; ils t'écouteront mieux que moi.

Musdœmon resta agenouillé, le visage caché dans ses mains et pleurant amèrement.

Cependant le bourreau, se haussant sur la pointe des pieds, avait passé la corde dans l'anneau de la voûte; il la laissa pendre jusque sur le plancher, puis l'arrêta par un double tour, puis prépara un nœud coulant à l'extrémité qui touchait à terre.

— J'ai fini, dit-il au condamné quand ces menaçants apprêts furent terminés; en as-tu fini de même avec la vie?

— Non, dit Musdœmon se levant, non, cela ne se peut! Vous commettez quelque horrible méprise. Le chancelier d'Ahlefeld n'est point assez infâme... Je lui suis trop nécessaire... Il est impossible que ce soit pour moi que l'on vous ait envoyé. Laissez-moi fuir, craignez d'encourir la colère du chancelier...

— Ne nous as-tu point déclaré, répliqua le bourreau, que tu étais Turiaf Musdœmon?

Le prisonnier demeura un moment silencieux.

— Non, dit-il tout à coup, non, je ne me nomme point Musdœmon; je me nomme Turiaf Orugix.

— Orugix! s'écria le bourreau, Orugix!

Il arracha précipitamment la perruque qui cachait le visage du condamné et poussa un cri de stupeur :

— Mon frère!

— Ton frère! répondit le condamné avec un étonnement mêlé de honte et de joie, serais-tu?...

— Nychol Orugix, bourreau du Drontheimhus, pour te servir, mon frère Turiaf.

Le condamné se jeta au cou de l'exécuteur en l'appelant *son frère, son frère chéri.*

Cette reconnaissance fraternelle n'eût pas dilaté le cœur de celui qui en eût été témoin.

Turiaf prodiguait à Nychol mille caresses forcées avec un sourire affecté et craintif auquel Nychol répondait par des regards sombres et embarrassés; on eût dit un tigre flattant un éléphant au moment où le pied pesant du monstre presse son ventre haletant.

— Quel bonheur, frère Nychol!... Je suis bien joyeux de te revoir.

— Et moi j'en suis fâché pour toi, frère Turiaf.

Le condamné feignait de ne point entendre, et poursuivait d'une voix tremblante :

— Tu as une femme et des enfants sans doute? Tu me mèneras voir mon aimable sœur et embrasser mes charmants neveux...

— Signe de croix du démon! murmura le bourreau.

— Je veux être leur second père... Ecoute, frère, je suis puissant, j'ai du crédit... —

Le *frère* répondit d'un accent sinistre :

— Je sais que tu en avais... A présent, ne songe plus qu'à celui que tu as sans doute su te ménager près des saints.

Toute espérance disparut du front du condamné.

— O Dieu! que signifie ceci, cher Nychol? Je suis sauvé, puisque je te retrouve. — Songe que le même ventre nous a portés, que le même sein nous a nourris, que les mêmes jeux ont occupé notre enfance; souviens-toi, Nychol, que tu es mon frère!

— Jusqu'à cette heure, tu ne t'en étais pas souvenu, répondit le farouche Nychol.

— Non, je ne puis mourir de la main de mon frère!...

— C'est ta faute, Turiaf. — C'est toi qui as rompu ma carrière, qui m'as empêché d'être exécuteur royal de Copenhague; qui m'as fait jeter, comme bourreau de province, dans ce misérable pays. Si tu n'avais point ainsi agi en mauvais frère, tu ne te plaindrais pas de ce qui te révolte aujourd'hui. Je ne serais point dans le Drontheimhus, et ce serait un autre qui ferait ton affaire. — Nous en avons dit assez, mon frère, il faut mourir.

La mort est hideuse au méchant, par le même sentiment qui la rend belle à l'homme de bien ; tous deux vont quitter ce qu'ils ont d'humain ; mais le juste est délivré de son corps comme d'une prison, le méchant en est arraché comme d'une forteresse.

Au dernier moment, l'enfer se révèle à l'âme perverse qui a rêvé le néant. Elle frappe avec inquiétude sur la sombre porte de la mort, et ce n'est pas le vide qui lui répond.

Le condamné se roula sur le plancher en se tordant les bras avec une plainte plus déchirante que la lamentation éternelle d'un damné.

— Miséricorde de Dieu! saints anges du ciel, si vous existez, ayez compassion de moi! Nychol, mon Nychol, au nom de notre mère commune, oh ! laisse-moi vivre!

Le bourreau montra son parchemin.

— Je ne puis : l'ordre est précis.

— Cet ordre ne me concerne pas, balbutia le désespéré prisonnier : il regarde un certain Musdœmon, ce n'est pas moi : je suis Turiaf Orugix.

— Tu veux rire, dit Nychol en haussant les épaules. Je sais bien qu'il s'agit de toi. D'ailleurs, ajouta-t-il durement, tu n'aurais point été hier, pour ton frère, Turiaf Orugix ; tu n'es pour lui aujourd'hui que Turiaf Musdœmon.

— Mon frère, mon frère! reprit le misérable, eh bien! attends jusqu'à demain! il est impossible que le grand chancelier ait donné l'ordre de ma mort. C'est un affreux malentendu. Le comte d'Ahlefeld m'aime beaucoup. Je t'en conjure, mon cher Nychol, la vie!... Je serai bientôt rentré en faveur, et je te rendrai tous les services...

— Tu ne peux plus m'en rendre qu'un, Turiaf, interrompit le bourreau. J'ai déjà perdu les deux exécutions sur lesquelles je comptais le plus, celles de l'ex-chancelier Schumacker et du fils du vice-roi. J'ai toujours du malheur. Il ne me reste plus que Han d'Islande et toi. Ton exécution, comme nocturne et secrète, me vaudra douze ducats d'or. Laisse-moi donc faire tranquillement : voilà le seul service que j'attends de toi.

— O Dieu!... dit douloureusement le condamné.

— Ce sera le premier et le dernier, à la vérité; mais en revanche, je te promets que tu ne souffriras point. Je te pendrai en frère. — Résigne-toi.

Musdœmon se leva; ses narines étaient gonflées de rage, ses lèvres vertes tremblaient, ses dents claquaient, sa bouche écumait de désespoir.

— Satan!..... J'aurai sauvé ce d'Ahlefeld! j'aurai embrassé mon frère! et ils me tueront! et il faudra mourir la nuit, dans un cachot obscur, sans que le monde puisse entendre mes malédictions, sans que ma voix puisse tonner sur eux d'un bout du royaume à l'autre, sans que ma main puisse déchirer le voile de tous leurs crimes! Ce sera pour arriver à cette mort que j'aurai souillé toute ma vie!

— Misérable! poursuivit-il, s'adressant à son frère, tu veux donc être fratricide?

— Je suis bourreau, répondit le flegmatique Nychol.

— Non! s'écria le condamné. Et il s'était jeté à corps perdu sur le bourreau, et ses yeux lançaient des flammes et répandaient des larmes comme ceux d'un taureau aux abois. Non, je ne mourrai pas ainsi! Je n'aurai point vécu comme un serpent formidable pour mourir comme le misérable ver qu'on écrase! Je laisserai ma vie dans ma dernière morsure; mais elle sera mortelle.

En parlant ainsi, il étreignait en ennemi celui qu'il venait d'embrasser en frère.

Le flatteur et caressant Musdœmon se montrait en ce moment ce qu'il était dans son essence.

Le désespoir avait remué le fond de son âme ainsi qu'une lie, et, après avoir rampé comme le tigre, il se redressait comme lui. Il eût été difficile de décider lequel des deux frères était le plus effroyable dans ce moment où ils luttaient, l'un avec la stupide férocité d'une bête sauvage, l'autre avec la fureur rusée d'un démon.

Mais les quatre hallebardiers, jusqu'alors impassibles, n'étaient pas restés immobiles.

Ils avaient prêté assistance au bourreau, et bientôt Musdœmon, qui n'avait d'autre force que sa rage, fût contraint de lâcher prise.

Il alla se jeter à plat ventre contre la muraille, poussant des hurlements inarticulés et émoussant ses ongles sur la pierre.

— Mourir! démons de l'enfer! mourir sans que mes cris percent ces voûtes, sans que mes bras renversent ces murs!...

On le saisit sans éprouver de résistance. Son effort inutile l'avait épuisé. On le dépouilla de sa robe pour le garrotter. En ce moment, un paquet cacheté tomba de ses vêtements.

— Qu'est cela? dit le bourreau.

Une espérance infernale luisait dans l'œil hagard du condamné.

— Comment avais-je oublié cela? murmura-t-il. — Ecoute, frère Nychol, ajouta-t-il d'une voix presque amicale; ces papiers appartiennent au grand chancelier. Promets-moi de les lui remettre, et fais ensuite de moi ce que tu voudras.

— Puisque tu es tranquille maintenant, je te promets

de remplir ta dernière intention, quoique tu viennes d'agir envers moi comme un mauvais frère. Ces papiers seront remis au chancelier, foi d'Orugix.

— Demande à les lui remettre toi-même, reprit le condamné en souriant au bourreau, qui, par sa nature, comprenait peu les sourires. Le plaisir qu'ils causeront à Sa Grâce te vaudra peut-être quelque faveur.

— Vrai, frère, dit Orugix. Merci. Peut-être le diplôme d'exécuteur royal, n'est-ce pas? Eh bien! quittons-nous bons amis. Je te pardonne les coups d'ongles que tu m'as donnés; pardonne-moi le collier de corde que tu vas recevoir de moi.

— Le chancelier m'avait promis un autre collier, répondit Musdœmon.

Alors les hallebardiers l'amenèrent garrotté au milieu du cachot; le bourreau lui passa le fatal nœud coulant autour du cou.

— Turiaf, es-tu prêt?

— Un instant! un instant! dit le condamné, auquel sa terreur était revenue : de grâce, mon frère, ne tire pas la corde avant que je ne te le dise.

— Je n'aurai pas besoin de tirer la corde, répondit le bourreau.

Une minute après il répéta sa question :

— Es-tu prêt?

— Encore un instant : hélas! il faut donc mourir!

— Turiaf, je n'ai pas le temps d'attendre. En parlant ainsi, Orugix invitait les hallebardiers à s'éloigner du condamné.

— Un mot encore, frère! n'oublie pas de remettre le paquet au comte d'Ahlefeld.

— Sois tranquille, répliqua le frère.

Il ajouta pour la troisième fois :

— Allons, es-tu prêt?

L'infortuné ouvrait la bouche pour implorer peut-être encore une minute de vie, quand le bourreau impatient se baissa. Il tourna un bouton de cuivre qui sortait du plancher.

Le plancher se déroba sous le patient; le misérable disparut dans une trappe carrée, au bruit sourd de la corde qui se tendait soudainement avec d'effrayantes vibrations, causées en partie par les dernières convulsions du mourant.

On ne vit plus que la corde qui s'agitait dans la sombre ouverture, d'où s'échappaient un vent frais et une rumeur pareille à celle de l'eau courante.

Les hallebardiers eux-mêmes reculèrent frappés d'horreur.

Le bourreau s'approcha du gouffre, saisit de la main la corde qui vibrait toujours, et se suspendit sur l'abîme, s'appuyant des deux pieds sur les épaules du patient. La fatale corde se tendit avec un son rauque et demeura immobile.

Un soupir étouffé venait de sortir de la trappe.

— C'est bon, dit le bourreau remontant dans le cachot.

— Adieu, frère.

Il tira un coutelas de sa ceinture.

— Va nourrir les poissons du golfe. Que ton corps soit la proie de l'eau tandis que ton âme sera celle du feu.

A ces mots, il coupa la corde tendue.

Ce qui en resta suspendu à l'anneau de fer revint fouetter la voûte, tandis qu'on entendait l'eau profonde et ténébreuse rejaillir de la chute du corps, puis continuer sa course souterraine vers le golfe.

Le bourreau referma la trappe comme il l'avait ouverte.

Au moment où il se redressait, il vit le cachot plein de fumée.

—Qu'est-ce donc? demanda-t-il aux hallebardiers? d'où vient cette fumée?

Ils l'ignoraient comme lui. Surpris, ils ouvrirent la porte du cachot; les corridors de la prison étaient également inondés d'une fumée épaisse et nauséabonde.

Une issue secrète les conduisit, alarmés, dans la cour carrée, où un spectacle effrayant les attendait.

Un immense incendie, accru par la violence du vent d'est, dévorait la prison militaire et la caserne des arquebusiers. La flamme, poussée en tourbillon, rampait autour des murs de pierre, couronnait les toits ardents, sortait comme d'une bouche des fenêtres dévorées; et les noires tours de Munckholm tantôt se rougissaient d'une clarté sinistre, tantôt disparaissaient dans d'épais nuages de fumée.

Un guichetier qui fuyait dans la cour leur apprit en peu de mots que le feu était parti, pendant le sommeil des gardiens de Han d'Islande, du cachot du monstre, auquel on avait eu l'imprudence de donner de la paille et du feu.

— J'ai bien du malheur! s'écria Orugix à ce récit : voilà encore sans doute Han d'Islande qui m'échappe. Le misérable aura été brûlé! et je n'aurai même plus son corps, que j'ai payé deux ducats!

Cependant, les malheureux arquebusiers de Munckholm, réveillés en sursaut par cette mort imminente, se pressaient en foule à la grande porte, embarrassée de funestes barricades; on entendait du dehors leurs clameurs d'angoisse et de détresse; on les voyait se tordre les bras aux fenêtres en feu, ou se précipiter sur les dalles de la cour, évitant une mort dans une autre.

La flamme victorieuse embrassait tout l'édifice avant que le reste de la garnison eût eu le temps d'accourir.

Tout secours était déjà inutile.

Le bâtiment était heureusement isolé : on se borna à enfoncer à coups de hache la porte principale ; mais ce fut trop tard, car, au moment où elle s'ouvrait, toute la charpente embrasée du toit de la caserne s'écroula avec un long fracas sur les infortunés soldats, entraînant dans sa chute les combles et les étages incendiés.

L'édifice entier disparut alors dans un tourbillon de poussière enflammée et de fumée ardente, où s'éteignaient quelques faibles clameurs.

Le lendemain matin, il ne s'élevait plus dans la tour carrée que quatre hautes murailles noires et chaudes encore, entourant un horrible amas de décombres fumants qui continuaient à se dévorer les uns les autres, comme des bêtes dans un cirque.

Quand toute cette ruine fut un peu refroidie, on en fouilla les profondeurs : sous une couche de pierres, de poutres et de ferrures tordues par le feu, reposait un amas d'ossements blanchis et de cadavres défigurés ; avec une trentaine de soldats, pour la plupart estropiés, c'était ce qui restait du beau régiment de Munckholm.

Lorsqu'en remuant les débris de la prison on arriva au cachot fatal d'où l'incendie était parti, et que Han d'Islande avait habité, on y trouva les restes d'un corps humain, couchés près d'un réchaud de fer, sur des chaînes rompues.

On remarqua seulement que parmi ces cendres il y avait deux crânes, quoiqu'il n'y eût qu'un cadavre.

LI

SALADIN.

Bravo, Ibrahim !... tu es vraiment un messager de bonheur : je te remercie de ta bonne nouvelle.

LE MAMELOUCK.

Eh bien ! il n'en est que cela ?

SALADIN.

Qu'attends-tu ?

LE MAMELOUCK.

Il n'y a rien de plus pour le messager du bonheur ?

Lessing, *Nathan le Sage.*

Pâle et défait, le comte d'Ahlefeld se promène à grands pas dans son appartement ; il froisse dans ses mains un paquet de lettres qu'il vient de parcourir, et frappe du pied le marbre poli et les tapis à franges d'or.

A l'autre bout de l'appartement se tient debout, quoique dans l'attitude d'une prostration respectueuse, Nychol Orugix, vêtu de son infâme pourpre et son chapeau de feutre à la main.

— Tu m'as rendu service, Musdœmon, murmure le chancelier entre ses dents, resserrées par la colère !

Le bourreau lève timidement son regard stupide : — Sa Grâce est contente ?...

— Que veux-tu, toi ? dit le chancelier se détournant brusquement.

Le bourreau, fier d'avoir attiré un regard du chancelier, sourit d'espérance : — Ce que je veux, Votre Grâce ? La place d'exécuteur à Copenhague, si Votre Grâce daigne payer par cette haute faveur les bonnes nouvelles que je lui apporte.

Le chancelier appelle les deux hallebardiers de garde à la porte de son appartement : — Qu'on saisisse ce drôle qui a l'insolence de me narguer.

Les deux gardes entraînent Nychol stupéfait et consterné, qui hasarde encore une parole : — Seigneur...

— Tu n'es plus bourreau du Drontheimhus! j'annule ton diplôme! reprend le chancelier poussant la porte avec violence.

Le chancelier ressaisit les lettres, les lit, les relit avec rage, s'enivrant en quelque sorte de son déshonneur, car ces lettres sont l'ancienne correspondance de la comtesse avec Musdœmon. C'est l'écriture d'Elphége. Il y voit qu'Ulrique n'est pas sa fille, que ce Frédéric si regretté n'était peut-être pas son fils.

Le malheureux comte est puni par le même orgueil qui a causé tous ses crimes.

C'est peu d'avoir vu sa vengeance fuir de sa main; il voit tous ses rêves ambitieux s'évanouir, son passé flétri, son avenir mort. Il a voulu perdre ses ennemis, il n'a réussi qu'à perdre son crédit, son conseiller, et jusqu'à ses droits de mari et de père.

Il veut du moins voir une fois encore la misérable qui l'a trahi. Il traverse les grandes salles d'un pas rapide, secouant les lettres dans ses mains, comme s'il eût tenu la foudre.

Il ouvre en furieux la porte de l'appartement d'Elphége. Il entre...

Cette coupable épouse venait d'apprendre subitement du colonel Wœthaün l'horrible mort de son fils Frédéric.

La pauvre mère était folle.

CONCLUSION

> Ce que j'avais dit par plaisanterie, vous l'avez pris sérieusement.
> *Romances espagnoles*, le roi Alphonse
> à Bernard.

Depuis quinze jours les événements que nous venons de raconter occupaient toutes les conversations de Drontheim et du Drontheimhus, jugés selon les diverses faces qu'ils avaient présentées au jour. La populace de la ville, qui s'était vainement attendue au spectacle de sept exécutions successives, commençait à désespérer de ce plaisir; et les vieilles femmes, à demi aveugles, racontaient encore qu'elles avaient vu, la nuit du déplorable embrasement de la caserne, Han d'Islande s'envoler dans une flamme, riant dans l'incendie et poussant du pied la toiture brûlante de l'édifice sur les arquebusiers de Munckholm, lorsque, après une absence qui avait semblé bien longue à son Ethel, Ordener reparut dans le donjon du Lion de Slesvig, accompagné du général Levin de Knud et de l'aumônier Athanase Munder.

Schumacker se promenait en ce moment dans le jardin, appuyé sur sa fille. Les deux jeunes époux eurent bien de la peine à ne point tomber dans les bras l'un de l'autre; il fallut encore se contenter d'un regard. Schumacker serra affectueusement la main d'Ordener et salua d'un air de bienveillance les deux étrangers.

— Jeune homme, dit le vieux captif, que le ciel bénisse votre retour.

— Seigneur, répondit Ordener, j'arrive. Je viens de voir

mon père de Berghen, je reviens embrasser mon père de Drontheim.

— Que voulez-vous dire? demanda le vieillard étonné.

— Que vous me donniez votre fille, noble seigneur.

— Ma fille! s'écria le prisonnier, se tournant vers Ethel rouge et tremblante.

— Oui, seigneur, j'aime votre Ethel : je lui ai consacré ma vie : elle est à moi.

Le front de Schumacker se rembrunit :

— Vous êtes un noble et digne jeune homme, mon fils; quoique votre père m'ait fait bien du mal, je le lui pardonne en votre faveur, et je verrais volontiers cette union. Mais il y a un obstacle...

— Lequel, seigneur? demanda Ordener presque inquiet.

— Vous aimez ma fille; mais êtes-vous sûr qu'elle vous aime?...

Les deux amants se regardèrent, muets de surprise.

— Oui, poursuivit le père. J'en suis fâché; car je vous aime, moi, et j'aurais voulu vous appeler mon fils. C'est ma fille qui ne voudra pas. Elle m'a déclaré dernièrement son aversion pour vous. Depuis votre départ, elle se tait quand je lui parle de vous, et semble éviter votre pensée, comme si elle la gênait. Renoncez donc à votre amour, Ordener. Allez, on se guérit d'aimer comme de haïr.

— Seigneur, — dit Ordener stupéfait...

— Mon père!... dit Ethel joignant les mains.

— Ma fille, sois tranquille, interrompit le vieillard : ce mariage me plaît, mais il te déplaît. Je ne veux pas torturer ton cœur, Ethel; depuis quinze jours je suis bien changé, va. Je ne forcerai pas ta répugnance pour Ordener. Tu es libre.

Athanase Munder souriait : — Elle ne l'est pas, dit-il.

— Vous vous trompez, mon noble père, ajouta Ethel enhardie. Je ne hais pas Ordener.

— Comment ! s'écria le père.

— Je suis, reprit Ethel... Elle s'arrêta. Ordener s'agenouilla devant le vieillard.

— Elle est ma femme, mon père ! Pardonnez-moi comme mon autre père m'a déjà pardonné, et bénissez vos enfants.

Schumacker, étonné à son tour, bénit le jeune couple incliné devant lui.

— J'ai tant maudit dans ma vie, dit-il, que je saisis maintenant sans examen toutes les occasions de bénir. Mais à présent expliquez-moi...

On lui expliqua tout. Il pleurait d'attendrissement, de reconnaissance et d'amour.

— Je me croyais sage, je suis vieux, et je n'ai pas compris le cœur d'une jeune fille !

— Je m'appelle donc Ordener Guldenlew, disait Ethel avec une joie enfantine.

— Ordener Guldenlew, reprit le vieux Schumacker, vous valez mieux que moi ; car, dans ma prospérité, je ne serais certes pas descendu de mon rang pour m'unir à la fille pauvre et dégradée d'un malheureux proscrit.

Le général prit la main du prisonnier et lui remit un rouleau de parchemins.

— Seigneur comte, ne parlez pas ainsi. Voici vos titres que le roi vous avait déjà renvoyés par Dispolsen. Sa Majesté vient d'y joindre le don de votre grâce et de votre liberté. Telle est la dot de la comtesse de Danneskiold, votre fille.

— Grâce !... liberté ! répéta Ethel ravie.

— Comtesse de Danneskiold ! ajouta le père.

— Oui, comte, continua le général, vous rentrez dans tous vos honneurs, tous vos biens vous sont rendus.

— A qui dois-je tout cela ? demanda l'heureux Schumacker.

— Au général Levin de Knud, répondit Ordener.

— Levin de Knud! Je vous le disais bien, général gouverneur, Levin de Knud est le meilleur des hommes. Mais pourquoi n'est-il pas venu lui-même m'apporter mon bonheur? où est-il?

Ordener montra avec étonnement le général, qui souriait et pleurait : — Le voici!

Ce fut une scène touchante que la reconnaissance de ces deux vieux compagnons de puissance et de jeunesse. Le cœur de Schumacker se dilatait enfin. En connaissant Han d'Islande, il avait cessé de haïr les hommes; en connaissant Ordener et Levin, il se prenait à les aimer.

Bientôt de belles et douces fêtes solennisèrent le sombre hymen du cachot. La vie commença à sourire aux deux jeunes époux qui avaient su sourire à la mort. Le comte d'Ahlefeld les vit heureux, ce fut sa plus cruelle punition.

Athanase Munder eut aussi sa joie. Il obtint la grâce de ses quatorze condamnés, et Ordener y ajouta celle de ses anciens confrères d'infortune, Kennybol, Jonas et Norbith, qui retournèrent libres et joyeux annoncer aux mineurs pacifiés que le roi les délivrait de la tutelle.

Schumacker ne jouit pas longtemps de l'union d'Ethel et d'Ordener; la liberté et le bonheur avaient trop ébranlé son âme : elle alla jouir d'un autre bonheur et d'une autre liberté. Il mourut dans la même année 1699, et ce chagrin vint frapper ses enfants, comme pour leur apprendre qu'il n'est point de félicité parfaite sur la terre. On l'inhuma dans l'église de Veer, terre que son gendre possédait dans le Jutland, et le tombeau lui conserva tous les titres que la captivité lui avait enlevés. De l'alliance d'Ordener et d'Ethel naquit la famille des comtes de Danneskiold.

FIN DE HAN D'ISLANDE.

MÉLANGES LITTÉRAIRES

MÉLANGES LITTÉRAIRES

1823-1824

SUR VOLTAIRE

Décembre 1823.

François-Marie Arouet, si célèbre sous le nom de Voltaire, naquit à Châtenay le 20 février 1694, d'une famille de magistrature. Il fut élevé au collége des Jésuites, où l'un de ses régents, le père Lejay, lui prédit, à ce qu'on assure, qu'il serait en France le coryphée du déisme.

A peine sorti du collége, Arouet, dont le talent s'éveillait avec toute la force et toute la naïveté de la jeunesse, trouva, d'un côté, dans son père un inflexible contempteur, et, de l'autre, dans son parrain, l'abbé de Châteauneuf, un pervertisseur complaisant. Le père condamnait toute étude littéraire sans savoir pourquoi, et par conséquent avec une obstination insurmontable. Le parrain, qui encourageait au contraire les essais d'Arouet, aimait beaucoup les vers, surtout ceux que rehaussait une certaine saveur de licence ou d'impiété. L'un voulait emprisonner le poëte dans une étude de procureur; l'autre égarait le jeune homme dans tous les salons. Monsieur Arouet interdisait toute lecture à son fils; Ninon de l'Énclos léguait une bibliothéque à l'élève de son ami Châteauneuf. Ainsi, le génie de Voltaire subit dés sa naissance le malheur de deux actions contraires et également funestes : l'une, qui tendait à étouffer violemment ce feu sacré qu'on ne peut éteindre; l'autre, qui l'alimentait inconsidérément aux dépens de tout ce qu'il y a de noble et de respectable dans l'ordre intellectuel et dans l'ordre social. Ce sont peut-être ces deux impulsions opposées, imprimées à la fois au premier essor de cette imagination puissante, qui en ont vicié pour jamais la direction. Du moins peut-on leur attribuer les premiers écarts du talent de Voltaire, tourmenté ainsi tout ensemble du frein et de l'éperon.

Aussi, dès le commencement de sa carrière, lui attribua-t-on d'assez méchants vers fort impertinents qui le firent mettre à la Bastille, punition rigoureuse pour de mauvaises rimes. C'est durant ce loisir forcé que Voltaire, âgé de vingt-deux ans, ébaucha son poëme blafard de la *Ligue*, depuis la *Henriade*, et termina son remarquable drame d'*OEdipe*. Après quelques mois de Bastille, il fut à la fois délivré et pensionné par le régent d'Orléans, qu'il remercia de vouloir bien se charger de son entretien, en le priant de ne plus se charger de son logement.

OEdipe fut joué avec succès en 1718. Lamotte, l'oracle de cette époque, daigna consacrer ce triomphe par quelques paroles sacramentelles, et la renommée de Voltaire commença. Aujourd'hui Lamotte n'est peut-être immortel que pour avoir été nommé dans les écrits de Voltaire.

La tragédie d'*Artémire* succéda à *OEdipe*. Elle tomba.

Voltaire fit un voyage à Bruxelles pour y voir J.-B. Rousseau, qu'on a si singulièrement appelé Grand. Les deux poëtes s'estimaient avant de se connaître : ils se séparèrent ennemis. On a dit qu'ils étaient réciproquement envieux l'un de l'autre : ce ne serait pas un signe de supériorité.

Artémire, refaite et rejouée en 1724 sous le nom de *Marianne*, eut beaucoup de succès sans être meilleure. Vers la même époque parut la *Ligue*, ou la *Henriade*, et la France n'eut pas un poëme épique. Voltaire substitua, dans son poëme, Mornay à Sully, parce qu'il avait à se plaindre du descendant de ce grand ministre. Cette vengeance peu philosophique est cependant excusable, parce que Voltaire, insulté lâchement devant l'hôtel de Sully par je ne sais quel chevalier de Rohan et abandonné par l'autorité judiciaire, ne put en exercer d'autre.

Justement indigné du silence des lois envers son méprisable agresseur, Voltaire, déjà célèbre, se retira en Angleterre, où il étudia les sophistes. Cependant tous ses loisirs n'y furent pas perdus ; il fit deux nouvelles tragédies, *Brutus* et *César*, dont Corneille eût avoué plusieurs scènes.

Revenu en France, il donna successivement *Éryphile*, qui tomba, et *Zaïre*, chef-d'œuvre conçu et terminé en dix-huit jours, auquel il ne manque que la couleur du lieu et une certaine sévérité de style. *Zaïre* eut un succès prodigieux et mérité. La tragédie d'*Adélaïde du Guesclin* (depuis le *Duc de Foix*) succéda à *Zaïre*, et fut loin d'obtenir le même succès. Quelques publications moins importantes, le *Temple du Goût*, les *Lettres sur les Anglais*, etc., tourmentèrent pendant quelques années la vie de Voltaire.

Cependant son nom remplissait déjà l'Europe. Retiré à Cirey, chez la marquise du Châtelet, femme qui fut, suivant l'expression même de Voltaire, propre à toutes les sciences, excepté à celle de la vie, il desséchait sa belle imagination dans l'algèbre et la géométrie, écrivait *Alzire*, *Mahomet*, l'*Histoire* spirituelle *de Charles XII*, amassait les matériaux du *Siècle de Louis XIV*, préparait l'*Essai sur les mœurs des nations*, et envoyait des madrigaux à Frédéric, prince héréditaire de Prusse. *Mérope*, également composée à Cirey, mit le sceau à la réputation dramatique de Voltaire. Il crut pouvoir alors se présenter pour remplacer le cardinal de Fleury à l'Académie française : il ne fut pas admis. Il n'avait encore que du génie. Quelque temps après, cependant, il se mit à flatter madame de Pompadour; il le fit avec une si opiniâtre complaisance, qu'il obtint tout à la fois le fauteuil académique, la charge de gentilhomme de la chambre et la place d'historiographe de France. Cette faveur dura peu. Voltaire se retira tour à tour à Lunéville, chez le bon Stanislas, roi de Pologne et duc de Lorraine; à Sceaux, chez madame du Maine, où il fit *Sémiramis*, *Oreste* et *Rome sauvée*, et à Berlin, chez Frédéric, devenu roi de Prusse. Il passa plusieurs années dans cette dernière retraite avec le titre de chambellan, la croix du mérite de Prusse et une pension. Il était admis aux soupers royaux avec Maupertuis, d'Argens et Lamettrie, athée du roi, de ce roi qui, comme le dit Voltaire même, vivait sans cour, sans conseil et sans culte. Ce n'était point l'amitié sublime d'Aristote et d'Alexandre, de Térence et de Scipion. Quelques années de frottement suffirent pour user ce qu'avaient de commun l'âme du despote philosophe et l'âme du sophiste poëte. Voltaire voulut s'enfuir de Berlin : Frédéric le chassa.

Renvoyé de Prusse, repoussé de France, Voltaire passa deux ans en Allemagne, où il publia ses *Annales de l'Empire*, rédigées par complaisance pour la duchesse de Saxe-Gotha; puis il vint se fixer aux portes de Genève, avec madame Denis, sa nièce.

L'*Orphelin de la Chine*, tragédie où brille encore presque tout son talent, fut le premier fruit de sa retraite, où il eût vécu en paix, si d'avides libraires n'eussent publié son odieuse *Pucelle*. C'est encore à cette époque, et dans ses diverses résidences des Délices, de Tournay et de Ferney, qu'il fit le poëme sur le *tremblement de terre de Lisbonne*, la tragédie de *Tancrède*, quelques contes et différents opuscules. C'est alors qu'il défendit, avec une générosité mêlée de trop d'ostentation, Calas, Sirven, la Barre, Montbailli, Lally, déplorables victimes des méprises judiciaires. C'est alors qu'il se brouilla avec Jean-Jacques, se lia avec Catherine de Russie, pour laquelle il écrivit l'histoire de son aïeul Pierre Ier, et se réconcilia avec Frédéric. C'est encore du même temps que date sa coopération à l'*Encyclopédie*, ouvrage où des hommes qui avaient voulu prouver leur force ne prouvèrent que leur faiblesse, monument monstrueux dont le *Moniteur* de notre révolution est l'effroyable pendant.

Accablé d'années, Voltaire voulut revoir Paris. Il revint dans cette Babylone qui sympathisait avec son génie. Salué d'acclamations universelles, le malheureux vieillard put voir, avant de mourir, combien son œuvre était avancée. Il put jouir ou s'épouvanter de sa gloire. Il ne lui restait plus assez de puissance vitale pour soutenir les émotions de ce voyage, et Paris le vit expirer le 30 mai 1778. Les esprits forts prétendent qu'il avait emporté l'incrédulité au tombeau. Nous ne le poursuivrons pas jusque-là.

Nous avons raconté la vie privée de Voltaire; nous allons essayer de peindre son existence publique et littéraire.

Nommer Voltaire, c'est caractériser tout le dix-huitième siècle; c'est fixer d'un seul trait la double physionomie historique et littéraire de cette époque, qui ne fut, quoi qu'on en dise, qu'une époque de transition pour la société comme pour la poésie. Le dix-huitième siècle paraîtra toujours dans l'histoire comme étouffé entre le siècle qui le précède et le siècle qui le suit. Voltaire en est le personnage principal et en quelque sorte typique; et, quelque prodigieux que fût cet homme, ses proportions semblent bien mesquines entre la grande image de Louis XIV et la gigantesque figure de Napoléon.

Il y a deux êtres dans Voltaire. Sa vie eut deux influences. Ses écrits eurent deux résultats. C'est sur cette double action, dont l'une domina les lettres, dont l'autre se manifesta dans les événements, que nous allons jeter un coup d'œil. Nous étudierons séparément chacun de ces deux règnes du génie de Voltaire. Il ne faut pas oublier toutefois que leur double puissance fut intimement coordonnée, et que les effets de cette puissance, plutôt mêlés que liés, ont toujours eu quelque chose de simultané et de commun. Si, dans cette note, nous en divisons l'examen, c'est uniquement parce qu'il serait au-dessus de nos forces d'embrasser d'un seul regard cet ensemble insaisissable; imitant en cela l'artifice de ces artistes orientaux qui, dans l'impuissance de peindre une figure de face, parviennent cependant à la représenter entièrement en enfermant les deux profils dans un même cadre.

En littérature, Voltaire a laissé un de ces monuments dont l'aspect étonne plutôt par son étendue qu'il n'impose par sa grandeur. L'édifice qu'il a construit n'a rien d'auguste. Ce n'est point le palais des rois, ce n'est point l'hospice du pauvre. C'est un bazar élégant et vaste, irrégulier et commode; étalant dans la boue d'innombrables richesses; donnant à tous les intérêts, à toutes les vanités, à toutes les passions, ce qui leur convient; éblouissant et fétide; offrant des prostitutions pour des voluptés; peuplé de vagabonds, de marchands et d'oisifs, peu fréquenté du prêtre et de l'indigent. Là, d'éclatantes galeries inondées incessamment d'une foule émerveillée; là, des antres secrets où nul ne se vante d'avoir pénétré. Vous trouverez sous ces arcades somptueuses mille chefs-d'œuvre de goût et d'art, tout reluisants d'or et de diamants; mais n'y cherchez pas la statue de bronze aux formes antiques et sévères. Vous y trouverez des parures pour vos salons et pour vos boudoirs; n'y cherchez pas les ornements qui conviennent au sanctuaire. Et malheur au faible qui n'a qu'une âme pour fortune, et qui l'expose aux séductions de ce magnifique repaire : temple monstrueux où il y a des témoignages pour tout ce qui n'est pas la vérité, un culte pour tout ce qui n'est pas Dieu !

Certes, si nous voulons bien parler d'un monument de ce genre avec admiration; on n'exigera pas que nous en parlions avec respect.

Nous plaindrions une cité où la foule serait au bazar et la solitude à l'église; nous plaindrions une littérature qui déserterait le sentier de Corneille et de Bossuet pour courir sur la trace de Voltaire.

Loin de nous toutefois la pensée de nier le génie de cet homme extraordinaire. C'est parce que, dans notre conviction, ce génie était peut-être un des plus beaux qui aient jamais été donnés à aucun écrivain, que nous en déplorons plus amèrement le frivole et funeste emploi. Nous regrettons, pour lui comme pour les lettres, qu'il ait tourné contre le ciel cette puissance intellectuelle qu'il avait reçue du ciel. Nous gémissons sur ce beau génie, qui n'a point compris sa sublime mission; sur cet ingrat, qui a profané la chasteté de la muse et la sainteté de la patrie; sur ce transfuge, qui ne s'est pas souvenu que le trépied du poëte a sa place près de l'autel. Et (ce qui est d'une profonde et inévitable vérité) sa faute même renfermait son châtiment. Sa gloire est beaucoup moins grande qu'elle ne devait l'être, parce qu'il a tenté toutes les gloires, même celle d'Érostrate. Il a défriché tous les champs, on ne peut dire qu'il en ait cultivé un seul. Et, parce qu'il eut la coupable ambition d'y semer également les germes nourriciers et les germes vénéneux, ce sont, pour sa honte éternelle, les poisons qui ont le plus fructifié. La *Henriade*, comme composition littéraire, est encore bien inférieure à la *Pucelle* (ce qui ne signifie certes pas que ce coupable ouvrage soit supérieur, même dans son genre honteux). Ses satires, empreintes parfois d'un stigmate infernal, sont fort au-dessous de ses comédies, plus innocentes. On préfère ses poésies légères, où son cynisme éclate souvent à nu, à ses poésies lyriques, dans lesquelles on trouve parfois des vers religieux et graves (1). Ses contes, enfin, si désolants d'incrédulité et de scepticisme, valent mieux que ses histoires, où le même défaut se fait un peu moins sentir, mais où l'absence perpétuelle de dignité est en contradiction avec le genre même de ses ouvrages. Quant à ses tragédies, où il se montre réellement grand poëte, où il trouve souvent le trait du caractère, le mot du cœur, on ne peut disconvenir, malgré tant d'admirables scènes, qu'il ne soit encore resté assez loin de Racine, et surtout du vieux Corneille. Et ici notre opinion est d'autant moins suspecte, qu'un examen approfondi de l'œuvre dramatique de Voltaire nous a convaincu de sa haute supériorité au théâtre. Nous ne doutons pas

(1) Monsieur le comte de Maistre, dans son sévère et remarquable portrait de Voltaire, observe qu'il est nul dans l'ode, et attribue avec raison cette nullité au défaut d'enthousiasme. Voltaire, en effet, qui ne se livrait à la poésie qu'avec antipathie, et seulement pour justifier sa prétention à l'universalité, Voltaire était étranger à toute profonde exaltation ; il ne connaissait d'émotion véritable que celle de la colère, et encore cette colère n'allait-elle pas jusqu'à l'indignation, jusqu'à cette sainte indignation qui fait poëte, comme dit Juvénal : *Facit indignatio versum*.

que si Voltaire, au lieu de disperser les forces colossales de sa pensée sur vingt points différents, les eût toutes réunies vers un même but, la tragédie, il n'eût surpassé Racine et peut-être égalé Corneille. Mais il dépensa le génie en esprit. Aussi fut-il prodigieusement spirituel ; aussi le sceau du génie est-il plutôt empreint sur le vaste ensemble de ses ouvrages que sur chacun d'eux en particulier. Sans cesse préoccupé de son siècle, il negligeait trop la postérité, cette image austère qui doit dominer toutes les méditations du poëte. Luttant de caprice et de frivolité avec ses frivoles et capricieux contemporains, il voulait leur plaire et se moquer d'eux. Sa muse, qui eût été si belle de sa beauté, emprunta souvent ses prestiges aux enluminures du fard et aux grimaces de la coquetterie, et l'on est perpétuellement tenté de lui adresser ce conseil d'amant jaloux :

> Epargne-toi ce soin,
> L'art n'est pas fait pour toi, tu n'en as pas besoin.

Voltaire paraissait ignorer qu'il y a beaucoup de grâce dans la force, et que ce qu'il y a de plus sublime dans les œuvres de l'esprit humain est peut-être aussi ce qu'il y a de plus naïf ; car l'imagination sait révéler sa céleste origine sans recourir à des artifices étrangers. Elle n'a qu'à marcher pour se montrer déesse. *Et vera incessu patuit dea.*

S'il était possible de résumer l'idée multiple que présente l'existence littéraire de Voltaire, nous ne pourrions que la classer parmi ces prodiges que les Latins appelaient *monstra*. Voltaire, en effet, est un phénomène, peut-être unique, qui ne pouvait naître qu'en France et au dix-huitième siècle. Il y a cette différence entre sa littérature et celle du grand siècle, que Corneille, Molière et Pascal appartiennent davantage à la société, Voltaire à la civilisation. On sent, en le lisant, qu'il est l'écrivain d'un âge énervé et affadi. Il a de l'agrément et point de grâce, du prestige et point de charme, de l'éclat et point de majesté. Il sait flatter et ne sait point consoler. Il fascine et ne persuade pas. Excepté dans la tragédie, qui lui est propre, son talent manque de tendresse et de franchise. On sent que tout cela est le résultat d'une organisation et non l'effet d'une inspiration ; et, quand un médecin athée vient vous dire que tout Voltaire était dans ses tendons et dans ses nerfs, vous frémissez qu'il n'ait raison. Au reste, comme un autre ambitieux plus moderne, qui rêvait la suprématie politique, c'est en vain que Voltaire a essayé la suprématie littéraire. La monarchie absolue ne convient pas à l'homme. Si Voltaire eût compris la véritable grandeur, il eût placé sa gloire dans l'unité plutôt que dans l'universalité. La force ne se révèle point par un déplacement perpétuel, par des métamorphoses indéfinies, mais bien par une majestueuse immobilité. La force, ce n'est pas Protée, c'est Jupiter.

Ici commence la seconde partie de notre tâche ; elle sera plus courte, parce que, grâce à la Révolution française, les résultats politiques de la philosophie de Voltaire sont malheureusement d'une effrayante notoriété. Il serait cependant souverainement injuste de n'attribuer qu'aux écrits du « patriarche de Ferney » cette fatale révolution. Il faut y voir avant tout l'effet d'une décomposition sociale depuis longtemps commencée. Voltaire et l'époque où il vécut doivent s'accuser et s'excuser réciproquement. Trop fort pour obéir à son siècle, Voltaire était aussi trop faible pour le dominer. De cette égalité d'influence résultait entre son siècle et lui une perpétuelle réaction, un echange mutuel d'impiété et de folies, un continuel flux et reflux de nouveautés qui entrainait toujours dans ses oscillations quelque vieux pilier de l'édifice social. Qu'on se représente la face politique du dix-huitième siècle; les scandales de la Régence, les turpitudes de Louis XV; la violence dans le ministère, la violence dans les parlements, la force nulle part; la corruption morale descendant par degrés de la tête au cœur, des grands au peuple; les prélats de cour, les abbés de toilette : l'antique monarchie, l'antique société chancelant sur leur base commune, et ne résistant plus aux attaques des novateurs que par la magie de ce beau nom de Bourbon (1); qu'on se figure Voltaire jeté sur cette société en dissolution comme un serpent dans un marais, et l'on ne s'étonnera plus de voir l'action contagieuse de sa pensée hâter la fin de cet ordre politique que Montaigne et Rabelais avaient inutilement attaqué dans sa jeunesse et dans sa vigueur. Ce n'est pas lui qui rendit la maladie mortelle, mais c'est lui qui en développa le germe, c'est lui qui en exaspéra les accès. Il fallait tout le venin de Voltaire pour mettre cette fange en ébullition; aussi doit-on imputer à cet infortuné une grande partie des choses monstrueuses de la Révolution Quant à cette Révolution en elle-même, elle dut être inouïe. La Providence voulut la placer entre le plus redoutable des sophistes et le plus formidable des despotes. A son aurore, Voltaire apparaît dans une saturnale funèbre (2); à son déclin, Buonaparte se lève dans un massacre (3).

(1) Il faut que la démoralisation universelle ait jeté de bien profondes racines, pour que le ciel ait vainement envoyé, vers la fin de ce siècle, Louis XVI, ce vénérable martyr, qui éleva sa vertu jusqu'à la sainteté.
(2) Translation des restes de Voltaire au Panthéon.
(3) Mitraillade de Saint-Roch.

SUR WALTER SCOTT

A PROPOS DE QUENTIN DURWARD

Juin 1823.

Certes, il y a quelque chose de bizarre et de merveilleux dans le talent de cet homme, qui dispose de son lecteur comme le vent dispose d'une feuille; qui le promène à son gré dans tous les lieux et dans tous les temps; lui dévoile, en se jouant, le plus secret repli du cœur, comme le plus mystérieux phénomène de la nature, comme la page la plus obscure de l'histoire; dont l'imagination domine et caresse toutes les imaginations, revêt avec la même étonnante vérité le haillon du mendiant et la robe du roi, prend toutes les allures, adopte tous les vêtements, parle tous les langages; laisse à la physionomie des siècles ce que la sagesse de Dieu a mis d'immuable et d'éternel dans leurs traits, et ce que les folies des hommes y ont jeté de variable et de passager; ne force pas, ainsi que certains romanciers ignorants, les personnages des jours passés à s'enluminer de notre fard, à se frotter de notre vernis; mais contraint par son pouvoir magique, les lecteurs contemporains à reprendre, du moins pour quelques heures, l'esprit, aujourd'hui si dédaigné, des vieux temps, comme un sage et adroit conseiller qui invite des fils ingrats à revenir chez leur père. L'habile magicien veut cependant avant tout être exact. Il ne refuse à sa plume aucune vérité, pas même celle qui naît de la peinture de l'erreur, cette fille des hommes qu'on pourrait croire immortelle si son humeur capricieuse et changeante ne rassurait sur son éternité. Peu d'historiens sont aussi fidèles que ce romancier. On sent qu'il a voulu que ses portraits fussent des tableaux et ses tableaux des portraits. Il nous peint nos devanciers avec leurs passions, leurs vices et leurs crimes, mais de sorte que l'instabilité des superstitions et l'impiété du fanatisme n'en fassent que mieux ressortir la pérennité de la religion et la sainteté des croyances. Nous aimons d'ailleurs à retrouver nos ancêtres avec leurs préjugés, souvent si nobles et si salutaires, comme avec leurs beaux panaches et leurs bonnes cuirasses.

Walter Scott a su puiser aux sources de la nature et de la vérité un genre inconnu, qui est nouveau, parce qu'il se fait aussi ancien qu'il le veut. Walter Scott allie à la minutieuse exactitude des chroniques la majestueuse grandeur de l'histoire et l'intérêt pressant du roman; génie puissant et curieux qui devine le passé; pinceau vrai qui trace un portrait fidèle d'après une ombre confuse, et nous force à reconnaître même ce que nous n'avons pas vu; esprit flexible et solide qui s'empreint du cachet particulier de chaque siècle et de chaque pays, comme une cire molle, et conserve cette empreinte pour la postérité comme un bronze indélébile.

Peu d'écrivains ont aussi bien rempli que Walter Scott les devoirs du romancier relativement à son art et à son siècle; car ce serait une erreur presque coupable dans l'homme de lettres que de se croire au-dessus de l'intérêt général et des besoins nationaux, d'exempter son esprit de toute action sur les contemporains, et d'isoler sa vie égoïste de la grande vie du corps social. Et qui donc se dévouera, si ce n'est le poëte? Quelle voix s'élèvera dans l'orage, si ce n'est celle de la lyre, qui peut le calmer? Et qui bravera les haines de l'anarchie et les dédains du despotisme, sinon celui auquel la sagesse antique attribuait le pouvoir de réconcilier les peuples et les rois, et auquel la sagesse moderne a donné celui de les diviser?

Ce n'est donc point à de doucereuses galanteries, à de mesquines intrigues, à de sales aventures, que Walter Scott voue son talent. Averti par l'instinct de sa gloire, il a senti qu'il fallait quelque chose de plus à une génération qui vient d'écrire de son sang et de ses larmes la page la plus extraordinaire de toutes les histoires humaines. Les temps qui ont immédiatement précédé et immédiatement suivi notre convulsive Révolution étaient de ces époques d'affaissement que le fiévreux éprouve avant et après ses accès. Alors les livres les plus platement atroces, les plus stupidement impies, les plus monstrueusement obscènes, étaient avidement dévorés par une société malade, dont les goûts dépravés et les facultés engourdies eussent rejeté tout aliment savoureux ou salutaire. C'est ce qui explique ces triomphes scandaleux décernés alors par les plébéiens des salons et les patriciens des échoppes à des écrivains ineptes ou graveleux, que nous dédaignerons de nommer, lesquels en sont réduits aujourd'hui à mendier l'applaudissement des laquais et le rire des prostituées. Maintenant la popularité n'est plus distribuée par la populace, elle vient de la seule source qui puisse lui imprimer un caractère d'immortalité ainsi que d'universalité, du suffrage de ce petit nombre d'esprits délicats, d'âmes exaltées et de têtes sérieuses qui représentent moralement les peuples civilisés. C'est celle-là que Scott a obtenue en empruntant aux annales des nations des compositions faites pour toutes les nations, en puisant dans les fastes des siècles des livres écrits pour tous les siècles.

Nul romancier n'a caché plus d'enseignement sous plus de charme, plus de vérité sous la fiction. Il y a une alliance visible entre la forme qui lui est propre et toutes les formes littéraires du passé et de l'avenir, et l'on pourrait considérer les romans épiques de Scott comme une transition de la littérature actuelle aux romans grandioses, aux grandes épopées en vers ou en prose que notre ère poétique nous promet et nous donnera.

Quelle doit être l'intention du romancier? c'est d'exprimer dans une fable intéressante une vérité utile. Et une fois cette idée fondamentale choisie, cette action explicative inventée, l'auteur ne doit-il pas chercher, pour la développer, un mode d'explication qui rende son roman semblable à la vie, l'imitation pareille au modèle? Et la vie n'est-elle pas un drame bizarre où se mêlent le bon et le mauvais, le beau et le laid, le haut et le bas, loi dont le pouvoir n'expire que hors de la création? Faudra-t-il donc se borner à composer, comme certains peintres flamands, des tableaux entièrement ténébreux, ou, comme les Chinois, des tableaux tout lumineux, quand la nature montre partout la lutte de l'ombre et de la lumière? Or, les romanciers, avant Walter Scott, avaient adopté généralement deux méthodes de composition contraires, toutes deux vicieuses, précisément parce qu'elles sont contraires. Les uns donnaient à leur ouvrage la forme d'une narration divisée arbitrairement en chapitres, sans qu'on devinât trop pourquoi, ou même uniquement pour délasser l'esprit du lecteur, comme l'avoue assez naïvement le titre de *Descanso* (repos), placé par un vieil auteur espagnol en tête de ses chapitres (1). Les autres déroulaient leur fable dans une série de lettres qu'on supposait écrites par les divers acteurs du roman. Dans la narration, les person-

---

(1) Marcos Obregon de la Ronda.

nages disparaissent, l'auteur seul se montre toujours ; dans les lettres, l'auteur s'éclipse pour ne laisser jamais voir que ses personnages. Le romancier narrateur ne peut donner place au dialogue naturel, à l'action véritable ; il faut qu'il leur substitue un certain mouvement monotone de style, qui est comme un moule, où les événements les plus divers prennent la même forme, et sous lequel les créations les plus élevées, les inventions les plus profondes s'effacent, de même que les aspérités d'un champ s'aplanissent sous le rouleau. Dans le roman par lettres, la même monotonie provient d'une autre cause. Chaque personnage arrive à son tour avec son épître, à la manière de ces acteurs forains qui, ne pouvant paraître que l'un après l'autre, et n'ayant pas la permission de parler sur leurs tréteaux, se présentent successivement, portant au-dessus de leur tête un grand écriteau sur lequel le public lit leur rôle. On peut encore comparer le roman par lettres à ces laborieuses conversations de sourds-muets qui s'écrivent réciproquement ce qu'ils ont à se dire, de sorte que leur colère ou leur joie est tenue d'avoir sans cesse la plume à la main et l'écritoire en poche. Or, je le demande, que devient l'à-propos d'un tendre reproche qu'il faut porter à la poste ? Et l'explosion fougueuse des passions n'est-elle pas un peu gênée entre le préambule obligé et la formule polie, qui sont l'avant-garde et l'arrière-garde de toute lettre écrite par un homme bien né ? Croit-on que le cortége des compliments, le bagage des civilités accélèrent la progression de l'intérêt et pressent la marche de l'action ? Ne doit-on pas enfin supposer quelque vice radical et insurmontable dans un genre de composition qui a pu refroidir parfois l'éloquence même de Rousseau ?

Supposons donc qu'au roman narratif, où il semble qu'on ait songé à tout, excepté à l'intérêt, en adoptant l'absurde usage de faire précéder chaque chapitre d'un sommaire, souvent très-détaillé, qui est comme le récit du récit, supposons qu'au roman épistolaire, dont la forme même interdit toute véhémence et toute rapidité, un esprit créateur substitue le roman dramatique, dans lequel l'action imaginaire se déroule en tableaux vrais et variés, comme se déroulent les événements réels de la vie; qui ne connaisse d'autre division que celle des différentes scènes à développer; qui, enfin, soit un long drame où les descriptions suppléeraient aux décorations et aux costumes, où les personnages pourraient se peindre par eux-mêmes, et représenter, par leurs chocs divers et multipliés, toutes les formes de l'idée unique de l'ouvrage. Vous trouverez, dans ce genre nouveau, les avantages réunis des deux genres anciens, sans leurs inconvénients. Ayant à votre disposition les ressorts pittoresques, et en quelque façon magiques, du drame, vous pourrez laisser derrière la scène ces mille détails oiseux et transitoires que le simple narrateur, obligé de suivre ses acteurs pas à pas comme des enfants aux lisières, doit exposer longuement s'il veut être clair; et vous pourrez profiter de ces traits profonds et soudains, plus féconds en méditations que des pages entières, que fait jaillir le mouvement d'une scène, mais qu'exclut la rapidité d'un récit.

Après le roman pittoresque, mais prosaïque de Walter Scott, il restera un autre roman à créer, plus beau et plus complet encore selon nous. C'est le roman à la fois drame et épopée; pittoresque, mais poétique; réel, mais idéal; vrai, mais grand, qui enchâssera Walter Scott dans Homère.

Comme tout créateur, Walter Scott a été assailli jusqu'à présent par d'inextinguibles critiques. Il faut que celui qui défriche un marais se résigne à entendre les grenouilles coasser autour de lui.

Quant à nous, nous remplissons un devoir de conscience en plaçant Walter Scott très-haut parmi les romanciers, et en particulier *Quentin Durward* très-haut parmi les romans. *Quentin Durward* est un beau livre. Il est difficile de voir un roman mieux tissu, et des effets moraux mieux attachés aux effets dramatiques.

L'auteur a voulu montrer, ce nous semble, combien la loyauté, même dans un être obscur, jeune et pauvre, arrive plus sûrement à son but que la perfidie, fût-elle aidée de toutes les ressources du pouvoir, de la richesse et de l'expérience. Il a chargé du premier de ces rôles son Écossais Quentin Durward, orphelin jeté au milieu des écueils les plus multipliés, des piéges les mieux préparés, sans autre boussole qu'un amour presque insensé; mais c'est souvent quand il ressemble à une folie que l'amour est une vertu. Le second est confié à Louis XI, roi plus adroit que le plus adroit courtisan, vieux renard armé des ongles du lion, puissant et fin, servi dans l'ombre comme au jour, incessamment couvert de ses gardes comme d'un bouclier et accompagné de ses bourreaux comme d'une épée. Ces deux personnages si différents réagissent l'un sur l'autre de manière à exprimer l'idée fondamentale avec une vérité singulièrement frappante. C'est en obéissant fidèlement au roi que le loyal Quentin sert, sans le savoir, ses propres intérêts, tandis que les projets de Louis XI, dont Quentin devait être à la fois l'instrument et la victime, tournent en même temps à la confusion du rusé vieillard et à l'avantage du simple jeune homme.

Un examen superficiel pourrait faire croire d'abord que l'intention première du poëte est dans le contraste historique, peint avec tant de talent, du roi de France, Louis de Valois, et du duc de Bourgogne, Charles le Téméraire. Ce bel épisode est peut-être, en effet, un défaut dans la composition de l'ouvrage, en ce qu'il rivalise d'intérêt avec le sujet lui-même; mais cette faute, si elle existe, n'ôte rien à ce que présente d'imposant et de comique tout ensemble cette opposition de deux princes, dont l'un, despote souple et ambitieux, méprise l'autre, tyran dur et belliqueux, qui le dédaignerait, s'il l'osait. Tous deux se haïssent; mais Louis brave la haine de Charles parce qu'elle est rude et sauvage, Charles craint la haine de Louis parce qu'elle est caressante. Le duc de Bourgogne, au milieu de son camp et de ses Etats, s'inquiète près du roi de France sans défense comme le limier dans le voisinage du chat. La cruauté du duc naît de ses passions, celle du roi vient de son caractère. Le Bourguignon est loyal parce qu'il est violent; il n'a jamais songé à cacher ses mauvaises actions; il n'a point de remords, car il a oublié ses crimes comme ses colères. Louis est superstitieux, peut-être parce qu'il est hypocrite; la religion ne suffit pas à celui que sa conscience tourmente et qui ne veut pas se repentir; mais il a beau croire à d'impuissantes expiations, la mémoire du mal qu'il a fait vit sans cesse en lui près de la pensée du mal qu'il va faire, parce qu'on se rappelle toujours ce qu'on a médité longtemps, et qu'il faut bien que le crime, lorsqu'il a été un désir et une espérance, devienne aussi un souvenir. Les deux princes sont dévots; mais Charles jure par son épée avant de jurer par Dieu, tandis que Louis tâche de gagner les saints par des dons d'argent ou des charges de cour; mêle de la diplomatie à sa prière et intrigue même avec le ciel. En cas de guerre, Louis en examine encore le danger que Charles se repose déjà de la victoire. La politique du Téméraire est toute dans son bras; mais l'œil du roi atteint plus loin que le bras du duc. Enfin, Walter Scott prouve, en mettant en jeu les deux rivaux, combien la prudence est plus forte que l'audace, et comment celui qui paraît ne rien craindre a peur de celui qui semble tout redouter.

Avec quel art l'illustre écrivain nous peint le roi de

France se présentant, par un raffinement de fourberie, chez son beau cousin de Bourgogne, et lui demandant l'hospitalité au moment où l'orgueilleux vassal va lui apporter la guerre ! Et quoi de plus dramatique que la nouvelle d'une révolte fomentée dans les Etats du duc par les agents du roi, tombant comme la foudre entre les deux princes à l'instant où la même table les réunit ! Ainsi la fraude est déjouée par la fraude, et c'est le prudent Louis qui s'est lui-même livré sans défense à la vengeance d'un ennemi justement irrité. L'histoire dit bien quelque chose de tout cela; mais ici j'aime mieux croire au roman qu'à l'histoire, parce que je préfère la vérité morale à la vérité historique. Une scène plus remarquable encore peut-être, c'est celle où les deux princes, que les conseils les plus sages n'ont encore pu rapprocher, se réconcilient par un acte de cruauté que l'un imagine et que l'autre exécute. Pour la première fois ils rient ensemble de cordialité et de plaisir; et ce rire, excité par un supplice, efface pour un moment leur discorde. Cette idée terrible fait frissonner d'admiration.

Nous avons entendu critiquer, comme hideuse et révoltante, la peinture de l'orgie. C'est, à notre avis, un des plus beaux chapitres de ce livre. Walter Scott, ayant entrepris de peindre ce fameux brigand surnommé le Sanglier des Ardennes, aurait manqué son tableau s'il n'eût excité l'horreur. Il faut toujours entrer franchement dans une donnée dramatique, et chercher en tout le fond des choses. L'émotion et l'intérêt ne se trouvent que là. Il n'appartient qu'aux esprits timides de capituler avec une conception forte et de reculer dans la voie qu'ils se sont tracée.

Nous justifierons, d'après le même principe, deux autres passages qui ne nous paraissent pas moins dignes de méditation et de louange. Le premier est l'exécution de ce

Hayraddin, personnage singulier dont l'auteur aurait peut-être pu tirer encore plus de parti. Le second est le chapitre où le roi Louis XI, arrêté par ordre du duc de Bourgogne, fait préparer dans sa prison, par Tristan l'Hermite, le châtiment de l'astrologue qui l'a trompé. C'est une idée étrangement belle que de nous faire voir ce roi cruel, trouvant encore dans son cachot assez d'espace pour sa vengeance, réclamant des bourreaux pour derniers serviteurs, et éprouvant ce qui lui reste d'autorité par l'ordre d'un supplice.

Nous pourrions multiplier ces observations et tâcher de faire voir en quoi le nouveau drame de sir Walter Scott nous semble défectueux, particulièrement dans le dénoûment; mais le romancier aurait sans doute pour se justifier des raisons beaucoup meilleures que nous n'en aurions pour l'attaquer; et ce n'est point contre un si formidable champion que nous essayerions avec avantage nos faibles armes. Nous nous bornerons à lui faire observer que le mot placé par lui dans la bouche du fou du duc de Bourgogne sur l'arrivée du roi Louis XI à Péronne appartient au fou de François Ier, qui le prononça lors du passage de Charles-Quint en France, en 1535. L'immortalité de ce pauvre Triboulet ne tient qu'à ce mot, il faut le lui laisser. Nous croyons également que l'expédient ingénieux qu'emploie l'astrologue Galéotti pour échapper à Louis XI avait déjà été imaginé quelque mille ans auparavant par un philosophe que voulait mettre à mort Denys de Syracuse. Nous n'attachons pas à ces remarques plus d'importance qu'elles n'en méritent; un romancier n'est pas un chroniqueur. Nous sommes étonné seulement que le roi adresse la parole, dans le conseil de Bourgogne, à des chevaliers du Saint-Esprit, cet ordre n'ayant été fondé qu'un siècle plus tard par Henri III. Nous croyons même que l'ordre de Saint-Michel, dont le noble auteur décore son brave lord Crawford, ne fut institué par Louis XI qu'après sa captivité. Que sir Walter Scott nous permette ces petites chicanes chronologiques. En remportant un léger triomphe de pédant sur un aussi illustre *antiquaire*, nous ne pouvons nous défendre de cette innocente joie qui transportait son Quentin Durward lorsqu'il eut désarçonné le duc d'Orléans et tenu tête à Dunois, et nous serions tenté de lui demander pardon de notre victoire, comme Charles-Quint au pape : *Sanctissime pater, indulge victori.*

www.ingramcontent.com/pod-product-compliance
Lightning Source LLC
Chambersburg PA
CBHW050326170426
43200CB00009BA/1479